阪南大学叢書126

観光ガイド論

来村 多加史 著

晃 洋 書 房

はじめに

手元の記録を調べると、私がはじめて仕事として大勢の皆様をお連れしたのは、平成六（一九九四）年の一〇月二三日であった。今からおよそ三〇年前のことである。「奈良朝の墓相観《ぼそうかん》」と題した臨地講座であった。奈良市の此瀬町《このせちょう》で発見された太安萬侶《おおのやすまろ》墓をはじめ、田原《たわら》の里にたたずむ陵墓をご案内した。奈良時代の陵墓に中国の風水思想が感じられることをお伝えするため、ホワイトボードを持参し、地形の略図をその場で描いて掲げたことを、今でも覚えている。思えば初々しいデビューであった。

あれ以来、いくつのテーマ旅行を企画しただろうか。千回には至らないまでも、数百回は旅行を企画し、ご案内してきたことは確かである。すでにベテランの境地に入っている。同じ企画を繰り返すことはあまりないため、そのつど下見に行き、あれこれと頭をひねり、お客様に満足していただける旅を作ってきた。

すでに老境にも入っているため、そろそろ経験を文章にしておかねばもったいない、と考え、今ここに観光ガイドの心得を綴ることにした。とはいえ、ノウハウ本に終始するつもりはない。観光学系の学部に身をおき、観光学の発展に関与してきた者として、観光ガイドの経験者が観光学に寄与できる道を求めなければならない。

いや、執筆の動機は、もう少し挑戦的であるのかも知れない。患者を診察したこともない者が医学を語れば、「それはおかしい」と、誰しもが口をそろえるだろう。それと同様、観光ガイドをしたこともない者が観光学を語れば、「それはおかしい」と指摘される時代が来るよう、学問におけるガイド経験の必要性を説くつもりである。

日本にはプロの観光ガイドが少ない。通訳案内士の国家試験はあるが、観光ガイドの資格試験はいまだ存在しない。バスガイドでさえ、ガイドとしての資格は必要としない。いわば、誰しもが観光ガイドになれる。よって、ボランティアガイドが全国で活躍している。それはそれで必要なことであるが、観光で国を立てるには、観光地の魅力をさらに引き出す人材が必要である。いわばプロガイドの養成が不可欠である。と、私は思っている。その意気込みもここで伝えておこう。この書を、観光学を志す学生への入門書とする一方、プロガイドをめざす者への指南書にするつもりである。

令和四年四月一日

来村　多加史

目次

第Ⅱ部　旅を企画するガイド

第Ⅰ部

ガイドの心得と技

11章で構成するこの書は、その内容から大きく第Ⅰ部（第1章～第6章）と第Ⅱ部（第7章～第11章）に分かれる。第Ⅰ部は長年にわたり観光ガイドに携わってきた私自身の経験に基づき、ガイドの心得や技をまとめ、第Ⅱ部は、これからの観光ガイドに求められる企画力をつけていただくため、ここでもまた私自身が造成してきたテーマ旅行の企画例を紹介する。第Ⅰ部は基礎編、第Ⅱ部は実践編としてお読みいただきたい。

第Ⅰ部の第1章は「観光ガイドが牽引する観光学」と題して、ガイド経験が観光業のみならず、観光学の発展にも重要な基礎となることを説く。第2章は観光ガイドにも実践していただきたい観光学の調査、第3章は客の満足度を高める基本姿勢と高度な技、第4章はガイドが心に留めておくべき注意点、第5章はガイドがテーマ旅行を企画し案内するまでの流れ、第6章は案内資料作成の必要性と有効性について解説する。いずれも長年のさまざまな経験に基づく解説と論説であるため、実際に観光業務に携わる読者にも共感していただけるのではなかろうか。

第1章 観光ガイドが牽引する観光学

ときどきお客様に「観光学と聞いて、どんな学問だと思われますか」と、こちらから尋ねることがある。反応はいつも同じである。ただ首をひねるだけである。また一方、「観光学者」との肩書をもつ者が、いまだ現われない。観光学が学問として認知されていないからだろう。それなのに、大学には「観光学部」や「観光学科」を設けているところが少なからずある。おかしな話である。

「観光学」と言うには違和感があるからだろうか、ツーリズムという外来語がよく使われる。エコツーリズムをはじめ、グリーンツーリズム・ブルーツーリズム・インダストリアルツーリズム・インフラツーリズム・スポーツツーリズム・コミュニティーツーリズム・ダークツーリズム・メディカルツーリズム・フィルムツーリズム・アニメツーリズム・ミュージアムツーリズムなどと、造語があふれかえっている。日本語に訳せば、環境観光・農業観光・漁業観光・産業観光・土木観光・競技観光・地活観光・災禍観光・医療観光・映画観光・漫画観光・博物館観光となり、少々野暮ったいが、わかりやすい。

これらの分野に従事する専門家が「観光にも力を入れよう」とする動きを見せていることが、各種のツーリズムを生み出しているのだろう。その一方で、寺社詣《じしゃもう》でや物見遊山《ものみゆさん》など、圧倒的多数を占める伝統的な観光を総括する外来語がない。これもおかしな話である。と書けば、トラディショナルツーリズムなどと、わけのわからない外来語が使われるかも知れないので、話は切っておく。

このように、さまざまな方面に観光学の可能性を求めることは、学問を活気づける動力となるのだろうが、骨も固まらないうちから輪郭を際限なく広げてよいのだろうか。私は疑問に思う。こう言い切ると、「それでは、観光学の骨とは何か」との反論を受けるに違いない。そう予想し、それなりの結論を用意している。観光ガイドの役割りも含めて説明しておこう。

そもそも「学問とは何か」という根本から説き起こす。私には「真理の追究」以外の適当な言葉が思いつかない。どの方面においても雑多な「現象」があるが、それらを集めて整理してゆけば、必ず現象を生み出す一定の法則にたどりつく。真理の追究とは、その法則を探り出すことかと考えている。そして、観光学とは「人が旅に出る動機の法則を探ること」ではなかろうか。経験からして、最大の動機は「感動」にあると結論づけている。そこで提言だが、観光学の目的は「客を感動させる」ことに絞ってはどうか。

感動させるには「仕掛け」が必要である。また同時に、感動を阻害する要因を排除しなければならない。その二つの使命を担うのが観光ガイドであり、添乗員である。ただ、それは「観光業」の話であって、「観光学」の領域ではない。学問としては、「調査」「報告」「研究」のステップを踏んで、感動を呼び覚ます仕掛けを提言するのが務めであろう。

観光資源を調査し、報告書を作成し、それを基に研究を進めて調査法に還元する。その循環を繰り返すうちに方法論が鍛えられ、骨ができる。学問の骨とは、そのようにして作るものである。研究ばかりしている者は、足腰が弱い。まずは観光資源の調査から始めるのがよかろう。業界では、それを「下見」という。

下見は単なる調査ではない。「客を喜ばせる」という直近の目的をもつ調査である。観光資源の探索はもちろんのこと、道の安全や所要時間なども調べ、快適に楽しんでもらえるコース作りをめざす。いわば「責任のかかる調査」である。私は観光ガイドがその調査を率先して行なうべきであると思っている。

未来型の観光ガイドが行なう「下見」「企画」「案内」の循環は、観光学における調査・報告・研究の循環に役立つのではなかろうか。たとえば、下見は観光資源の調査に役立つ。観光資源とは「観光に資《し》する源《みなもと》」であるが、どのようなモノや風景が資源となるかは、実際に観光客を案内して反応を確かめた経験者でなければわからない。既存の観光地をつないだだけの安易な企画を、学生はもちろんのこと、ツアープランナーまでもが立ててしまうことがよくある。それでは、新しい観光は育たない。観光の現場を踏んだ観光ガイドこそが、観光資源を最もよく知る者であり、観光学にも欠かせない経験者である。逆に言えば、観光の現場を踏んだこともない人間が、どうして観光を語れるのか。と、序文で指摘したのは、そういうことである。

ここまで読むと、「すべての観光ガイドがそのような心得を必要とするのか」との反感も起ころう。その答えは「否《いな》」である。観光ガイドはそのあり方から二種に分かれる。「反復ガイド」と「企画ガイド」である。反復ガイドは「一定の場所、一定の地域に待機し、訪れた観光客を案内するガイド」である。ロープウェイのガイドはこの典型である。反復ガイドも客を満足させる工夫は必要であるが、企画力は求められない。客から質問を受けた場合の知識を増やし、客を惹《ひ》きつける話術を鍛えればよい。

私が望む心得が必要なのは、後者の企画ガイドであり、この書も『企画ガイド論』というタイトルにしようかと考えたほどである。一部で使われ始めた用語であるが、まだ市民権を得ていないため、いきなり「企画ガイド」を書名に入れるのはためらった。とはいえ、本文では、反復ガイドと区別するときに、この語を使う。

観光は移動を伴う人間行動であるため、常に面の広がりを意識しながら分析しなければならない。私は行動範囲の広がりによって「区域」「地域」「広域」の三圏に分けて研究してはどうかと考えている。かつてイギリス考古学者のデビッド・クラーク博士（生没：一九三七〜七六年）は、考古学の空間情報をマイクロレベル（狭域）、セミマイクロレベル（中域）、マクロレベル（広域）の三段階に分けて研究を進めるべきであると提唱した（『スペイシャル・アーキオロジー』アカデミックプレス、一九七七年）。

考古学では、遺物や文化の広がりを研究する「分布論」と呼ばれる分野があり、クラーク博士の提言は分布論の体系化にひとつの規範を与えるものであった。例えば、「狭域」分野では、住居の中で住民がどのように行動するのかを、住居跡や残された土器・石器の出土位置で推測する。「広域」分野では、特徴のある物品がどの地域にまで及んでいるかを調べ、人の交流を調べる。「中域」分野はその中間的な役割を果たす研究領域である。経験的にそれらをひとまとめにして語れないことはわかるが、あえて規範を提示してもらえると、すっきりとする。当然のことながら、狭域・中域・広域に分けて行なう研究も、将来的にはひとつにまとめられ、大きな研究のピラミッドが築かれる。私はこの理屈を観光学にも応用できないかと考えた。

企画ガイドをしていると、下見での調査対象に粗密があることが薄々わかってくる。例えば、博物館や資料館に入ると、どの展示室やどの展示ケースにどのようなモノが展示されているかを調べ、神社や寺院の境内に入ると、建物の配置はもちろんのこと、灯籠や石碑にも目がゆく。いわば、狭い空間に密集した観光資源を丁寧に探る必要がある。一方、訪れる地域の魅力を伝えることも企画ガイドの務めである。そこで、遺跡・古墳・史跡・神社・寺院・城跡・町屋など、地域にあるすべての観光資源も、案内の本番で見る見ないは別として、ひと通り探っておく必要がある。

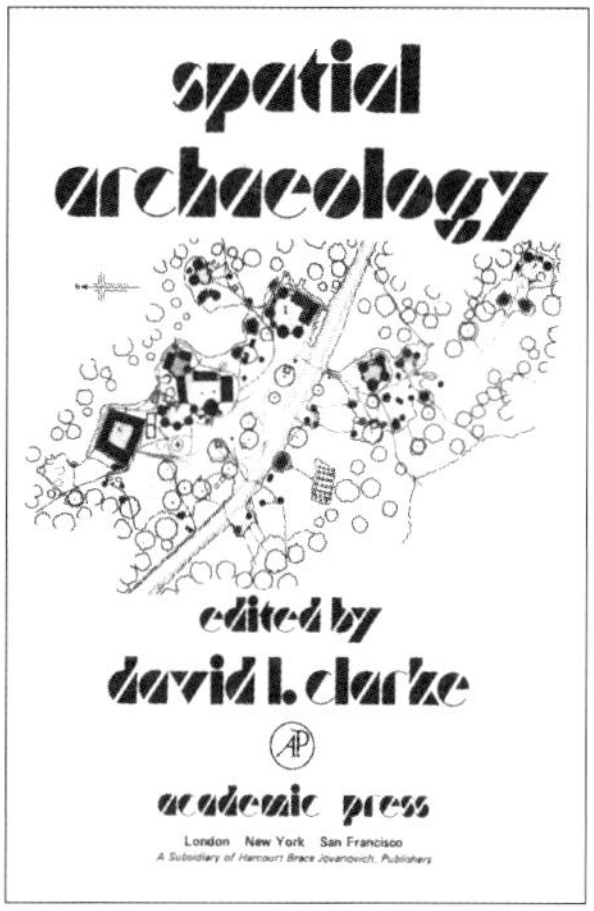

図 1-1　デビッド・クラーク編『スペイシャル・アーキオロジー』

企画にテーマ性をもたせるには、さまざまな地域を訪れる「動機」を考えなければならない。どの地域にも共通してある観光資源を扱いながらも、地域的な特徴をつかみ、それらをもとに地域性を伝え、客がその地域を訪れる動機を生み出すのである。つまり、企画ガイドは、時に微視的に、時に巨視的に観光資源をとらえなければならない。

　このように粗密のある観光資源を「一緒《いっしょ》くた」に論じていては、話がまとまらない。そこで、クラーク博士の分類に合わせて、観光学を区域（マイクロレベル）・地域（セミマイクロレベル）・広域（マクロレベル）の三圏に分け、当面はそれぞれの圏内で学問を鍛えてはどうかと考えたのである。すでに述べたように、観光学が独立した学問となるには、観光学独自の調査・報告・研究を進めるべきであり、それを区域・地域・広域の三圏に分けて行なうとすれば、**表1-1**に示したように、九つの枠ができよう。本書で提案する企画ガイドを目ざしていただければ、九つのどの枠でも活躍できる人材になることを保証する。おそらくその人は、観光業界・観光行政・観光学界が求める人材となろう。

表1-1　観光学における調査・報告・研究の取組み

	区域	地域	広域
調査	区域実測	資源調査	企画実施
報告	実測報告	資源調査報告	企画実施報告
研究	観光図集成	地域観光企画	広域観光企画

第2章　観光ガイドも実践できる調査法

誤解があるといけないので、あえて申し上げておくが、企画ガイドは観光学者ではない。前章で述べたことは、企画ガイドの修行と実践が観光学にも役立つ、という話であって、大学の教壇に立っていただくことを勧めているのではない。大学の世界に入ってしまうと、現場から離れ、徐々に腕が鈍ることもあろう。これは観光に限らず、すべての実務家教員に共通する悩みごとであるが、ガイドが職業から離れると、特にその弊害が大きいものと予想される。

ガイドは一種の人気稼業であるため、その技を他人に教えるのは、ためらうところもあろう。よって、調査報告書や研究論文の公刊などは求めない。それは自治体の観光課の職員や大学の教員に任せればよい。そのかわりにやるべきことが、当日の案内である。これは調査成果の良し悪しが、客の反応で即刻示されるため、ある意味、学問の世界よりも数段厳しい。大学教員は講義の評判が悪くとも、研究という別の任務があるため、すぐさま退職に追い込まれることはないが、ガイドは不評であれば、職を失うことにもなりかねない。プロのガイドを目ざす以上、毎回手を抜かず、真剣に取り組まねばならない。そこでまず、企画ガイドのやるべき調査について論じておこう。

（1）区域観光調査

クラーク博士のマイクロレベルを「狭域」とせず、「区域」と命名したのには意味がある。「区」の旧漢字は「區」であり、甲骨・金文学の巨星とも称される故白川静《しらかわしずか》博士の『字統《じとう》』によれば、呪術に使う大切な器を隠しておくことを示す象形《しょうけい》文字である。そこから派生して、大事なものを囲む施設とも解釈できよう。例えば、博物館がそれに当たる。神社や寺院の境内も該当しよう。人を集めるための大切な空間という意味では、遊園地や商店街なども区域としてとらえられる。それらは地域の枠よりも格段に狭いが、例えば、奈良の東大寺境内や東京ディズニーランドを「狭域」と呼ぶのは、イメージがそぐわない。要はその面積よりも、観光資源が何らかの形で囲まれているか、観光資源が集中している箇所という意味で使いたい。

区域（マイクロレベル）の観光に共通していることは、平面図が作成され、公表されていることである。博物館であれば「館内図」、社寺であれば「境内図」、遊園地や商店街であれば「マップ」という名称で、必ずと言ってよいほど平面図が提示されている。近年ではウェブサイトの公式ホームページに掲載され、ブログに紹介されているため、観光客や訪問客はそれを見て、行きたい場所、見たい場所を探れる。ただ、それらは往々にして簡略に過ぎる。イラスト重視で、位置関係や距離感があいまいなものも多い。ありきたりな観光であれば、それで足りるのだが、企画ガイドがめざすマニアックな観光では、とてもじゃないが物足りない。

　そこで私は、平成二九（二〇一七）年に大阪府藤井寺市教育委員会の上田睦《うえだむつみ》氏と二人で市内にある道明寺天満宮《どうみょうじてんまんぐう》と葛井寺《ふじいでら》の詳細な境内図を作成した。そのうち、公表されていない葛井寺の境内図を掲げておこう（図2-1）。ご覧いただければわかるが、境内にあるすべての観光資源を図化している。この境内図があれば、各自が求める何かが見つかり、葛井寺に足を運ぶ人の数が増えるかも知れない。全国の社寺のすべてにこのような境内図があれば、国内観光の活性化がどれほど進むことだろう。「観光立国」などというスローガンはあるが、全体として、まだ努力が足りない。

　反復ガイドと企画ガイドの別なく、観光ガイドは、個人的であっても、このような境内図やマップを作成しておくべきである。あとでも触れるが、観光ガイドはありったけの知識をひけらかす仕事ではない。逆に言えば、何を聞かれても即答できる知識を蓄えておかねばならない。境内図やマップの作成は、そのような知識を整理するための有効な作業である。知識を箇条書きのように覚えるのではなく、案内する場所に紐《ひも》づけて覚える。そのためには、平面図の作成が一番である。

　とくに反復ガイドが区域において細かく観光資源を記録してゆく作業は、観光案内の可能性を広げるきっかけともなる。さきほどの葛井寺を例として補足しておこう。この寺は国宝に指定された十一面千手千眼観音菩薩坐像《じゅういちめんせんじゅせんげんかんのんぼさつざぞう》で知られる名刹《めいさつ》である。ガイドが案内する際は、おそらくその本尊を中心に話を組み立てるだろう。それはそれでいいのだが、そのほかと言えば、せいぜい四月・五月の藤棚を話題にする程度かと。それも、その季節でないと、話だけで終わる。また、満開の季節にガイドは不要である。

　そこで、境内図をもう一度ご覧いただきたい。藤棚《ふじだな》の間に西国三十三所観音霊場《さいごくさんじゅうさんしょかんのんれいじょう》の石仏が配置されている。葛井寺は第五番札所《ふだしょ》であるため、霊場巡りの参拝者も多い。三十三所霊場の本尊を模刻して並べ、現地へ参る余裕のない人々の信仰心に応えている寺院は少なからずあるが、葛井寺の石仏は一尊一尊に特徴があって、実に興味深い。大正三（一九一四）年から大正七年までに、まとめて建てられたものであるが、寄進者が異なるため、個性が出ている。霊場に造詣《ぞうけい》の深いガイドであれば、それらを客と巡りながら、気の利いた話ができるに違いない。藤棚の陰に隠れた比較的新しい石仏群であるが、葛井寺の魅力を高める要素であることが、実測図の作成を通じてわかった。区域観光調査の産物である。

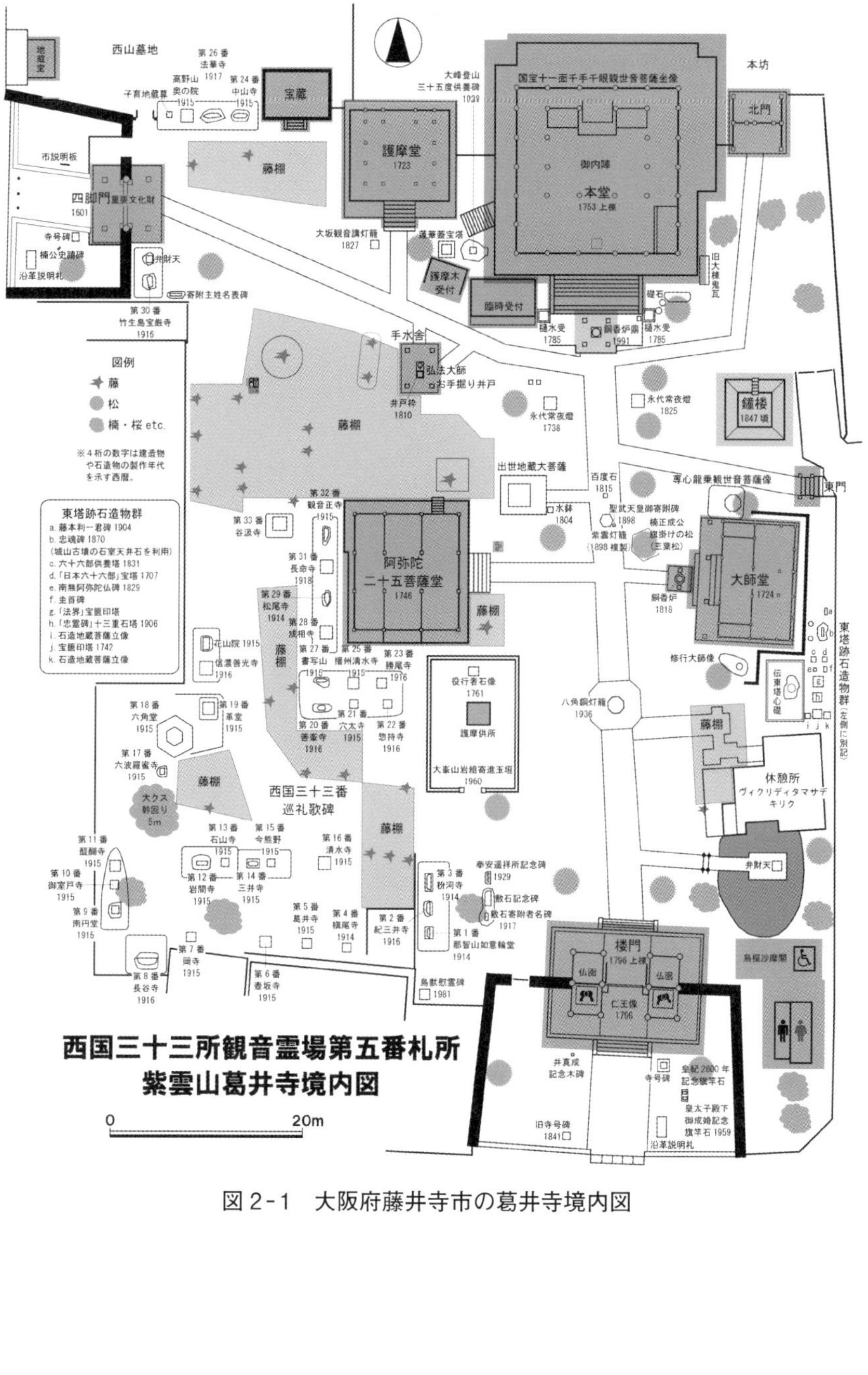

図2-1　大阪府藤井寺市の葛井寺境内図

ちなみに、図2-1の境内図はマイクロソフトの文書作成ソフトであるワードで作成した図である。特別な描画ソフトを使用せずとも、この程度の線図ならワードの「図形作成」機能を使って描ける。図面を作る技能は案内の資料作りに欠かせない。観光ポスターやリーフレットなどに使用する本格的なグラフィックデザインは、その道のプロに依頼することになるが、観光は視覚に訴えることが多いため、「見せ方」の鍛錬も日頃から心がけておかねばならない。厳しいことばかり言うようだが、ガイドに作図技術は必要である。

（2）地域観光調査

地域（セミマイクロレベル）の範囲はあいまいである。都道府県を単位とした広い地域の設定も可能であるならば、範囲を狭《せば》めて、市町村を単位とすることもできる。また、行政区の枠にしばられず、山や川などの地理的な要素で仕切る場合もある。あるいは、人のつながりをもって地域とする場合もあろう。いわば、「地域」は柔軟に使い分けることができる言葉である。ここで言う地域とは、日帰り旅行もしくは一泊旅行で主だった観光スポットをおおむね回りきれる程度の範囲と考えている。企画ガイドの仕事としては、最も頻繁に依頼のあるツアーの範囲である。

近場を巡る旅行を「マイクロツーリズム」と表現する向きもあるが、私の分類では、セミマイクロレベルの観光となる。移動手段で言えば、日帰り旅行は徒歩による散策観光が多く、一泊旅行はバス観光が多い。散策観光の場合、一日の歩行距離はせいぜい一〇キロ程度であり、ひとところから見渡せる範囲である。ただ歩くだけならば、一日三〇キロ以上は進めるが、観光の時間を入れると、一〇キロ以内の歩行が適当である。一泊のバス観光では、範囲が数十キロに広がるが、県を跨ぐような広域の観光を一泊で行なうと、かなり粗い行程となる。ここでは、無理のない一泊バス観光の範囲までを地域観光として扱うことにしよう。

地域観光を依頼された企画ガイドが行なうべきことは、徒歩による下見である。バス観光の下見においても、できる限り徒歩で行なうのがよい。地域の魅力は観光スポットだけではなく、まわりの景色や通過する旧村にその地ならではの魅力が潜《ひそ》んでいる。それらを探すには、歩く速度でゆっくりと辺りを見回しながら下見をしなければならない。自転車のスピードでも速すぎる。散策観光の下見は、徒歩でなければ、疲労度も測れない。

地域観光の下見では、前節の区域観光調査で求めたような詳細な調査をしている時間はない。また、必要もなかろう。観光資源の調査は区域でのそれよりも粗くてよい。肝心なのは、テーマに沿った観光資源を探すことと、それらをつなぐルートの良し悪しを判断することである。ここでは、私が単独で行なった調査例を紹介しておこう。令和三（二〇二一）年一一月に刊行した『河内《かわち》平野中部観光資源調査報告』（晃洋書房）である。

写真2-1　来村多加史著『河内平野中部観光資源調査報告』

この報告書は観光学を志す学生、観光事業機関の職員、観光関連企業の社員などに向けた参考図書として執筆した専門書であるが、大阪府東部の河内平野そのものに興味のある方へのガイドブックともなろう。新型コロナウイルスの感染問題が顕在化した令和二（二〇二〇）年二月から河内平野の旧村を回り、それらがどれほど往時の風景を残しているかに主眼を置いて実態を調べた。河内平野中部とは、伝統的な地域枠で言えば、「中河内《なかかわち》」の平野部に当たる。そこに東西一二キロ、南北一五キロの範囲を設定し、範囲内にある三二〇カ所の旧村を調べた。もちろん、遺跡・古墳・史跡・神社・寺院や旧村をつなぐ街道など、観光資源になりそうな要素もすべて踏査し、旧村の範囲を図化した地図の上に調査結果を描いてゆく作業を延々と続けた成果報告である。

　ご存知の方もいらっしゃるだろうが、中河内地域は都市開発が進み、住宅や工場のなかに旧村が埋没している状態である。明治時代の地形図や戦後に米軍が撮影した航空写真では明確にわかる村落の輪郭が、現在の地図や衛星写真では、ほとんど判別できない。そのような消えかかった往時の農村にも、観光資源となる景観が残されている。そのことを調査で確認できたことは大きい。

　この調査は、私個人にも大きな意味をもつ経験となった。序文で述べたように、これまで数百を数える企画旅行を作ってきたが、それらはまさしく「点を線で結ぶ」旅にしか過ぎず、客に伝えてきたのは、主に観光資源の魅力であり、地域そのものの魅力ではなかった。地域を面でとらえることにより、その魅力の伝え方に深みが増したことを、身をもって実感している。正直に言えば、このような観光学関連の概説書を書こうと目論んだその時に、地域観光をどのように模索するのかについて、明確な答えを持ち合せていなかった。報告書の作成はその欠を補うために思い立ったものである。

　企画ガイドをめざすには、観光地を含む地域をできるだけ広く、丹念に見て回ろう。今では、そういう助言をはっきりと打ち出せる。報告書の成果は、現物を読むことで把握していただけるだろうが、この書においても、成果と調査方法を第Ⅱ部（第7章以降）で示すことにしよう。

（3）広域観光調査

広域（マクロレベル）はいくつかの地域を包括する言葉として用いたい。それに該当する言葉として「地方」があるが、地方をまたぐ観光もあり、さらに言えば、国を跨ぐ観光もある。旅行企画を基準として言えば、一泊旅行や二泊旅行などを何回か企画して、はじめてひとつのテーマが完結するようなスケールの観光である。この書でもいくつか紹介するが、私の場合は「魏志倭人伝シリーズ」「神武東征伝説シリーズ」「国分寺シリーズ」「伊勢参宮シリーズ」などを手掛けてきた。そのうち、比較的範囲の狭い伊勢参宮シリーズにおいても、大阪府・奈良県・三重県の一府二県にまたがる旅行となった。他のシリーズにおいては、さらに広く、国分寺シリーズにおいては、ほぼ全国に範囲が広がる（図2-2）。

これらは地域の魅力を伝える、というよりは、むしろテーマとする神話・伝説・歴史・信仰などの実体験を楽しんでいただく知的な娯楽に入る。企画ガイドの本領を発揮できる舞台であるが、企画の魅力をどう発信し、どう集客するかを主催者と共に熟慮しなければならない。そして、必ず企画を成功させることが存続の条件となる。観光地の魅力や地域の魅力に頼りっぱなしになるようでは、端からやめておいた方がよい。

広域観光を企画できるガイドになるには、豊富な知識や切れ味のよい思考に加え、卓越した話術や、何よりも客に好かれる

図2-2　全国に散らばる国分寺の遺跡・後身寺院・推定地

人柄が求められる。いわば「タレント性」が必要なのだが、それに加えて、努力を積み重ねなければ、看板倒れとなる。努力とは下見である。

広域観光の下見も基本は徒歩で行なうべきであるが、徒歩だけであると、どうしても下見の範囲が制限される。私の場合は、主催者側のスタッフと共に、長距離は車で移動、肝心なところは徒歩で確認、というハイブリッドな下見をしている。スタッフはツアープランナーであったり、添乗員であったりと一定しないが、彼らもまた旅行企画の熟練者であることが多い。広域はバス観光となるため、大型バスがどこまで接近できるか、どの位置にどの方向に停車させるかなど、細かい点をチェックし合うことが常である。このように、企画ガイドが事前に行なうべき作業は山ほどある。「ただ客を案内しておけばよい」というような甘い考えは、捨てた方がよい。

ツアーの当日は、乗務員・添乗員・ガイドが三位一体となって、はじめて客が安全に快適に旅を楽しめる。そのためにも、立ち往生などのトラブルを回避するため、バスの回転半径までガイドがざっと把握しておかねばならない。「ガイドがそこまで立ち入るのか」という疑問も出てこようが、結論としては、「やるべきである」。企画ガイドのハードルは高いが、それだけに、やりがいはある。

広域観光の企画にはさまざまなジャンルがある。私の場合は考古学や歴史学が専門分野であるため、おのずとその方面の企画が多くなるが、文学散歩の旅では、万葉の歌碑や芭蕉の句碑、あるいは文豪の生家を訪ねる企画などが組める。信仰の旅では、西国三十三所観音霊場や四国八十八箇所霊場などの伝統的な霊場巡りに加え、パワースポットを訪ねる企画が組める。美術の分野ならば、風景画のスケッチ旅行や写真撮影、食文化ならば、各地の郷土料理を食べ歩くツアーも組めよう。

その仕掛けは多岐にわたるが、情報化の時代であるため、一般の人々も自分でネット情報を調べて、このようなテーマ旅行を企画することができる。それをあえてガイド付きの旅とするのは、情報だけでは編み出せない魅力を期待するからである。ガイドが専門家なみの思索をもって有意義な旅にしてくれるという期待があるからこそ、実費以上の料金が払えるのである。暗記した内容を誇らしげに披露するだけのガイドでは、話にならない。旅の邪魔である。

第3章

客を楽しませる基盤と演出

前章では企画ガイドが何をめざし、どのような調査（下見）を行なえばよいかを記した。読んでいただければ、自分が企画ガイドに向いているかどうか、できるかどうかがわかるだろう。かなりハードルの高い話であったが、理想を語っているのではなく、プロガイドとして認められる水準を正直にお伝えしたものである。

それでは次に、もうひとつの努力目標をお示しする。案内の現場で「何を心がけるか」を語ろう。ガイド付きのツアーに参加した客を満足させるためには、二層の努力を積み重ねなければならない。基盤となる下層と演出をする上層である。図3-1はそのことを示す模式図である。

基盤層は「安全」「安心」「快適」、演出層は「共感」「納得」「発展」「発見」「体験」「臨場」がキーワードとなる。基盤層に置いた三要素は「最低限これだけは確保しなければならない」と考える条件である。このひとつが欠けても、客は満足感が得られない。演出層に並べた六つはプラスアルファーの要素であり、満たされる要素の数が多ければ多いほど満足度が高くなる。平たく言えば、基盤層はガイドが必ず心がけねばならないこと、演出層は腕の見せ処である。演出の腕と言えば、客を笑わせるのが最高水準の技である。習得するのは難しいが、客を「愉快」にさせる話術は、満足度をさらに高く持ち上げる効果を生む。演出層には組み込んでいないが、めざしたいところである。

基盤層の背面にまだ何か要素がありそうな図にしたのは、価格の設定やホテル・レストラン・交通機関のグレードなど、旅行商品の諸条件が満足度に影響することを暗示するが、それらについては、ガイドがあずかり知るところではない。ガイドは模式図の見えているところに集中すればよい。

それでは、上下層の意味をご理解いただいたところで、個別に語ろう。

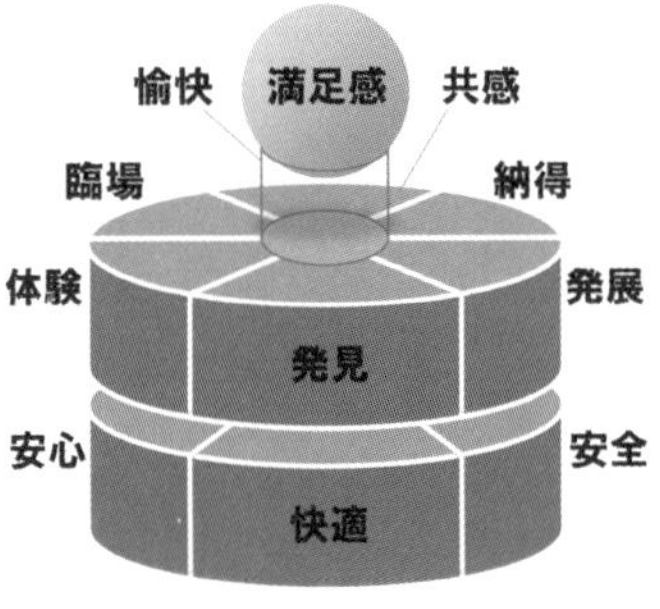

図3-1　満足感を引きだす要素

（1）安全

工事現場の標語となる「安全第一」は、観光の現場であっても同じである。ツアーの企画はすべての客に旅行保険への申し込みを勧めるが、それで事が済むわけではない。主催者側は常に「事故を絶対に起こさない」方針で臨んでいる。ガイドも同様である。

ガイドの務めの第一は「客の安全を確保することである」と、常々肝に銘じている。私にも苦い経験があるからである。ガイドを務めたツアーで過去に三回事故があり、二人が腕の骨、一人が腰の骨を折った。いずれも雨の日に足を滑らせ、転倒しての負傷であった。そのほか、体調不良のため、救急車で運ばれたケースが三回ある。ひやりとしたケースは数えきれない。ほとんどが高齢者であり、歴史ツアーに最も多く参加してくださる年齢層である。

私にとって汚点となる話を出したのは、「旅に事故はつきもの」であることを実感していただきたかったからである。当然のことながら、客の一人でも怪我をすると、スタッフは駆け回り、ツアーに参加した全員の気分は台無しになる。事故は未然に防がねばならない。その心得は次章でも述べるが、下見で事故を引き起こしそうな箇所を確認しておくことにより、事故の確率はぐんと下がる。もちろん、その場所では、大声で客の注意を喚起する必要がある。足元ばかりに気をとられていると、木の枝で目を突く。駐車場の車止めに踵《かかと》をひっかけ、後ろ向きに転ぶケースもよくある。危険はいたるところに潜んでいる。夏季の熱中症は死亡事故につながるため、話をする木陰《こかげ》をあらかじめ見つけておかねばならない。炎天下で長話の案内をするなど、もってのほかである。

（2）安心

安心は安全から出てくる感情であるが、今述べたような危険から客を守るだけでは不十分である。むしろ、客にとって安全であるのは当たり前のことであって、安全を確保しても、ようやく地ならしができる程度である。安心感を与えるためには、不安な要素を排除しなければならない。客がツアーに参加して覚える不安感には「取り残される不安」「体調を崩す不安」「他人に迷惑をかける不安」「時間を失う不安」などがある。

取り残される不安は、旅の最初から始まる。「集合時間はこれでいいのか」「集合場所はここでいいのか」などと心配した経験は誰にでもあろう。そのように端《はな》から取り残される不安がつきまとう。バス旅行の場合は、休憩の時間ごとに、戻るバスを間違いはしないかと心配する客もいる。また、散策の途中で一行からはぐれる心配もあるだろう。それらの不安を払拭するのは添乗員の仕事であるが、ガイドもサポートしなければならない。

体調を崩す不安は、持病を抱えている客、乗り物酔いをする子供などを例にするとわかりやすいが、最も普遍的な不安はトイレの心配である。夏場と冬場ではその頻度が異なるが、このことは添乗員・乗務員・ガイドがよく相談して解消しなければならない。

他人に迷惑をかける不安は、ツアーのペースについていけない場合によく起こる。散策のツアーでは、脚の不自由な客や高齢者が他人に迷惑をかけてはいけないと、懸命に歩こうとすることがよくある。疲れ果てて、途中で離脱することもたびたびある。添乗員やスタッフがフォローするのであるが、それ以前に、ガイドが歩く速度を調整しなければならない。

とはいえ、解散時間が遅くなれば、「予約していた帰りの電車に乗り遅れる」と、心配し始める客も出てくる。時間を失う不安とは、そのようなことを言う。それを解消するには、添乗員がタイムキーパーとなり、ガイドが指示に合わせて案内の長短を調整しなければならない。そのため、ガイドには分刻みで案内を調整する能力が求められる。添乗員や客のいらだちを感じることもなく、悠々としゃべり続けるガイドは、即刻、観光の現場から退出していただきたい。以上のような不安を解消して、はじめて客の安心が得られる。大事なことは、早め早めにアナウンスをして、客の不安を未然に解消する心がけである。

（3）快適

安全を確保し、不安を取り除くことによって、客を満足させるための基盤はできるが、欲を言えば、快適さを加えて盤石《ばんじゃく》にしたい。旅では非日常的な体験ができるのだが、それと裏腹に不快感がつきまとう。日常で何時間も電車やバスに揺られる人は少ないだろう。何時間も歩くこともめったにないだろう。他人と接触することで不快感を覚える人もいる。客と客が不仲になることも少なくない。

正直に言って、ガイドがそのような不快感を根本から取り除くことは難しい。だが、気を紛らわせることによって、不快感を軽減することは可能である。また、快適さを味わわせることによって、不快感を忘れさせることも可能である。例えば、景色の美しいところでは、やや時間をとって堪能させる。道端の花でもよい。そよ風も快適さを与えてくれる。ただひたすら目的地に向かって歩いていては、そのような快適さを感じる余裕もない。ほんの数分でも、休憩がてら、快適な時間を作る工夫を心がけてほしい。

（4）共感

ここからは満足感をひきだす要素の上層である。まずは「共感」であるが、これは客がガイドに覚える共感のことを言う。ガイドに共感するかどうかは客の感性であるため、「共感して下さい」と強要しても、思い通りにはならない。客が自ずとガイドに共感してくれるような案内を心がけよ、ということである。案内は説教でもなく講義でもない。共感のなかで知識を得ていただく、あるいは感動していただくのがよい。「教えている」「教えられている」と互いに感じてしまう話し方では、学生時代の辛い勉強を思い出させてしまうことにもなりかねない。

共感を得るにはどうすればよいか。それは「気づいたときの感動」を忘れず、伝えることである。下見の重要性はそこにある。一例をあげよう。「魏志倭人伝ツアー」の下見で長崎県の壱岐島《いきのしま》を訪れたときのことである。県内最大の前方後円墳である双六《そうろく》古墳で私自身が思わず声をあげた。墳丘長は九〇メートルばかりであるため、百舌鳥《もず》・古市《ふるいち》古墳群などでは、むしろ小さい部類に入る古墳であるが、その「うずたかさ」が目を引く（**写真3-1**）。自動車道から茂みの道を少し歩くと、視界が広がり、その眼前にいきなり草の山が現われる。そのときの感動は忘れられない。それをツアーの当日にお見せするのだが、工夫を加える。あらかじめ「顔をあげず、足元だけを見てお歩きください」とお願いし、頃合いを見て「はい」と合図をする。顔をあげた客が、私と同様、思わず感動の声をあげる。それは私が体験したものと同量の感動であり、そこに共感が生まれる。

このような大きな感動でなくともよい。小さな感動を積み重ね、共有することによって、ガイドと客の心はおのずと通じ始める。それができるかどうかは、下見でガイド本人がいかに感動の種を拾えるかにかかっている。ガイド自身が感動もせず、客を感動させることはできない。「下見は感動の種を拾い集める調査である」と、私は大学の講義では教えているが、このようなことは、現場で体得させるのが一番である。

写真3-1　壱岐双六古墳のうずたかい墳丘

（5）納得

これはいわゆる「腑《ふ》に落ちる」ことである。さらに言えば、「ああそうか」と腑に落ちたときの感動を引きだす演出である。腑に落ちるとは、よくできた言葉である。耳で聞いた知識が頭に入るだけでなく、身体の奥深くまで染み渡るイメージがよく出ている。それでは、どのような知識が腑に落ちるのだろうか。その知識が聞く人にとって役立つかどうかによっても異なるのだろうが、私は知識の内容ではなく、伝え方にあると思っている。

ここでも一例をあげて説明しよう。奈良時代に民衆救済事業に尽力し、聖武天皇の大仏造立《ぞうりゅう》事業も支えた僧侶の行基《ぎょうき》は、高僧として知られる。これを「行基は高僧として知られる」と説明しても、「ああそうか」で終わる。少し情報を追加して、「橋や溜池を造った行基は高僧として知られる」としよう。これによって他と異なる行基の事績が伝わる。ただ、物足りない。そこで、「橋や溜池を造り、民衆に慕われた行基は高僧として知られる」とすれば、行基の人となりまでわかり、なぜ高僧と呼ばれるのか、という理由もつけられる。さらに、「橋や溜池を造り、民衆に慕われた行基は高僧として知られ、菩薩と崇《あが》められた」と追加すれば、行基の歴史的な価値まで伝わり、納得が得られる。

読み上げる時間を計ると、わずか五秒程度の追加であるが、「なぜ」の部分を強調することによって、より深く、より得心のゆく話ができる。ただし、話は冗漫になってはいけない。コンパクトにまとめ、喉を通して腑に落とすような工夫が必要である。それを私は「話は小さく団子にして呑ませよ」と講義している。できれば、「なぜ」の部分は「説明」ではなく、現地のモノや風景で解くと、さらに印象深くなる。

(6) 発展

ガイドの時間は解散場所まで客を安全に送り届けて終わるが、仕事の成果はそれからも続く。むしろ、終了してからの余韻をいかに残すかで満足度の高い案内ができたかどうかが決まる。余韻を残すには、次なる旅の動機につながるような話をところどころに盛り込めばよい。客とガイドの関係はほとんどが一期一会《いちごいちえ》であるから、旅の動機は「またご案内します」とガイド自らが誘うものではなく、「また機会があれば行って下さいね」とお声がけすることで、客の心に生じさせるものである。

図3-2　人から人への継承のイメージ

たとえば、ここにクスノキの巨樹がある。幹の太さと力強さに客が感動する。そこでガイドは目の前にある巨樹に比肩するようなクスノキを「どこで見た」「あそこで見た」とみずからの感想を入れながら補足する。そうすれば、客は「そちらのクスノキもぜひ見たい」と思うだろう。話がその場で完結するのではなく、「次は自分で旅を企画して行こう」と客が思い立つような膨らみのある案内である。客によっては、「次は自分がガイドになって案内しよう」と思うかも知れない。受動から能動への発展である。ガイドが次のガイドを育てる。それが観光の発展にとって重要な「継承」であると、私は考えている。世代の継承ではなく、人から人への「バケツリレー」のような継承である。

（7）発見

発見の「発」は旧字で「發」と書き、戦闘の合図である鏑矢《かぶらや》を射る姿を表わすという。出陣の意味であるが、敵方《てきがた》からすれば、突然の動きとなる。つまり、発見とは予想通りに見つけるのではなく、予期せぬものを見つける熟語として使うのがよい。ここでもそのような意味を込めて、感動の要素に加えた。例えば潮干狩《しおひが》りで、貝のいるところがあらかじめわかっていたら、面白さは半減するだろう。やみくもに砂を掻《か》いているうちに、突如として貝が現われるから、見つけたときの感動を味わえるのである。

この理屈は観光の楽しさに応用できる。第2章の地域観光で少し触れた河内平野中部の旧村を訪ねる調査において、それまで何となく感じていた疑問が解けた。「田畑を開発した整然とした街よりも、曲がりくねった路地の走る旧村の風景になぜ心惹《ひ》かれるのだろう」との疑問である。その答えは「先が見えないから」であった。まっすぐな道が遠方まで見通せるのに対し、曲折した道は先が見えない。道をはさむ民家の風景も一歩ごとに構図が変わる。そのような道でいきなり目を見張る建物が現われると、感動する。潮干狩りで貝を見つけたときの感動とよく似た、小さいけれども心躍る感動である。

そのような感動も、逆方向から歩くと、遠くから見通せて薄れてしまうかも知れない。

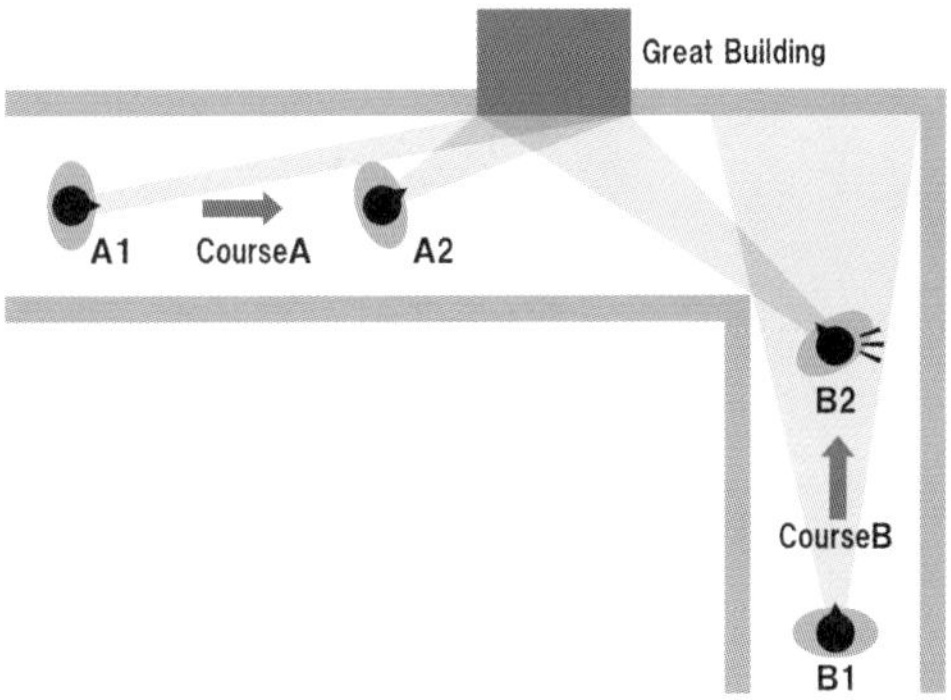

図3-3　発見の楽しさを呼ぶコース選択の模式図

図3-3をご覧いただきたい。通りに面して感動的な建物がある。Aのコースを行けば、遠くから建物が見えるが、Bのコースでは、曲がり角まで来て、突然目の前に建物が現われる。どちらが大きな感動を呼ぶかは自明であろう。

そこでガイドはBのコースが採れるように見学ルートを考える。そのようにコースの工夫で発見の楽しさを演出できるのだが、意識せずにコースを組んでしまえば、小さな感動がプチプチと音を立てて消えてゆく。発見の要素を下見で丁寧に探し求め、案内での仕掛けに生かす工夫が必要である。やや難しいワザであるが、チャレンジしていただきたい。また、話術においては、「ああ、そういうことだったのか」と気づかせることが発見の楽しみを生み出すワザとなろう。客が思わず膝を打つような話を心がけたい。

（8）体験

子供たちを惹きつけるイベントに体験学習がある。各地の博物館や資料館では、土器や勾玉《まがたま》などを子供たちに作らせ、古代人の技術や知恵を追体験させる活動を行なっている。火きり棒を使った火起こし体験も人気がある。天平人の衣装や戦国武将の甲冑を着る擬似体験を好む若者も多い。四国八十八箇所霊場を巡る、いわゆる「お遍路《へんろ》」も、弘法大師《こうぼうだいし》の修行を追体験する意味が込められている。体験は子供や若者だけでなく、すべての世代が楽しめる活動であると言えよう。ガイドにも体験の要素を入れると、効果が出る。といっても、大がかりな道具は持ち歩けない。道具や材料を使わずともできる体験を考えなければならない。そこで一例をあげる。

天皇陵や皇族墓の正面には、陵墓を参拝する「拝所《はいしょ》」が設けられている。玉垣《たまがき》が内外二重にめぐらされ、奥に神明《しんめい》鳥居が建てられた施設である。陵墓が前方後円墳である場合は、前方部側の中央に設けられるため、そこから眺めると、墳丘が平たい二等辺三角形に見えて均整がとれている。拝所もそれに応じて左右対称に造られ、前後に設けられた鉄扉《てっぴ》と鳥居が拝礼にふさわしい空間を作っている。左右対称を意識して造られた建物や施設は、その軸線上に立って眺めると、設計者の意図がよく感じられる。ただ、拝所前の地面に軸線が引かれているわけではないので、どこに立てば軸を跨げるのかがわからない。

そこで目印となるのが二重の鉄扉である。鉄扉を眺め、その合わせ目が一致するところに立てば、陵墓と拝所によって生まれる軸を跨ぐことになる（図3-4）。それを客に体験していただくのである。そうすれば、客がみごとな縦列をつくり、すべてが得心《とくしん》の表情を浮かべる。ただそれだけのことであるが、客にとっては、忘れられない体験となる。

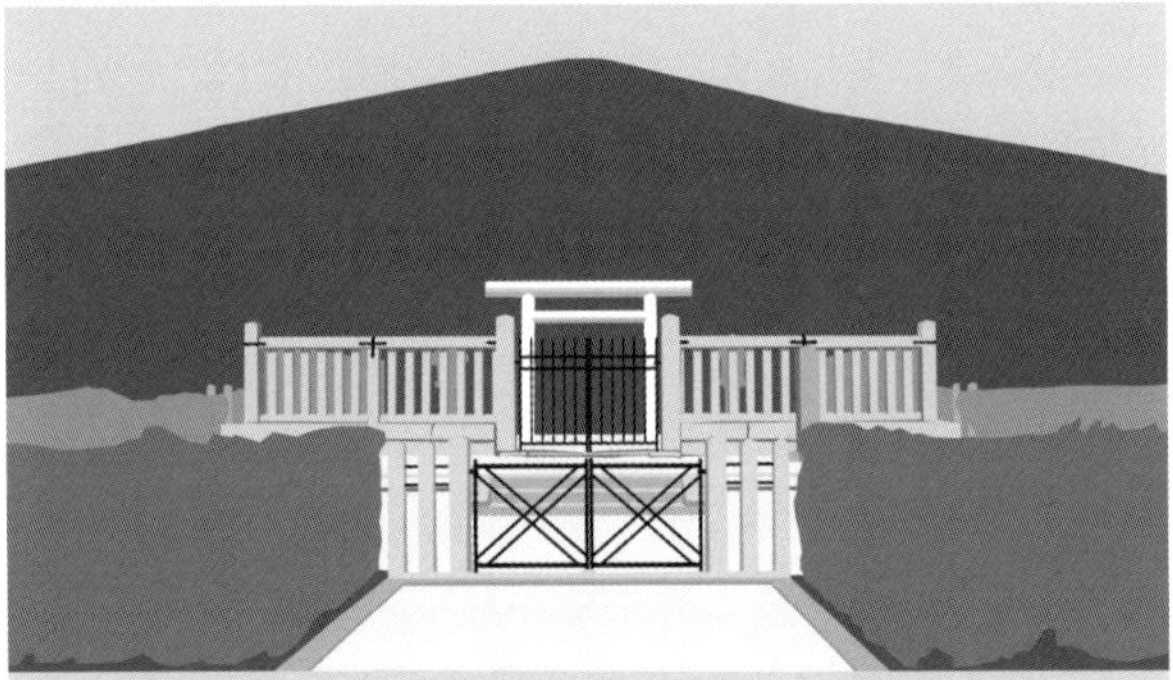

図3-4　天皇陵の拝所にある二重の鉄門扉

（9）臨場

観光は現地に足を運ぶ行動である。よって自ずと臨場感を味わえる。逆に言えば、臨場感を味わうために旅費を出すのである。ひとところで長々と説明をするガイドをよく見かけるが、それは臨場感を薄めさせる行為に他ならない。客は目の前にあるモノや風景を楽しむために来ているのであり、ガイドの長たらしい講釈を聞くために旅費を出しているのではない。ガイドは客の楽しみに少しばかりの風味づけをする脇役であることを肝に銘じてほしい。

臨場感をどれほど味わっていただけるかで、満足度も違ってくる。たっぷりと臨場感を味わえば、「ああ来てよかった」との声が自ずと出る。視覚だけではなく、聴覚・嗅覚・触覚、ときには味覚も含めた五感で感じるからこそ、臨場感が味わえる。ガイドの話は大脳で受け、臨場感は五感で受けるものとすれば、しばし大脳を休ませることが大事である。森を案内するネイチャーガイドが「目を瞑《つむ》って森の音を聞いて下さい」と誘導するのは、大脳を休め、聴覚や嗅覚を働かせる工夫である。客は音や香りだけでなく、森を抜けるそよ風を手や顔で感じ、森に包まれている感覚をたっぷりと味わえるのである。

もう一例をあげる。私はかつて東大寺の法華堂《ほっけどう》（三月堂）で不思議な体験をした。本尊の不空羂索観音菩薩立像《ふくうけんざくかんのんぼさつりゅうぞう》と客仏《きゃくぶつ》がずらりと並ぶ内陣があまりにも静かである。もちろん、聞こうとすれば、他の参拝客の足音や外を歩く修学旅行生の声は聞こえるのだが、仏像に意識を戻せば、再び音が消える。おそらく諸仏がかもす静謐《せいひつ》さが俗世の音にまさるのだろう。この不可思議はその場に立たなければ絶対に感じられない。まさしく臨場の体験である。もしここでガイドが余計な口をはさんだなら、貴重な空気は消える。

（10）愉快

演出層の上に位置付けた「愉快」は、満足度をジャッキアップする要素であり、最も高度な技を必要とする。私もガイド業を始めてから一〇年ばかりして、ようやく愉快な旅を演出できるようになった。平たく言えば、客に笑ってもらえるガイドである。ただそれは落語や漫才のような計算された笑いではなく、ガイドの人柄からおのずとにじみ出る愉快さである。芸人でもないものが下手に笑いをとろうとすれば、ぎこちなさが出て、かえって白《しら》ける。

ガイドも人それぞれであるから、客がおのずと愉快に感じる言葉や所作《しょさ》は人によって異なる。つまり、これといったセオリーはない。生まれもった才能もある。ただ、才能のない者は笑いをとれないかと言えば、そうではない。心がけと努力によって、ある程度は客の笑いを引き出せるものと思う。「あはは」と声をあげて笑うレベルにまで達しなくとも、にんまりとしていただけるレベルならば、何とかなる。

本章では客の満足感を引き出す一〇項目の要素とテクニックを記した。ガイドは「話をしていくら」の世界にいる者であるため、そこに話術を含めるべきなのだが、あえて省いた。話術は観光ガイドだけに必要なテクニックではなく、多くの職種に求められる技術である。また、本格的にお伝えするには、もう一冊のマニュアル本が必要である。観光ガイドに特化した話であることをご理解いただきたい。

要素のうち、安心・安全・快適の三要素を基盤層としたのは、プロガイドにもボランティアガイドにも、必ず心がけてほしいからである。上層の六要素と満足度をさらに高める愉快の要素については、ステップアップのための目標としていただきたい。

さて、観光ガイドが何をすべきかを説いたところで、各論として「ガイドの心得」を次章で並べておこう。ほとんどが私のガイド経験を通じての苦労話であるから、まとまりはない。

第4章　ガイドの心得

新しい企画を練り、ガイドで披露するのは、楽しくもあり、難しくもある。楽しさは各自に味わっていただくとして、ここではガイドの難しさと、それを解消するノウハウを綴る。

当たり前の話であるが、案内は観光客が多ければ多いほど難しくなる。数百人をひとりでご案内するという荒業を引き受けたこともあるが、たいていは大型バス一台分の客が最多であり、多くても四〇人前後である。補助席を倒せば、五〇人あまりをお連れできるが、通常は補助席を使わない。以下の話は三〇人から四〇人規模のツアーを前提として進める。もちろん、一人二人の客を案内する場合も、バスを使わない散策ツアーも、ほぼ同様のノウハウが使えるので、読んで損はない。

ツアーは旅行業務取扱管理者が扱い、当日は旅程管理主任者が同行しなければならない。いわゆる旅行代理店の社員（ツアープランナー）と添乗員（ツアーコンダクター）である。ガイドが旅行企画を練ると言っても、それは原案であって、旅行商品にするには、彼らの管理下に行なわれることが旅行業法で定められている。彼らはいずれも正式な資格試験に合格した者であり、それを目ざす学生も多い。今から語る心得は、添乗員が同行することを前提とするものである。

（1）常にガイドが待て

ガイドの仕事は最寄りの集合場所から始まる。添乗員は集客地域での集合場所から仕事が始まるが、ガイドはそれぞれの地域を担当する者がほとんどであろうから、最寄りからの合流でよい。他地域に足を延ばす場合も、原則的にはガイドを始める直前からの合流で事足りる。とはいえ、集合場所を間違えること、集合時間に遅れることは絶対禁物であり、その回で仕事を失うものと覚悟しておくべきであろう。時間の厳守はガイドに限ったことではないが、参加者の全員に迷惑がかかるどころか、弁償にまで発展する事故となるから、心得の第一として、肝に銘じておかねばならない。

ちなみに、私の場合は、おおむね一時間前には集合場所に到着するようにしている。客が自宅から銘々で集まる場合は、かなり早くから訪れる人もいる。指定の場所に来て、誰もいなければ、不安になろう。客を不安にさせることで、すでにガイドとしては落第である。とはいえ、さすがに一時間以上も前から来る客には、辛抱していただくしかない。ものごとには限度がある。

ガイドが早くから集合場所に立っていても、客にそれとわからなければ意味がない。顔が知れ渡っているガイドは、顔が旗やプラカードの代わりとなるが、そうでなければ、それとわかるものを抱え、客が一人でも声をかけやすい雰囲気を醸しながら立っておくべきである。もっとも、最寄り駅からの散策ツアーの場合は、主催者側のスタッフが上記の役を担う。ガイドはただ遅れないように行けばよい。

(2) 声の訓練と調節

ガイドは歌手やアナウンサーと同じく、声量と滑舌《かつぜつ》が大切である。申し訳ないが、声が小さい者、滑舌が悪い者はガイドに適さない。訓練をするか、仕事を変えるか。どちらかの選択となろう。声の小さな歌手が成り立たないように、声の小さなガイドは客にストレスを与えるだけである。ガイドを必要とするツアーの客は高齢者が多いので、なおさら大きな声が求められる。拡声器に頼るガイドがいるが、他に迷惑がかかるため、やめたほうがよい。ましてや、社寺の境内では使えない。

ガイディングレシーバーは、博物館の館内など、大きな声を上げにくい場所や、客と客の距離をとる必要があって客が散開する際に役立つ。ただ、すべてのツアーに用意されているとは限らない。やはり喉を鍛える訓練が求められる。しかも、朝から夕刻まで声を涸らさずに話し続けなければならない。ガイドをする時間だけでなく、移動時間も客との質疑応答が続く。かなり鍛えなければ、午後までもたない。

声が鍛えられたあとの話であるが、声量を自在に調節する必要がある。バスの車内ではマイクの音量を確認することから始めよう。バスは排気音が大きいため、後部座席ではマイクの声が聞きづらいことが多々ある。同じ型のバスに乗務するバスガイドの場合は、日常の業務で慣れているが、それでも気の利くバスガイドは、最初に「後ろの方、聞こえますか」と尋ねている。この話で私も何回か痛い経験をした。ツアー中、最後部の客に声が届いていなかったのである。その苦情をツアーの最後に受けた時のショックは大きい。なので、必ず初っ端に音量の確認をすることにしている。

野外での案内は、街の雑音や車道の排気音にかき消されることが多い。それを上回る声を張り上げると、喉が続かない。対策は下見である。案内するポイントはできるだけ静寂な場所を選ぶ。逆に閑静な住宅街では、大きな声で案内すると、住民から苦情を受ける。かなり厳しく叱られる場合もあり、そうなれば、ガイドばかりでなく、客も委縮し、その日の気分は台無しになる。第三者から叱られるような行動をしないことも、心得のひとつである。拡声器の使用を否定するのは、そういう理由である。迷惑なガイドを続けていると、観光客に対する住民の感情が悪くなる一方である。ガイドの無配慮は観光を潰す。

(3) 道の選択と歩かせ方

車道を歩かせないことを基本とする。とはいえ、住宅地の道でさえ自動車が通行できるため、そのことからすれば、ほとんどが車道となり、どこも歩けなくなる。この場合の車道とは、車が頻繁に通る道のことを言う。やや広い道では、白線によって車道と歩道を区別しているが、その程度の仕切りでは、安全が確保できない。歩道がしっかりとしている道も、車の排気音を聞きながら長い距離を歩かせるのは避けるべきである。経験則で言えば、同じ距離を歩いても、倍は疲れる。そこで求められるのがコースの吟味である。できる限り車通りの少ない道を歩けるようにコースを組む。地図を睨むだけでは駄目である。細い道も車の抜け道になっている場合が多い。やはり現地で確かめる必要がある。

車の通れない細い道がよいのか、と言えば、必ずしもそうではない。住宅地の路地や田畑の農道などは、私有地である場合が多く、そこを無断で歩かせるわけにはゆかない。たとえ公道であっても、大人数で歩くのがはばかられるところもある。歩いていいのか悪いのかも、下見で判断すべきチェック項目である。

このように苦労して道を選んでも、必ず交通事故の危険を感じる区間ができる。車だけではない、自転車も心配である。自転車にチリリンとベルを鳴らされるだけで、その日の気分は壊れる。地元の歩行者に叱られる場合もある。ということで、歩かせ方に細心の注意が必要である。客には常に注意を喚起し、道の隅を一列で歩くように促す。よって、ガイドは気を抜いて歩けない。

客は必ず膨れて歩く。前後から近づく自動車・自転車・歩行者にいち早く気づき、「後ろから車が来ています」「前から歩行者の方がいらっしゃいます」と大声で叫ばなければならない。私が声を潰す原因の大半が、その際の大声である。なので、大勢の散策ツアーはガイドを支えるスタッフが必要である。経験則では、二〇人から二五人の客に一人の割合でスタッフを配置しなければならない。とはいえ、スタッフを動員すればよい、と言うものではない。声を出してくれないスタッフは「金魚の糞」である。散策ツアーの主催者は、この指摘に耳を傾け、スタッフを鍛えていただきたい。

(4) 横断の鉄則

道路交通法では、横断歩道のある道は、そこを渡らなければならない。横断歩道を渡る義務が生じる範囲は、横断歩道との距離で判断する。数百メートル先の横断歩道を渡って戻りましょうというのは酷であろう。判例では、横断歩道から三〇メートル圏内が「横断歩道のある道」と判断されているようである。ただし、三一メートル離れているから、横断歩道を使用しなくてもいいと言っているのではない。道路交通法は人を守るためにある。ガイドも客の安全を最優先して判断しなければならない。

コースの設定では、横断歩道の有無だけでなく、信号の有無や青信号の時間を考慮しなければならない。交通量の多い道では、歩行者に与えられた時間は短く、客の列が切れる。その場合にどうするか。鉄則は、渡った場所で先行の列を待たせることである。止めることなく歩かせると、残された客が焦って信号を無視する。無視する客が悪いのではなく、焦らせるガイドやスタッフの責任である。よって、前列は適当な場所で待たせ、後列には待ってもらえることを大声で知らせる。何ごともズルズルはよくない。

横断歩道をズルズルと渡らせると、路傍を歩く後方の客がそれを見て、横断歩道のないところで斜め横断をし始める。経験では、客は必ずそういう行動に出る。最も危険な瞬間である。あらかじめ横断歩道を渡ることを徹底し、ガイドとスタッフが斜め横断をきつく制止する。これは少々無礼になってもよい。サービスよりも命を重視すべきである。

このような体験談からもおわかりいただけるように、観光は危険と背中合わせである。ガイドの最も重要な仕事は「客の命を守ることである」と、前章でも指摘させていただいた。それは山岳ガイドだけの話ではない。街を案内する観光ガイドの鉄則でもある。プロガイドの養成を任された場合に、私が行なう指導の第一は、その点になろう。

(5) 社寺での案内

寺社詣《もう》では平安時代から盛んになった伝統的な観光である。神社や寺院に参拝するのであるから、信仰や宗教活動の範疇となるが、動機が物見遊山を含むことは間違いない。現在も国内観光客の多くは寺社詣での客が占める。高齢者層では、大半と言ってよいだろう。近年はパワースポットブームの余韻が続いているのだろうか、若者の寺社詣でも目立つ。京都の清水寺《きよみずでら》や四国の金毘羅《こんぴら》さんも若い参拝者が多い。観光ガイドも社寺を案内する機会が多い。ただ、境内はあくまでも信仰や宗教の聖域であるから、それなりにマナーが求められる。礼儀作法は多岐にわたるため、ガイドに関わる点だけを指摘しておこう。

まずは日本国憲法第二〇条にも謳われた「信教の自由」との兼ね合いである。信教の自由とは、宗教を信じる自由と裏腹に、信じない自由を保障するものである。つまり、社寺の境内に立ち入っても、その神や仏を信じない自由が保障されている。神職や僧職の立場からすると、「拝みたくない者は、入ってこなければよいではないか」との気持ちになろう。当然であるが、現実には、さまざまな信念をもった観光客が境内に立ち入る。境内でのガイドは、その点で気を遣う。今述べた理由により、本殿や本堂の前で「拝んで下さい」とは命じられない。それならば、どうすればよいのか。

私は客に参拝を指示せず、みずから率先して参拝することにしている。鳥居や山門の出入一礼、手水《てみず》の使用、脱帽二礼二拍手一礼もしくは合掌。という作法を進んで行なう。陵墓の拝所や慰霊塔の前では脱帽一礼を行なう。それを見ならうか無視するかは客の自由である。ただ、今並べた作法はマナーであって、客にもできることなら行なっていただきたい。そこで、バスを降りる際、携帯を呼びかける持ち物のひとつに、笑顔で「お賽銭《さいせん》」を加える。境内での案内は「参拝を済まされましたら、こちらにお越し下さい」と声をかけ、邪魔にならない場所で待機する。強制するのではなく、それとなくうながすお声掛けである。

境内での案内は、大声は禁物である。できれば、鳥居や山門の外で祭神や本尊を説明し、あとは参拝していただくだけに留める。社殿や伽藍の建物を解説する場合は、それが見える場所で声を出す必要があるが、他の参拝者の邪魔にならないところを選ぶ。下見では、その場所も確認しておこう。本殿や本堂の正面に立ち、神や仏に尻を向けて説明をする非常識なガイドがいるが、そういう姿を見るにつけ、プロガイドの必要性を感じる。

（6）風景の案内法

自然の風景や人工物の景観は他の景色と連続するものであるが、どこかで切り取ると、一枚の絵になる。写真撮影の理屈である。ガイドが身につけるべき能力のひとつに撮影技術を入れてはどうかと考えている。ただ、それは一眼レフを操る技術ではない。カメラはスマートフォンで十分である。要は景色をうまく切り取る感性を身につければよい。私も昔は一眼レフカメラをぶら下げて歩いていたが、近ごろではスマホで済ませている。スマホカメラの性能が格段によくなったため、リーフレットやガイドブックに掲載する程度の写真であれば、それで十分である。下見では数十キロの距離を歩くため、装備はできるだけ軽くしておきたい。

見栄えのよい写真を撮るのは、二つの注意点に気をつければよい。構図と光である。山などの風景にせよ、建築物の景観にせよ、構図のとりかたでよくも悪くもなる。少しでも撮影の立ち位置が変わると、まったく別物の絵になるのが不思議である。日光は時間帯によって変わる。青空の色は太陽を背にした場合が一番濃い。気に入った角度から発色のよい写真を撮りたいと思うならば、時間帯をずらすことも考えねばならない。

序文に「観光学の目的は客を感動させることにある」と述べたが、感動させることは、観光ガイドの大切な役目である。「景色を見せること」が目的ではない。「景色を見せて感動させること」が目的である。そのためには、ガイド本人が感動する景色を探さねばならない。いつどの場所に立てば、感動する景色を切り取れるのかを探る。そして、そこで撮影をしていただく。思わず写真を撮りたくなる風景や景観のビュースポットに、ちょうどよい時刻に導くことがガイドの役目である。

案内をしていると、撮影スポットの前に出る客が必ずいる。

大半の客は人のいない風景を好む。前に出る客を制止しなければ、常に写真が台無しになる。撮影者の不満は溜まる一方である。かといって、「前に出ないで下さい」と叱るわけにもいかない。どうするのか。私は「撮影タイム！」と大仰《おおぎょう》に声をあげ、写真好きの方を優先して、順番にお撮りいただくことにしている。皆が後方で撮影ショーを始めるとなれば、前に出た客も下がる。叱ることなく統制する。ガイドが気を遣う局面は多い。

（7）笑いを指標に

ガイドの役割りは「知識を伝授すること」と思っている者が多いが、それは違う。知識を伝えるのが目的ではなく、知識を伝えて感動させることが目的である。「おお、そうか」と客が思わずポンと膝を打つような伝え方をしなければ意味がない。前章で述べた「納得」の要素である。ガイドが必要とする能力で、最も重要、かつ、最も習得が難しいのが「話術」である。話術の手法は多岐にわたると述べたが、ここで一つだけ解説しておこう。

話し方には人の個性が出る。落語家や漫才師の話術は理想であるが、一日中、その調子でしゃべり通すわけにはいかない。できるだけリラックスした会話で、なおかつ楽しませるのがガイドに求められる話術である。個性があるため、基準を示しにくいが、それでも共通した基準がある。笑いである。

楽しさは笑いから起こる。不満やストレスを抱えている者は、話し手に気をつかって愛想笑いはしても、声をあげて笑うことはないだろう。よって、笑い声は最もわかりやすい指標となる。私は案内の開口一番、「みなさんを笑わせることに全精力を傾けています」と、冗談交じりに切り出すことにしている。ただ、冗談ではなく、本心である。ガイドは講師ではない。むしろお笑い芸人に近い存在になることを目ざすべきかと思っている。

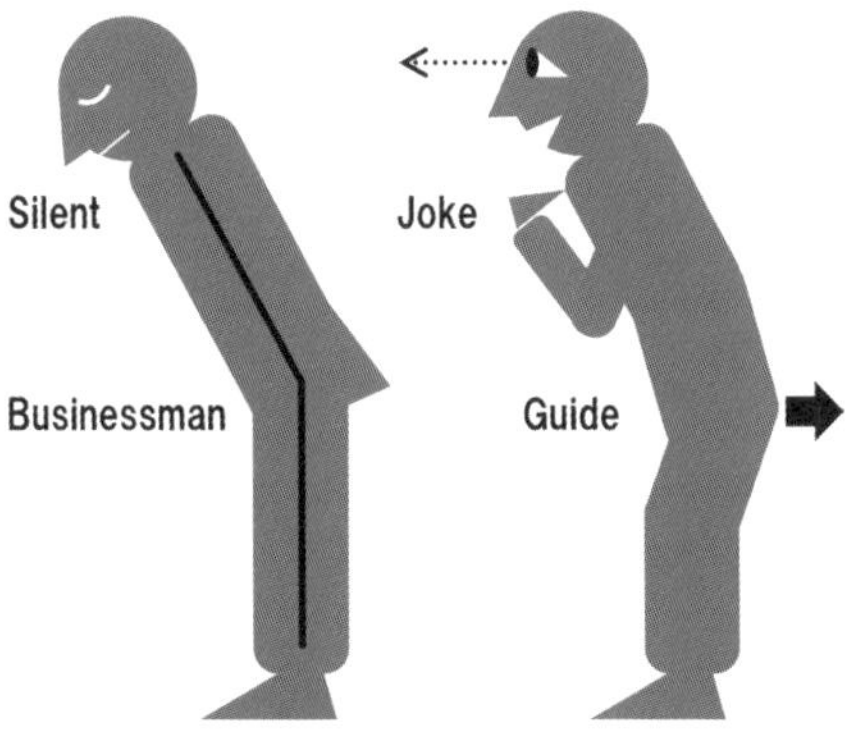

図４-１　社会人の挨拶とガイドの挨拶

笑いを取る条件は「腰の低さ」である。ガイドの挨拶は「頭を下げる」ことではなく、「尻を出す」ことだと学生には教えている。尻を出せば腰が折れ、腰が折れれば頭が下がる。横から見れば、無様なかっこうであろう。ただ、いくら胸を張っても軽蔑される人間がいる一方、いくら腰が低くても尊敬される人間もいる。ガイドは後者をめざすべきである。

ガイドは長時間にわたり話をする。長く話をすれば、知識の広さや論理の明解さが自ずとわかる。それが揃っておれば、卑屈な姿勢をとろうとも、尊敬され信頼される。教養を身につけるとともに、人格を磨くことが求められる。

(8) 話は短く

文章と口述は別物である。正確に伝えようとして原稿の棒読みをする者がいるが、それでは人前で話をする意味がない。通りを歩く客に原稿を読みながら声をかける商売がありえないのと同じく、原稿を読むガイドは、ありえない。暗記した文章を淡々と暗唱することも同様である。伝えたいことを友達に語るように、自然体で伝えるのが、客にとっても、最も聴きやすい話となる。もちろん、客は友達ではないから、敬語は必要であるが。

さて、話し方はそれでよいが、話の長さにおいては、もうひと工夫が必要である。文章は「起承転結」が理想と言われるが、ガイドは「承転」を省き、「起結」で話を展開すべきであると考えている。簡潔な話は印象深く、長ったらしい話は飽き飽きする。そのような当たり前の理屈が忘れられがちである。私の経験で結論づけると、ガイドは案内したい対象物の姿を語り、その姿に何らかのコメントをする。ただそれだけでよい。

もっとも、コメントの分量は、対象物しだいで長くもなる。短くせよと説くのは、その展開である。本題に入る前の長い導入、本題に入ってからの余談、本題が終わってからの無駄な付け足し。そういう贅肉が本題の印象を弱め、飽き飽きする話にさせる。できるだけ早く本題に入り、できるだけ早く結論を伝える。これが話を短くするコツである。ただ、話を切り詰めると、「あっけなく終わるのでは」と心配する向きもあろう。だが、それは問題ない。一カ所で話題にする材料はたくさんある。それを探しておくのが下見である。披露する話題の数は、定められた時間を見て調整していただきたい。

(9) 所要時間を最優先

ツアーは行程表通りに進めなければならない。同じ内容のツアーを繰り返す場合は、添乗員やガイドがツアープランナーに時間配分の適不適を報告し、徐々に行程表の完成度を高めてゆくものである。一カ所に時間を取りすぎて、見学地を消化できない場合は、客から旅行代金の払い戻しを要求されても仕方がない。それほど厳しい世界であることをガイドは心に刻み、案内の時間を意識して調整しなければならない。もちろん、予定よりも行程が早く進む場合もある。話題をたくさん持ち、時間に合わせて話題の数で調節できるよう、ふだんから客を楽しませる小話《こばなし》を考えておこう。

同じ行程で同じ案内をすれば、自ずと時間は決まってくるはずだが、実際には、かなりの誤差が出る。客の歩行速度にバラツキがあるためである。米寿《べいじゅ》を超えた高齢者や杖をついて歩く客も少なくない。それでも旅をしたいという客の心は、最大限に尊重しなければならない。

歩くのが遅いからといって、その客を待たずに話を始めるのは、ガイドの違反項目である。よって、最後尾の客が声の届く範囲に達するのを確認して案内を始める。そのため、見学地ごとに時間が押してゆく。ガイドは他の客にわからないよう時間を巻かなければならない。また、遅れてくる客を待っている時間に先頭の客がしびれを切らすことも多い。そのため、時間をつなぐ話題を持っておく必要がある。そして、その話題は、聞き逃しても、当たり障《さわ》りのない話でなければならない。とにかく、客の不満が溜まらないように気を配るのが務めである。

(10) 地域に金を

観光業は商売である。旅行代理店はもちろん、鉄道やバスなどの運輸、旅館やホテルなどの宿泊業、そして、観光地が潤う よう努めるのが仕事である。観光学もまた、そのような観光による経済の循環を図ることに手を貸すべきである。ガイド業は観光業の一部門であるから、当然のことながら、種々の利益に貢献しなければならない。たとえば、土産物店に連れてゆくのは添乗員の仕事であるが、ガイドは地域の特産品や喜ばれる土産物などをそれとなく紹介し、添乗員の仕事をやりやすくしなければならない。行程表通りの時間配分を強調したのは、そういう含みもある。購買の時間を短くしてしまうと、何のための観光業なのかがわからない。土産物を買うことを楽しみにしている客も多い。よって、購買の時間は案内の時間よりも優先すべきである。

地域を潤わせる手段は、土産物を買ってもらうことだけではない。博物館や観光施設などへの誘導も大切な業務である。ただし、テーマ旅行の場合は、なぜその博物館を見学するのか、なぜその観光施設に入場するのかを明確にしなければならない。見学や入場の意味をテーマの軸に紐づけることが求められる。風景を楽しむ客に博物館は必要ない。歴史を訪ねる客に保養施設は必要ない。ツアープランナーは客層と見学施設の適不適を考え、ガイドは客が入場料や施設使用料を出す意義を最大限にアピールしなければならない。

以上は、ガイド業を続けていて、こうあるべきだという思いを、浮かぶままに並べたものである。よって、全体としてどうなのか、という総括は出しにくい。ただ、並べてみて、自分でも改めて確認したことは、ガイドは客商売であるという認識である。人を導く教育者ではなく、人を楽しませる芸人たらんことを、ガイドはめざすべきである。

さて、ガイドが案内の当日にすべきことを述べたあと、話は前後するが、当日までに何をすべきかについて語っておかねばならない。つまり下見と企画についてのノウハウである。先にやるべきことを語っておけば、なぜ下見でそのようなことを調べるのか、なぜ企画をそのように立てるのかがかわりやすい。話を前後させたのは、そういう意図である。

第5章

ガイドの下見と企画

ガイドの下見とは、客を楽しませるという「直近の目的」をもつ調査である。ツアーの提案をして自ら案内する企画ガイドは、構想を練り、下見で確かめ、企画書を作成して旅行代理店や観光事業主催者に提案する。旅行代理店に勤める旅行業務取扱管理者（ツアープランナー）は企画書に示された素案の実効性や商品価値を判断したのち、採用するならば、さまざまなポイントを確定して行程表を作成し、同時に集客を始める。ツアーの当日は旅行代理店から業務委託された添乗員やバス会社経由で派遣された乗務員がつき、企画ガイドと三位一体で客の観光を支える。その関係を示したのが**図5-1**の模式図である。

通常ならば、ツアープランナーが企画をして、案内はバス会社から派遣されたバスガイドが行なうのだが、企画ガイドは素案の作成と当日の案内を一人で担う。もっとも、この書が世に出る時点では、そのような営業形態はまだごく少数であろう。この書はそのような形態の企画書であると考えていただければよい。このような形態での旅行企画は、私自身がすでに何年間も実施し、成功させてきたことであるため、可能かどうかを尋ねられたら、自信をもって「できます」と答えられる。とはいえ、この章で示すような入念な下見が必要である。単なる思いつきで、できるものではない。

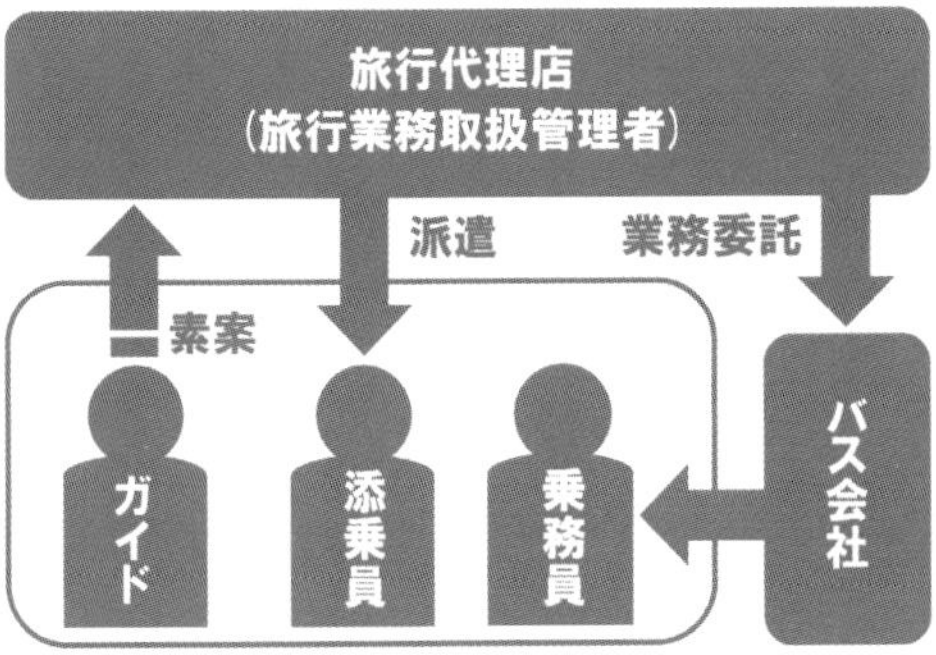

図5-1　企画ガイドの役割

（1）客層を聞く

私の場合、大学教員としての本業があるため、みずから進んで事業者にツアーを提案することはあまりない。あくまでも依頼を受けて応じる立場である。ただ、企画ガイドを本業として生計を立てるならば、売り込みから始めなければならない。つまり、提案書の作成が不可欠である。そこで、まずは構想を練ることから始めよう。もっとも、案内を引き受けるのであるから、自身の専門領域や得意分野から発する構想でなければ、後で厄介なことになる。

私に来る依頼は、例えば「奈良の遺跡を巡る旅を考えていただけませんか」というような、ざっくりとした依頼である。そこで、こちらから質問をする項目の第一は「客層」である。奈良の遺跡や歴史についてほとんど知らない一般旅行者なのか、ある程度は心得ている歴史好きの方々なのか、あるいは「オタク」と呼ばれるような深い知識を持った人々なのか。その違いによって、お連れする遺跡の配列も変わってくる。案内の筋書きや宣伝の打ち方も違ってくる。客層を考えるのは商品開発の基本であるが、観光業においても同様である。

客層がわかれば、それに応じた見学地を選ぶ。もちろん、長距離移動型のツアーなのか、ハイキング型のツアーなのかによっても、見学地は変わってくる。見学にかけられる時間の長短や旅のグレードも聞いておく必要がある。企画ガイドから提案する場合は、いくつかのパターンを作成しておけばいいだろう。旅行代理店の立場で言えば、宿泊のつくバスツアーのほうが喜ばしい。

（2）テーマを設定する

見学地を選ぶ際に必要なもう一つの項目がテーマである。さきほどの続きで言えば、奈良の遺跡を巡る旅も、「どの時代の遺跡なのか」によって内容が変わる。あるいは、時代を問わず、見栄えのする遺跡であるとか、国の特別史跡に指定された遺跡であるとか、世界遺産に登録された遺跡であるとか、そういう時代をまたぐ基準でテーマを設定するのも悪くない。大事なことは、テーマにそった見学地にしぼることである。適当に見学地をつなぐような旅に、そもそも企画ガイドはいらない。

たとえば、ここでは飛鳥・奈良時代の宮都をテーマとしよう。ヤマト政権の中心地である奈良盆地には飛鳥京・藤原京・平城京などの都が置かれ、それぞれに朝政の場である宮が設けられた。京内には大寺も建立されたため、見学する遺跡は多い。三都を巡るならば、少なくとも一泊二日の行程となろう。とまあ、大雑把な目安を立てる。

次に行なうのは、それらをどの順序で回ればよいか、という思考である。都が置かれた順で行けば、飛鳥・藤原・平城京と回るのが妥当であろう。それでは、それぞれの地区でどれほどの時間をかけようか。と、思いをめぐらせるうちに、関連する遺跡が多く、博物館・資料館の見学などを入れると、とても二日間では収まらないことに気づき始める。贅肉をそぎ落とす必要がある。都の設計は時代と共に変化してゆく。その変遷を軸にしてはどうか。設計の変化を視覚させるには、何を見せるか。京内の大路か、それとも地形の使い方か。大路の走らせ方はどこで見せる、地形の使い方はどこで感じさせる。ああしよう、こうしよう、と思考は深まってゆく。進んでは戻り、戻っては進む「一進一退」の思考を繰り返すうちに見学地が絞られ、行程が固まってゆく。

漠然としたテーマから研ぎ澄まされたテーマへと進化する。少なくとも、当初に予定していた見学地はそぎ落とされ、テーマの骨に貼りついた肉だけが残る。それでこそテーマ性が際立ち、企画ガイドの力量が生きるコースとなろう。ただ、肉をそぎ落とした骨をそのまま見せるのは芸がない。いったん露出させた骨に肉づけをして仕上げるのである。

（3）下見用地図の作成

テーマの骨は、ガイド本人が案内をブラさないための軸と考えよう。次の作業は軸に密着した見学地の位置関係を地図で確かめることである。地図は国土地理院が「電子国土ｗｅｂ」で公開している地形図が使いやすい。著作権のハードルをかなり低くしたサービスであるが、印刷物に使用する場合は「地理院地図に加筆」のクレジットを付記することがルールである。下見のメモ用として使う分には問題がない。観光は平面を移動する行動であるため、地図をベースにしてプランを練るのが合理的である。観光に関わる話をする際には、まずは地図を用意する習慣をつけてはどうか。

写真５-１　野外調査で携帯するメモ用地図の例

地図上にテーマの骨にそった見学地を落とすと、自ずと見えてくるのが位置関係であり、ルートである。下見において、どの駅から出発し、どのように回れば効率的であるかを検討する。その作業自体が企画ガイドの訓練にもなる。本番をバス移動にするならば、下見のルートは意味のないものになるかも知れないが、調査地を点ではなく線にすることによって、肉づけをする観光資源が見つかることもある。より触手を広げるイメージである。よって、できるだけ多くの観光情報を下見用地図の上に記しておこう。下見の当日は時間や体力との勝負になるが、貪欲に観光資源を確認してゆく姿勢が必要である。それはテーマの骨に沿っていなくともよい。ルート上にある旧村の風景なども含めた、あらゆる時代の、あらゆるジャンルの観光資源を拾い集めてゆくのである。

（4）下見は徒歩が基本

見学予定地が決まれば、晴れた日に下見をする。晴天を選ぶのは、宣材となる写真も同時に撮影するためである。雨の日の写真はもちろん、曇り空の写真も宣材にはならない。人を惹きつけるのは青空を背景とする写真である。ただ、日程の都合で青空が期待できない日に出かけることもあろう。その場合は旅行代理店が保有する写真を使うか、あるいは後日に写真だけを撮りに行くかのいずれかとなろう。使用するカメラは、リーフレット（チラシ）用の写真であれば、スマートフォンで十分であるが、さすがにポスターには使えない。あらかじめ、どの程度の宣伝を打つのかを聞いておく必要もあろう。

ハイキング型のツアーであれば、そのコースに沿って下見をするのが一番であるが、コースからやや外れた観光資源も調べておく必要があるため、経験で言えば、当日の歩行距離の一・五倍程度は歩かねばならない。当日の案内でも走り回ることが多い。企画ガイドは健脚でなければ務まらないのが現実である。

長距離移動型の場合は観光バス利用となるため、下見も自動車での移動となろうが、私はそれでも極力歩くことにしている。丸一日歩き続けて、歩行距離は三〇～四〇キロ程度になるだろうか。炎天下をそれだけ歩くと、熱中症で倒れそうになるため、読者にまで勧めることではない。自動車をお使いいただいてもけっこうであるが、見学地の周辺だけは、歩き回って調べるべきである。

というのも、確認するのは観光資源だけではないからである。すでに言い古されたことであるが、「観光」の語源は筮竹《ぜいちく》占いのバイブルである『易経《えききょう》』に記された「国の光を観《み》る」との卦辞《けいじ》にあり、遊説家《ゆうぜいか》がその国境から都の方角を観た際に、光が差していたら、その国君に仕《つか》えて吉《きち》なりとの意味である。「観」には高い楼閣の意味もあるため、古代中国人はその字に展望のイメージを持っていたのだろう。つまり、語源に忠実な解釈では、観光は風景を眺めることが第一義である。

回りくどい説明となったが、風景は「観光」の語源からしても、最も大事な観光資源である。走っている車の窓からは風景を切り取る枠が目まぐるしく変わり、見ていることにはならない。自転車のスピードでも駄目である。歩く速度で、何度も立ち止まり、三六〇度のパノラマを確認しながら、魅力ある風景を探さねばならない。

（5）数百枚の写真

私の場合、右手にスマートフォン、左手に地図のクリップボードを持ちながら歩くのが習慣である。フィルムの時代とは違い、惜しみなく撮影できるのがありがたい。気になるモノや風景はことごとく写真に収め、土地の情報はすぐさま地図に書き入れてゆく。前節で述べた宣材用の写真とは別に、記録用の写真が一度の下見で数百枚に達する。大脳のなかの記憶は大半が消えてしまうものと覚悟し、下見で拾い集めた感覚をすべて地図と写真に残してゆく。これは後でかなり役立つ情報となる。

観光業における写真の効果は絶大である。街に掲示されたポスターや旅行雑誌などにはプロのカメラマンが撮影した観光地の美しく魅力的な写真が掲示され、人々はそれを見て「行って見たい」との思いを強くする。よって、地域や自治体が観光事業を成功させる秘訣は、人を惹きつける風景をいかに見つけるか、あるいは作り出せるかにある。この点で観光ガイドは事業に助言できる立場にあるものと考える。下見において、感動する風景を切り取れる地点を探り、案内の当日には、客がその風景にどれほど反応するかを確かめる。そのような自己完結する探索と確認は、デスクワークではできない。

また、風景を探し求めていると、せっかくの素晴らしい風景を台無しにしている電線や建物が気になり始める（**写真５-２**）。観光の雰囲気を損なう要因を取り除く、あるいは隠す事業は、自治体にしかできないが、観光ガイドは彼らの修景事業に助言できる立場にもある。ただし、助言の裏付けとなる知見は、現地をゆっくり歩きながら「絵になる風景」を探し求める努力があってこそ身につく。その意味でも、写真を撮り歩く習慣を身につけたい。

写真５-２　明日香村飛鳥の電線地下化
（左：地下化以後／右：地下化以前）

（6）案内場所の確認

下見では、案内する観光資源の探索や確認のほか、もうひとつ大事なことがある。案内場所の確認である。神社や寺院の境内での案内場所に気を遣わねばならないことは、すでに心得の章で申し上げた。境内では、他の参拝者の邪魔にならないところが原則である。神社であれば拝殿、寺院であれば本堂の正面に立っての案内は禁物である。できれば鳥居や山門の辺りで一通りの案内を済ませたあと、参拝を優先して境内を回り、社殿や仏殿をはじめ、境内の見処でどうしても説明が必要な場合は、そこで案内する、という流れで行なっていただきたい。

博物館などの室内では、大声での案内をしないことは当たり前であるが、声量を落とすと、どうしても客が一カ所にかたまり、やはり他の来館者の邪魔になる。私の場合はエントランスホールなど、集まって邪魔にならないところを探し、あらかじめ展示品の概要とツアーのテーマに沿った展示品の解説を済ませ、あとは比較的自由に見学いただくことにしている。もっとも、客が少人数である場合は、共に巡るのが一番である。

そのように、どこで何を案内するかを下見であらかじめ想定し、場所を決めておく必要がある。野外では季節を考え、夏場は木陰、冬場は風をよけられるところを見つけておく。同時に、前節で述べたような魅力的な風景を切り取れるところであるから、おのずと案内の場所は限定されよう。さらには、車や人の往来を阻害しないところ、住宅地であれば、住民の迷惑にならないところ、雨のことも考えて、近くに傘のいらない軒下があるところと、さまざまな条件に縛られる。そのような場所は、下見でしか見つけられない。

（7）道の探索と確認

観光は移動する行動であるから、どのように案内するかを考える以前に、どのように進むのかを考えなければならない。道の選択である。ご存知のように、道には公道と私道がある。歩き慣れてくると、公道と私道はそれとなく区別できるようになる。公園内や境内の道は公道ではないが、歩くことは普通にできる。その辺りを臨機応変に見極めながら、「私道は歩かない、入らないこと」を原則としよう。田畑も私有地であるため、あぜ道も原則的に歩いてはいけない。さらに、公道であっても、そこを大人数で通ると、住民のプライバシーを侵害しそうなところもある。よって、地図だけでは判断できない。やはり下見が必要である。

通れる道、通れない道を見極めたところで、次には道の選択をしなければならない。たとえば、近くても急な坂道と、遠回りでも緩やかな道は、どちらがよいのだろう。近くても宅地に包まれた道と、遠回りでも景色を楽しめる道は、どちらがよいのだろう。その答えは、一概には出せない。客の歩く力もある。時間との兼ね合いもある。

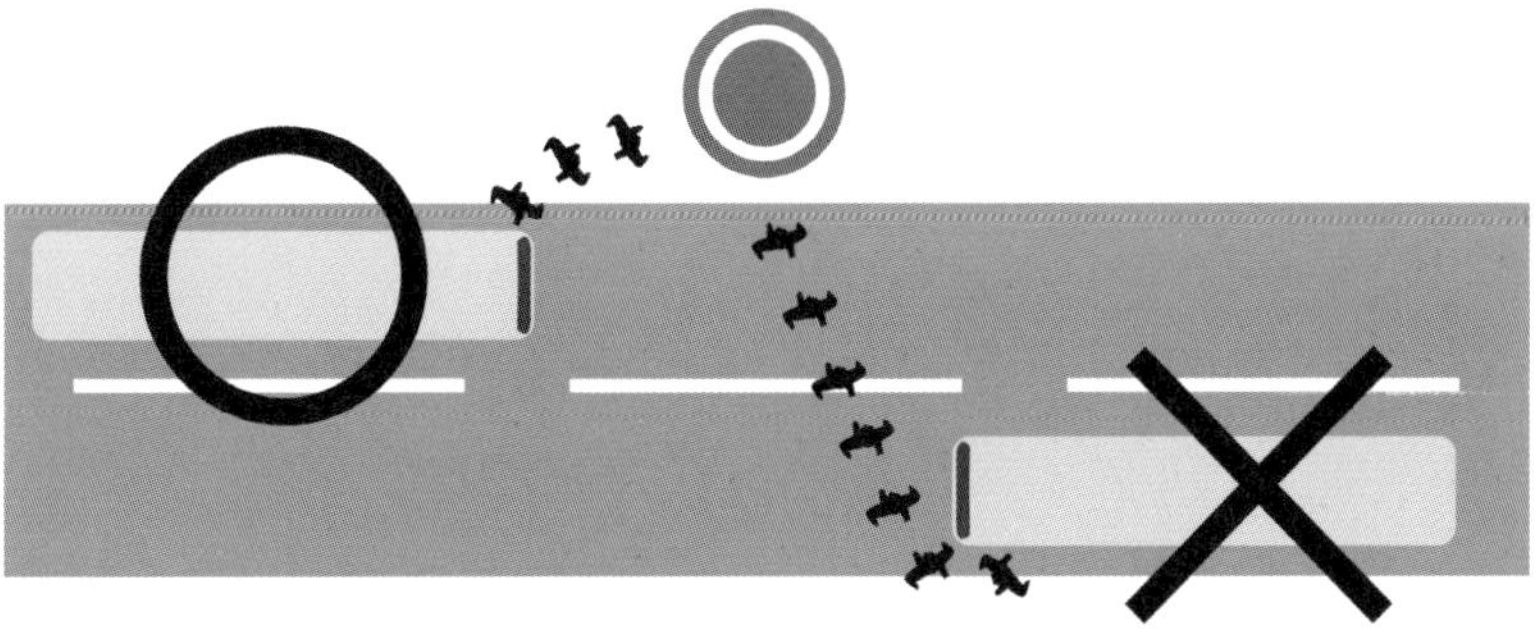

図5-2　バスを停車させる正しい方向

バスツアーの場合、大型バスが通行できる道は限られているため、その方面の確認も必要である。また、仮に進入できたとしても、奥で回転できなければ、とんでもないことになる。たいていはバスの乗務員もあらかじめ調べてくれるのだが、バスの停車位置などは、ツアーの行程を大きく左右するため、下見でガイドが確かめておく必要がある。

道の近くに見学地があり、バスを横付けする場合、どちらの方向からバスを近づけるのかを考えなければならない。国内では、バスの進行方向に対して左側に案内場所がくるように止めるのがよい。反対ならば、客に道を横断させなければならない（図5-2）。

バスがそのまま停車している場合は、バスの前後を横断することになり、視界がきかず、極めて危ない。道路の幅が広いところでなければ、交通渋滞を起こす。鋭角な曲がり角では、バスが曲がれない。路傍の木が枝を垂らしているところは、バスの屋根を傷つける。急な傾斜面を上がると、バスの尾部が路面をこする。ぬかるんだ草地の駐車場では客を降ろせない。いずれも避けるべき場所である。企画ガイドをめざすのならば、下見でそこまで考えてコースを練る必要がある。当日の乗務員任せにしてはならない。

（8）危険な個所の確認

客の安全を図ることがガイドの最も重要な務めであることは第3章で述べた。ここでは経験をもとに、事故を引き起こす具体的な要因を並べておこう。その第一は交通安全にかかわる要因である。道路の渡し方は前述したが、危ないのは見通しの悪い曲がった道路であり、丘陵地帯や山間部に多い。その場合はガイドが客を静止してから先に道路を渡り、視界のきくところから接近する左右の車を確かめて大声で合図をする（図5-3）。

そういう地点は必ずチェックし、添乗員やスタッフと打ち合せておかねばならない。道路については、歩道の溝蓋《みぞぶた》が不安定な場合や側溝《そっこう》に渡した斜めの鉄板が滑りやすくなっている場合もある。車道と歩道を仕切る境界ブロックで客がけつまずくこ

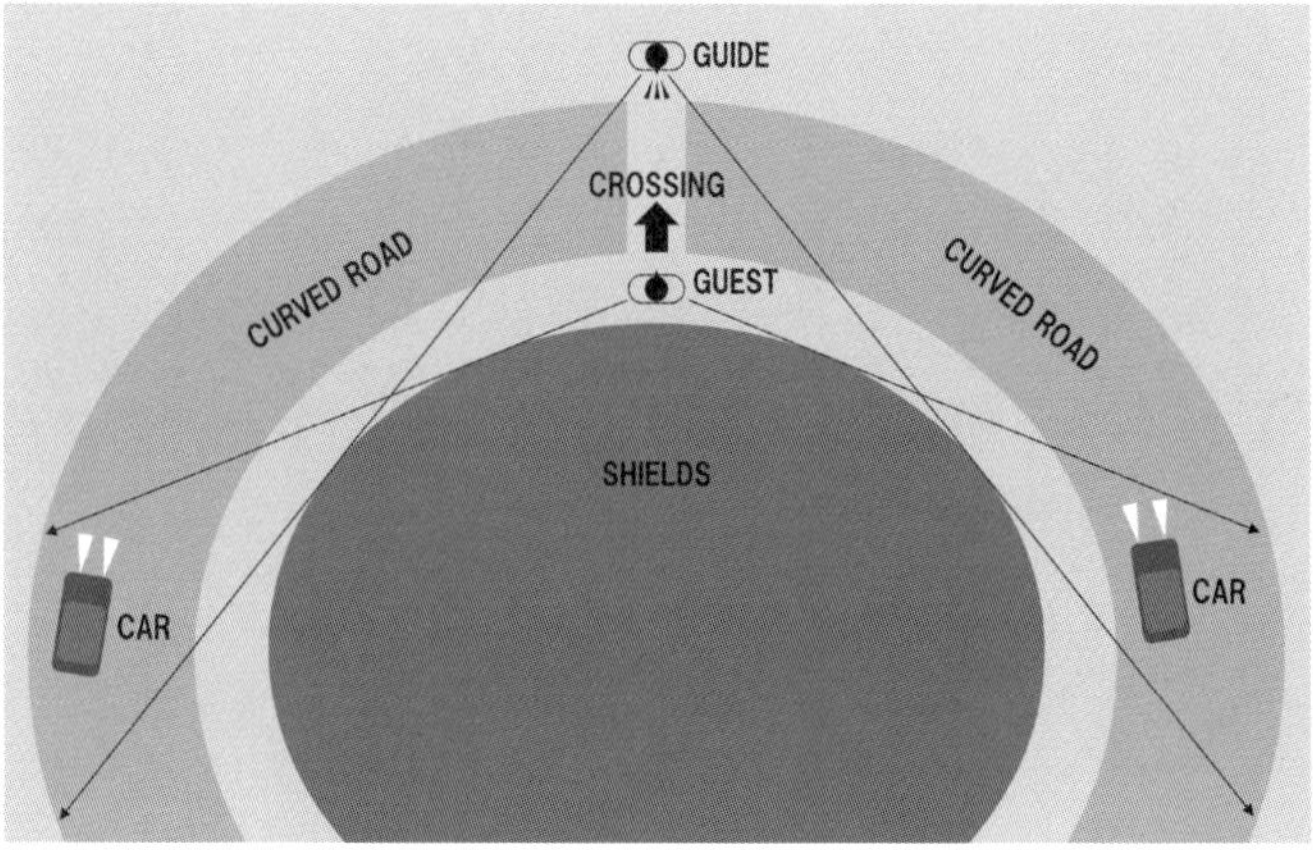

図5-3　曲がった道の渡し方

とも多い。白線で仕切っただけの歩道は危険地帯であると思った方がよい。極力歩く区間を短くしたいところである。

転倒事故を起こす二大要因はスリップと段差である。アスファルトの路面は滑らないが、歩道に滑りやすいタイルを敷いているところは要注意である。高所にある神社や寺院の参道が石畳の坂道になっている場合も多く、特に下りで足を滑らせる。石段であっても、苔が生えて滑りやすくなり、なおかつ石材が傾いている場合は危険である。ぬかるんだ土の道も危ない。下見では路面をよく確かめ、当日も先頭を歩き、足裏で確かめながら進む習慣をつけておこう。雨の日はなおさらである。

階段や石段などのわかりやすい段差で転倒する場合は少ないが、危ないのは見えにくいわずかな段差である。路面の色調によって、気づきにくい場合もある。ある会館でフローリングの玄関に五センチばかりの段差があり、一人の客がそこで転倒して怪我をされたこともあった。歩き疲れて脚力が弱れば、踏みとどまる力がなくなる。予期せぬ高低差に反応できないのである。とにかくガイドは話をしながらも足元に目くばりをしなければならない。ただ、下見で事前に確認しておけば、転倒の確率が格段に減少することも、経験で実感している。

（9）限度と必要性のバランス

観光には常に二つの限度がつきまとう。時間的な限度と体力的な限度である。いずれも限界まで達しないよう調整しなければならない。例えば、限度を何らかの基準で五段階に分け、レベル5を限界とすれば、企画段階で想定するのはレベル4までであり、レベル5は事故につながる。

ここで話題にするのは、体力におけるレベル4の領域である。

図5-4　坂道のレベル

体力消耗の度合いをもって大雑把に分けると、緩やかな下り坂は快適なレベル1、平坦地は意識外のレベル2、緩やかな上り坂はレベル3、階段が必要なほどの上り坂はレベル4、危険を感じるほどの上り坂はレベル5となり、レベル4は「限界ではないが、かなりつらい」との声があがる領域である。企画に盛り込めないこともないが、登山のツアーは別として、通常の観光では、あまり宜しくない（図5-4）。

ただし、山の中腹にある山寺などへの参拝は、そこが旅の目的地なら、レベル4になろうとも、のぼるしかない。現に西国三十三所観音霊場や四国八十八箇所霊場の寺院には、参道が山道であるところも少なからずある。要は限度と必要性を天秤にかけて企画を練ることであり、時間的な限度も同様である。

私の場合、よく迷うのは展望スポットである。バスで横付けできる展望台もあるが、丘や山の上に徒歩で登る場合も多い。そのため、どうしてもレベル4になる。ただ、そこに立って素晴らしい景色を堪能できるなら、坂道が少々辛くとも、のぼっていただきたい。ツアーのどこかに眺望の効く場所を盛り込むと、満足度もあがる。坂道をのぼる辛さと、眺望する楽しさを天秤にかけるには、地図や衛星写真をにらんでも駄目である。下見でガイド自らが足を使い、目で見るよりほかない。

(10) トイレの確認

第3章の「安心」に記したように、トイレの有無は確認必須の項目である。ただ、「あればよい」というものではない。規模や状態を見て、使えるかどうかを確認しなければならない。トイレはサービスエリアや道の駅などの大規模なものから、工事現場などに設置されるような仮設トイレまで、まさしく「ピンからキリまで」あるが、キリは使えないものと考えるべきである。蜘蛛の巣が張っているような野外のトイレも緊急用である。公民館や境内の外付けトイレは施錠されているものも多い。

トイレを開放しているコンビニエンスストアは多いが、原則的には買い物客に対するサービスであり、団体が押しかけて使えるものではない。とはいえ、バスツアーで利用することもある。その場合は、あらかじめ店長と相談し、持ちつ持たれつの関係を確かめた上で利用すべきである。とにかく、トイレの確保は、ツアー企画では難儀な部類に入る。下見でのトイレ確認がいかに大切であるかは、ガイドの仕事につけば、初日で実感することになろう。

(11) 商品の調査

観光業は観光に関わる営業である。観光ガイドもプロであるには、営業にたずさわる人々の一員であると心しなければならない。ガイドに「生きがい」を求めることも、もちろん大事なことであるが、第一の仕事は営業に貢献することにある。営業は旅行代理店に限らない。宿泊施設や土産物店も観光業の恩恵を受け、ひいては地域経済を支える。新型コロナウイルスの感性拡大により、観光業界のみならず地域経済が大きな痛手を被ったことは、観光がどれほど経済を支えているかを物語る証である。

ガイドとして観光業に貢献できることは、客の購買を促すことである。それは主に添乗員の仕事であるが、ガイドもサポートできる。たとえば、地域の名産を伝えることで、「それなら買ってみよう」という客も出てこよう。客の購買意欲を促すバスガイドが多いのは、そのような使命を心得ているからだろう。観光ガイドも見習わなければならない。

そこで求められるのは、下見での商品調査である。経験で言えば、客が現地でよく購入する商品は二つに分かれる。ひとつはご当地物、もうひとつは生鮮食品である。ご当地物には土産物や地産の食品などがある。生鮮食品はどの地域にもある品種であっても、直売所などでは安くて新鮮なものを並べている。都会の客が物価の違いに声をあげて驚く光景も珍しくない。商品ではないが、神社の授与品にもユニークなお守りなどがあり、ひと声かけるだけで初穂料を納める客が増える。近ごろでは、博物館もミュージアムショップに気の利いたオリジナル商品を置くようになった。やはり一声かけて応援してあげるのが務めであろう。

第6章　案内資料の作成目的と作り方

長いガイド歴で欠かさずに続けてきたことは、レジュメ（案内資料）の作成と配布である。私がガイドを始めたころは、博識の先生方が身一つで客を引き連れ、思いつくままに案内されるスタイルが残っていた。専門分野だけでなく、広い知識をお持ちの方であれば、豊富な話題に客は満足し、ツアーは成立する。ただ、情報化時代の到来とともに一般人の知識量は格段にあがり、お茶を濁す程度の話では、とても満足してもらえない時代となった。その一方で、初心者に対しては、依然として基礎的な知識から話を起こさねばならない。初心者と愛好家の開きが大きくなってきたことにより、ガイドがどのレベルに合せて話をすればよいのかを測りづらくなった。

レジュメはそのような問題を解決するためのツールである。そこに基礎的な知識と専門的な知識の両者を綴っておけば、話だけではカバーしきれない知識のギャップを埋められる。余計な説明に時間が奪われなければ、客を楽しませる案内に集中できる。ということで、私はこれからもレジュメ作りに力を注ぎ続けるつもりである。ただ、やみくもに知識を綴ればいいというものでもない。長年にわたるレジュメ作りの経験を生かし、ここにそのマニュアルを提示しておこう。

（1）サイズと仕様

レジュメはツアーの主催者に印刷・配布していただくのが常である。よって、経費のことも考慮しなければならない。よって、白黒印刷を原則とする。紙の大きさはA4サイズがよい。そこそこ広い紙面があって、携帯にも便利である。野外で使用するため、A3サイズなどで作成すると、風にあおられて扱いにくい。その点は、会場での講演資料などと異なるところである。

書籍や雑誌は縦組みが大半を占めるが、レジュメは横組み左綴じがよい。両面刷りか片面刷りかの選択は主催者に任せることになるが、いずれにも適応するよう、ページ番号は下欄中央に打てばよい。横組みにする理由は、行程などに数字が多く、縦組みの漢数字では見づらいからである。役所や会社の書類が横組みであるのと同じ理由である。資料の枚数は見学地の数によって異なるが、ひとつの見学地につき一ページでまとめるとわかりやすい。また、コースを組みかえてツアーを再構成する際に便利である。文字の大きさは標準サイズでよいが、客に高齢者が多い場合は、やや大きなサイズで打つことにしている。

（2）タイトルページの内容

冒頭にツアータイトルを大きく記し、ガイドの氏名を添えるとよい。スペースがあれば、ガイドの略歴などを名刺代わりに入れるのもよい。著作権と文章責任を明確にするためにも氏名は必要である。文章にすると、誤りを指摘されることもあるが、それを恐れていては、成長はない。どのことについても言えるが、人は失敗と反省によって育つ。ついでに助言しておくが、口頭での説明に間違いがあったと気づいた場合、できるかぎり早く素直に訂正すべきである。間違いを繕《つくろ》ったり、指摘されて反発したりすると、ガイドとしての信用を失う。

タイトルの下にあいさつ文を入れるかどうかは、適宜お考えいただきたい。必ず記すべきものは行程である（図6-1）。ツアープランナーが作成した行程表を早目に受け取り、それに基づいて行程を横書きにする。ただし、ガイドが示す行程は見学の順序がわかる程度の簡単なものでよい。私の場合、主要な見学地は頭に黒丸数字（白抜き数字）を打ってゴシック体にしている。その下に全行程を網羅する地図を掲げ、黒丸数字で合番とすれ

北東北の縄文遺産群
三内丸山遺跡と土偶の宝庫青森
北東北縄文ロマン旅　3日間
講師：来村多加史
■行程
1日目　東京方面→盛岡駅―❶御所野《ごしょの》遺跡―❷是川《これかわ》遺跡―十和田市内泊
2日目　十和田市内―❸三内丸山《さんないまるやま》遺跡―❹田小屋野貝塚《たごやのかいづか》―❺亀ヶ岡《かめがおか》遺跡―❻木造駅《きづくりえき》（遮光器土偶巨像）―弘前市内泊
3日目　❼垂柳《たれやなぎ》遺跡・田舎館村《いなかだてむら》埋蔵文化財センター（高樋《たかひ》(3)遺跡水田跡）―❽伊勢堂岱《いせどうたい》遺跡―❾大湯環状列石《おおゆかんじょうれっせき》―盛岡駅→東京方面
■見学地の位置

北東北の主要都市と見学地　国土地理院「電子国土 web」地図に情報を加筆。

図6-1　タイトルページの例
―北東北縄文ツアー案内資料―

ば、どの範囲をどの順序で巡るのかが一目瞭然となり、わかりやすい。地図は国土地理院がウェブ上に公開している「電子国土Ｗｅｂ」の地形図を使用すればよいが、地図の隅もしくはキャプションに「国土地理院地図に加筆」と明記することを忘れないように。

（3）導入ページの内容

タイトルページに行程と地図を掲載したあと、いきなり個別の内容に入ってもよいのだが、初心者のためには、基礎的な知識や用語を解説しておくのが親切である。たとえば、令和三（二〇二一）年に世界文化遺産となった「北海道・北東北の縄文遺跡群」を巡るツアーで、私は資料の導入ページに「世界遺産登録の経緯」「構成資産の位置」「縄文時代を語るための基礎用語」「縄文土器の推移」（図6-2）などの内容を盛り込み、縄文時代の遺跡や文化を理解するための基礎的な知識を並べた。遺跡や遺物を解説する際に使用せざるを得ない専門用語も、すべてわかりやすく解説しているため、たとえ「にわか仕込み」であっても、初心者には縄文の世界へ近づくための知識となろう。「縄文ファン」にとっても、再確認

■縄文土器の推移

	全国的な傾向	北海道・北東北の構成資産
草創期 13000年前 ～ 10000年前	円形丸底《まるぞこ》の深鉢《ふかばち》が多い。粘土の細紐《ほそひも》を貼りつけた隆起線文《りゅうきせんもん》、貝殻で刻んだ爪形文《つめがたもん》などが特徴。後半には縄文を施すようになる。 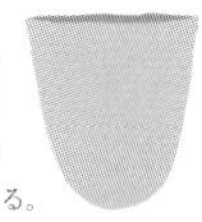	**大平山元遺跡《おおだいやまもと》**（青森県） 打製《だせい》石器とともに出土した無文《むもん》の土器片は約15000年前と推定され、現在のところ、最古の土器とされる。草創期の遺跡が少ない東北地方において貴重な遺跡である。
早　期 10000年前 ～ 6000年前	深鉢が円形丸底から尖底《せんてい》にかわり、後半には平底《ひらぞこ》が出現する。撚糸文《よりいともん》や彫刻した棒を転がす押型文《おしがたもん》など、文様が多様化する。 	**垣ノ嶋遺跡《かきのしま》**（北海道） 子供の足形のついた土版《どばん》が土坑墓から数多く出土している。早期の遺跡としては、尖底《せんてい》土器が出土する青森県八戸市の長七谷地《ちょうしちやち》貝塚がある。
前　期 6000年前 ～ 5000年前	平底《ひらぞこ》の深鉢《ふかばち》が普及する。浅鉢《あさばち》・台付鉢《だいづきばち》・壷形《つぼがた》土器漆塗《うるしぬり》土器なども現われ、器種《きしゅ》が多様化する。竹管《ちっかん》を使った施文《せもん》が多い。 	**北黄金《きたこがね》貝塚**（北海道）・**田小屋野《たごやの》貝塚**（青森県）・**三内丸山《さんないまるやま》遺跡**（青森県） 長いバケツ形をした円筒《えんとう》土器が流行するが、前期にはシンプルな形をした「円筒下層《かそう》式」と呼ばれる型式が流行した。
中　期 5000年前 ～ 4000年前	隆帯文《りゅうたいもん》を多用した立体的な文様の土器が流行し、信濃川《しなのがわ》流域を中心として火焔型《かえんがた》土器が盛んとなり、吊手《つりて》土器なども加わる。 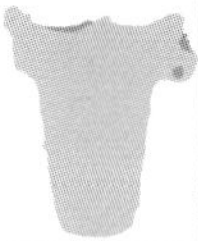	**大船《おおぶね》遺跡**（北海道）・**二ツ森《ふたつもり》貝塚**（青森県）・**御所野《ごしょの》遺跡**（岩手県） 円筒土器の口縁《こうえん》を波打たせ、隆帯文《りゅうたいもん》で飾る「円筒上層《じょうそう》式」と呼ばれる型式が流行したが、火焔型《かえんがた》土器の文化圏《ぶんかけん》には入らない。
後　期 4000年前 ～ 3000年前	器種がさらに多様化し、急須《きゅうす》に似た注口《ちゅうこう》土器が普及する。文様はやや落ち着き、後半には縄文を故意に削り落とした磨消《すりけし》縄文が増える。 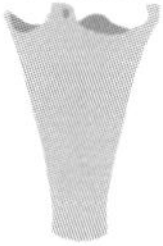	**入江《いりえ》貝塚**（北海道）・**大湯《おおゆ》環状列石**（秋田県）・**伊勢堂岱《いせどうたい》遺跡**（秋田県）・**小牧野《こまきの》遺跡**（青森県） 土器の厚さが薄くなり、平板な器面に縄文と自由闊達《かったつ》な沈線《ちんせん》を組み合わせたデザインを施すようになる。
晩　期 3000年前 ～ 2300年前	東日本では亀ヶ岡《かめがおか》式土器のように精巧な文様を施した土器が現われ、西日本では黒色研磨《こくしょくけんま》土器などの簡素な土器に戻る。 	**高砂《たかさご》貝塚**（北海道）・**亀ヶ岡《かめがおか》遺跡**（青森県）・**是川《これかわ》遺跡**（青森県）・**キウス周堤《しゅうてい》墓群**（北海道）・**大森勝山《おおもりかつやま》遺跡**（青森県） 様々な器種に複雑で平板な文様を刻み、赤色顔料を塗布する亀ヶ岡式土器が盛行する。

※図中に掲げた土器のデザインは最も普遍的な器種である煮炊き用の深鉢で揃えた。

図6-2　導入ページの例
―北東北縄文ツアー案内資料―

できる知識は多いはずである。

よくある話であるが、専門家や愛好家を自称する者が「いまさら聞けない基礎知識」に若干の不安を感じながらも深い知識の蓄積に走ってしまい、初心者の簡単な質問に動揺することがある。それはガイドにも共通する落し穴である。そういうことがないよう、案内資料の作成において、自分自身が基礎的な知識を再確認するためのページを設け、知識の穴をできる限り少なくしておくことが大切である。また、専門的な用語にわかりやすい解説文を付ける努力はガイドとしての訓練ともなる。

（4）個別解説ページの内容

導入ページで案内の土台を作れば、あとは見学地ごとの解説を羅列してゆく。各ページの解説文は互いに関連させる必要はない。むしろページごとに解説を完結させておけば、別のツアーを組む際にそのまま再利用できるので便利である。私は見学地ごとに地図を作成して掲げることにしている（図6-3）。目を引くため、風景写真を添えるとよいが、著作権のことがあるため、必ずガイド自身が撮影したものを使用すべきである。神社の社殿や寺院の仏殿などは、たとえそれが風景の一部であっても、掲載許可を求められる場合があるの

❶御所野《ごしょの》遺跡

所在：岩手県二戸郡《にのへ》一戸町《いちのへ》岩舘御所野《いわだてごしょの》
立地：馬淵川《まべちがわ》の支流である根反川《おそりがわ》の右岸にそってのびる比高差40mの平たい尾根上。北西方向に配石《はいせき》の産地である茂谷山《もやのやま》がある。
時期：縄文時代中期後半（約4500～4000年前）。
調査：農工団地の建設計画に伴い平成元年(1989)から調査開始。
特徴：川の幸、山の幸に恵まれた環境のなかで、500年間にわたり存続した集落の跡。平坦な尾根の上に3箇所の集落があり、高位から「東むら」「中央むら」「西むら」と命名されている。また、西むら西側の平野部に「馬場平《ばばだいら》むら」という集落遺跡もある。中央むらは盛土《もりど》を中心として馬蹄形《ばていけい》にめぐり(東部のみ建物復元)、配石《はいせき》をもつ墓地をかかえていた。墓地は土を削って整地され、揚土《あげつち》が盛土《もりど》として残されていた。墓地を囲むように掘立柱《ほったてばしら》建物がならび、建物と建物の間には3～4本の柱列が立てられている。それらは墓祭《ぼさい》に関わる施設と思われる。西むらの竪穴《たてあな》住居は故意に焼かれたふしがあり、屋根にかぶせられた土が焼けて竪穴内から検出された。焼失の原因と過程を調べるため、実験用の竪穴住居が建てられている。東むらの南に設けられた縄文体験施設の近くでは土器を製作するための粘土を採掘した跡が検出されている。御所野縄文博物館では、鼻曲《はなま》がり土面や修復して大事に使った深鉢《ふかばち》など、興味深い遺物が多数展示されている。

御所野遺跡の遺構配置図　国土地理院「電子国土web」地図に情報を加筆。

図6-3　個別解説ページの例
—北東北縄文ツアー案内資料—

で、注意が必要である。天皇陵の拝所も宮内庁に許可申請しなければならない。写真は自分が撮影した当たり障りのないものを選ぶべきである。

ツアーのジャンルにもよるが、解説文は見学対象物の所在地、立地、現状、規模、意義などを淡々と記したあと、見処《みどころ》を綴るのがよい。旅行ガイドブックと同じ要領である。ガイドの個性が出るのは、見処の部分であり、私は下見で感じた感動のポイントを盛り込むようにしている。解説文はガイド自身の備忘録ともなるため、各種情報と案内のポイントを記しておけば、安心である。頭にしっかりと定着している知識もあれば、そのつど確認しなければならない知識もある。導入ページの情報が前者であり、個別ページの情報が後者である。

ガイドは「読み方」を間違えると信用を損ねるため、ルビはしつこいほど打っておくことをお勧めする。地図は情報を盛り込むボードでもあるため、地図上の空きスペースに見学対象物の補足情報などを書き加えておくとよいだろう。そうすれば、観光マップと同じ効果が出せる。神社や寺院であれば境内図、考古遺跡や城跡であれば遺構配置図や測量図、住宅であれば間取り図、博物館であれば展示品配置図など、平面の情報は観光に欠かせない。そのような図の作成には、現地の説明板やパンフレットなどが役立つ場合が多い。下見では、説明板を入念に撮影し、パンフレットをできるだけ多く集めて回ろう。

（5）資料作りの効能

案内の資料を作ることは、客のためでもあり、自分のためでもある。ここで大学での観光学の話を添えておくと、その実習にこうした資料の作成を盛り込んではどうか、と思っている。観光学系の学部や学科では、旅行商品の作り方を学ばせる教育が行なわれているが、図書やインターネットで見学地の情報を調べ、適当に綴っても、商品開発の真似事で終わってしまう。学生自身がガイドを務めるつもりで下見をし、こうした資料作りをしてこそ、魅力的な旅行商品を生み出す訓練ができるのではなかろうか。ただ、教える教員がそのような作業を行なえる経験と技能を備えておかなければ、話にならない。本書の冒頭で、観光ガイドをしたこともない者が観光学を語ることの危うさを指摘したのは、こういう実感に基づく発言である。

構想を練り、下見で確かめ、行程が定まったのち、資料を作り、案内をする。こうした一連の流れにおいて、資料作りは旅行企画の総括となる。あとは、案内をして客の反応を確かめ、次なる構想にフィードバックすれば、発展的な循環が動き始める。この循環を観光学のカリキュラムに組み込むことができれば、観光学は独立した学問領域に向けて飛躍的に発展するものと、私は思う。

以上、第Ⅰ部（第1章〜第6章）では、これまでのガイド経験に基づきながら多方面にわたる助言を並べた。ガイドが客に接する際の心得をできるだけ提示したつもりであるが、ある意味、説教めいた解説の羅列となり、具体性に欠けることに物足りなさを感じた読者がいるかも知れない。とりわけ、企画ガイドの「企画」がどのようなものであるべきなのかは、やはり実例を示してお伝えするべきだろう。そこで、第Ⅱ部（第7章～第11章）では、私自身が企画をして案内をしたツアーの実例を紹介し、狙い・手法・留意点などを付け加えてゆく。私は考古学や歴史学が専門であるため、企画のテーマがおのずとその方面に偏ることをお断りしておかねばならないが、さまざまな分野の旅行企画に役立つ汎用性のある叙述を心がける。

第Ⅱ部

旅を企画するガイド

観光ガイドの目的や心得をまとめた第Ⅰ部を受け、第Ⅱ部では実践編として、私が行なっている観光の企画を例にして、おさらいをする。客の満足度を高めるために、どのような専門的知識を企画に生かし、どのような工夫をして案内をするのかを、実例をもって示すことにしたい。第Ⅰ部と同様の指摘を繰り返すことも少なくないが、実例を伴う復習であると思い、お許しいただきたい。

第Ⅰ部の第1章で示したように、観光は「区域」「地域」「広域」に分けて事業や学問を進めると、整理も体系化もしやすく合理的である。第Ⅱ部も五章に分け、第7章では区域観光の企画例として、大阪市天王寺区にある四天王寺の境内を巡る散策、第8章では地域観光の企画例として、河内平野の旧村を訪ねる散策、第9章では広域観光の企画例を五つあげる。第10章では史料や考古資料を観光に生かす手順を、魏志倭人伝シリーズの企画を例として語り、第11章では、本書の締めとして、観光ガイドの養成に向けた取り組みを紹介しておく。

第7章 区域観光の企画例——四天王寺の境内巡り——

四天王寺は聖徳太子創建寺院として知られ、大阪市内で最も古い歴史をもつ大寺である。その位置は大阪湾と河内平野を分ける上町《うえまち》台地の脊梁《せきりょう》に当たり、東には生駒山、西には明石海峡を遠望できる見晴らしのよい立地である。今はビルに囲まれて視界が狭くなったが、市街地に包まれながらも、境内は往時の規模を保っている。何度も罹災《りさい》と再建を繰り返した中心伽藍は、昭和三六（一九六一）年に歴史的建造物に造詣の深い藤島《ふじしま》亥治郎《がいじろう》の設計により鉄筋コンクリートで再建された金堂や五重塔が飛鳥様式の風情を伝えている。

『日本書紀』によると、四天王寺の建立は、用明《ようめい》二（五八七）年の「丁未《ていび》の乱」で蘇我馬子《そがのうまこ》の軍勢に加わり、物部守屋《もののべのもりや》に挑んだ厩戸皇子《うまやどのみこ》（聖徳太子）がヌルデの枝を彫って四天王像を作り、戦勝祈願したことに端を発する。厩戸皇子が皇太子に立てられた推古元（五九三）年に四天王寺を難波《なにわ》の荒陵《あらはか》に造ったという記事も『日本書紀』に見える。考古学的には、法隆寺の瓦を焼いた職人が、法隆寺の工事が完了した推古一八（六一〇）年頃に難波へ移り、四天王寺の瓦を葺《ふ》いたものと推定されている。

歴史学と考古学を両立させるならば、四天王寺は五九三年に着工され、六二〇年過ぎに竣工したものと案内すればいかがであろうか。工事期間が三〇年近くに及ぶことになるが、大寺院の建立には、整地から落慶《らっけい》まで、かなりの時間を要するため、別段不思議なことでもない。逆に言えば、一年のうちに建てられたと説明するほうが、よほど現実から離れた解説となる。

ここで社寺解説の礼儀を語っておくと、神社には社伝、寺院には寺伝があり、伝えるところが歴史学者の見解と食い違っていても、否定してはいけない。「社伝では」「寺伝では」と前置きして紹介するのが礼儀である。なかには俗説に引かれて『日本書紀』などの史書に記された内容まで否定するガイドがいるが、宜しくない。史書の記載内容はできるだけ丁寧に使い、たとえ神話・伝説であっても、何らかの史実を伝えているものとして、肯定的に解説するのがガイドの役目である。

例えば、眼病を治す仏を本尊とする寺院がある。それを「医学的な根拠はありませんが」といって茶化《ちゃか》すのが大人気ないことは誰でもわかろう。たとえ医学的に証明されなくとも、その本尊を頼って数知れぬ人が手を合わせてきたのは、歴史的な事実である。もしガイドが疑いの心を込めて案内をしたならば、

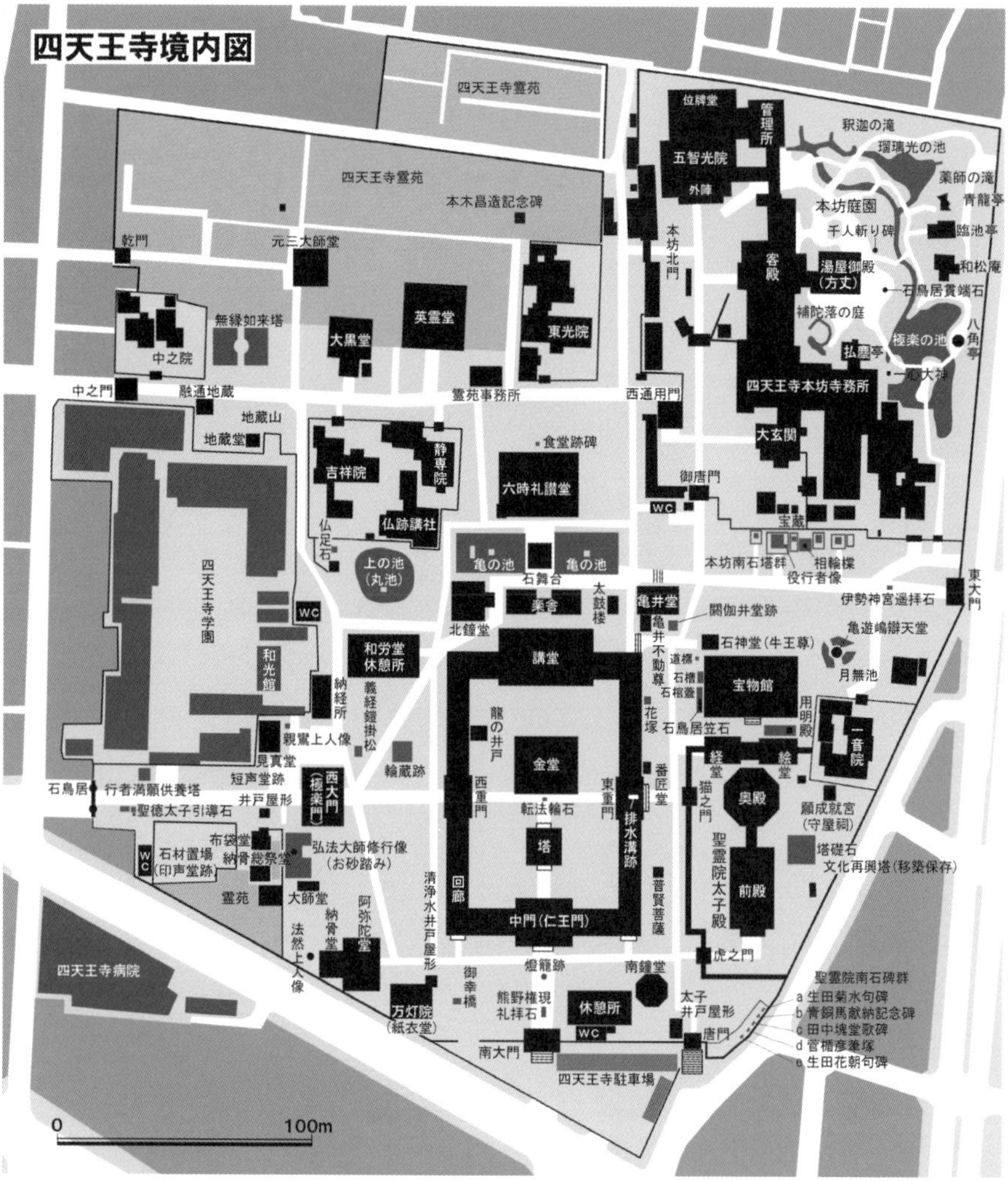

図7-1　四天王寺の境内図

人々の信仰の歴史をも否定することになり、聞いている客も不快である。客はガイドの学説を聞くために金を払っているのではない。

さて、四天王寺の歴史をもう少し補っておこう。四天王寺は聖徳太子の建立寺院であるため、平安時代から盛んになる太子信仰とともに発展し、平安時代後期には夕陽が沈む西の海を眺められる立地から、浄土信仰の聖地ともなった。太子を慕って、最澄や空海、法然や親鸞といった名僧が留錫《りゅうしゃく》したことも、四天王寺の歴史を分厚くしている。聖徳太子や名僧たちの事績は境内の案内に欠かせない情報であるため、案内をする際には、整理しておく必要があろう。

概して寺院の歴史は「創建《そうこん》」「中興《ちゅうこう》」「現代」の三

段階で語るのがわかりやすい。創建時の僧侶を「開山《かいさん》」、出資者を「開基《かいき》」、衰微した寺院を再興した僧侶を「中興の祖」と言い、寺院の概説では「宗派」「山号（院号）」「寺号」の後に続けて紹介するのが常である。宗派は「南都六宗」などの用語があるため、古代から存在するものと思われがちであるが、実際には中世より意識され始めたもので、おおむね江戸時代に一寺一宗として落ち着く。

四天王寺のような大寺院は東大寺などと同じく、さまざまな教義を唱える僧侶が集まり、今で言う総合大学のような様相であった。いわゆる「八宗兼学《はっしゅうけんがく》」の寺である。境内には天台宗中興の祖と仰がれる良源《りょうげん》の元三大師堂《がんざんだいしどう》もあって、天台宗寺院であった時期もあるが、戦後は八宗兼学の方針をもって和宗《わしゅう》の総本山となった。古くからある寺院は衰微と再興を繰り返しているため、それに応じて宗派が二転三転することも珍しくない。よって、「この宗派だから」という言い回しができないことも多い。

（1）詳細な境内図を作成することの意義

それでは、四天王寺の境内に移ろう。社寺の区域調査は境内図を作成することから始めるのがよい。複数の神職が奉仕するような大きな神社や一般の参拝者を受け入れている観光寺では境内図が掲げられていることが多い。また、境内図が掲載された由緒書きもよく目にするところである。ただ、それらはたいていが社殿や仏殿の簡単な配置図にとどまり、**図7-1**に掲げたような詳細な図面には、なかなか出会えない。簡単な境内図だけで行なえるような案内では、個人が自分で回るのと、さほど話は変わらない。社寺の魅力をより印象深く伝えるには、とりあえず隅々まで境内の観光情報を調べ上げ、何か客を楽しませるものはないかと探らねばならない。その具体的な行動として、自分なりの境内図を作成することをお勧めする。

図7-1はできるだけ正確な地図を基図として、調査した情報を描き込んだものであるが、作図には手間がかかる。このように見栄えよく仕上げなくとも、ノートに手書きの図を描き、さまざまな情報を書き込んでゆくのも、ひとつの方法である。とはいえ、客の満足度を高めるには、できるだけ情報を共有し、客が再び訪れたくなるような魅力を発信するのがよい。そのためには、閲覧に耐える図面を作成し、提供するのが一番である。地図上の情報を客と目で共有しながら案内するのがよい。境内図に限らず、地図はガイドの必須アイテムである。

寺院の境内図の場合、描くべき情報は、堂塔などの建物、野外に立つ仏像、石碑・墓塔・句碑・歌碑、苑池《えんち》などであろうか。大寺には「子院《しいん》」「塔頭《たっちゅう》」と呼ばれる寺院が付属し、年中行事となった法要がそれぞれで営まれることもある。山門や築地《ついじ》、境内の道なども表現すれば、一枚の観光マップが完成する。手洗い所や休憩所の位置も描いておけば、はじめて訪れた参拝者も安心して境内の散策を楽しめる。いわばガイドいらずの地図となるのだが、そこまで情報を提供した上での案内ならば、余計な説明や手間が省け、「これだけは伝えたい」と望むことだけを伝えられる。ガイドが客に資料を提供するのは「説明の分量や時間を省く手段」と考えてはどうか。

(2) 四天王寺がそこにある理由は現地で語れる

説明は大きな枠組みから個別の情報に及ぼすのがわかりやすい。これはガイドに限ったことではなく、人に何かを説明するときのセオリーである。四天王寺の寺域（境内）はおおむね三町（三二七メートル）四方の正方形になるよう敷地が確保されているが、南側は国道二五号が北西から南東へ走り、北東から南西へ旧道が走る。そのため、野球のホームベースに似た五角形に見える。寺域の南西部は新道である国道二五号に切られたものであるが、南東部が斜めになっているのは、おそらく創建当初からの変形を引き継ぐものだろう。というのも、四天王寺の南東に谷が切れ込み、地形がそこで大きく傾斜するからである。

再建された中心伽藍はその変形を受けない位置に長方形の敷地を構えているが、あと一〇〇メートルばかり伽藍の軸を西へずらしておけば、寺域の隅を変形させずに済んだかも知れない。実際、この辺りの上町台地は四天王寺の西を南北に走る谷町筋が脊梁であり、伽藍の中軸をそちらにとったほうが、大阪湾への眺めもよくなる。ただ、それだけに海から吹き上げる風当りも強くなるため、建立に際して防風への配慮があったのかも知れない。というような推測を境内の立地だけで語れる。

そこで、図7-1をよくご覧いただきたいのだが、中心伽藍の北東に隣接する亀井堂《かめいどう》の北と南に石段がある。中心伽藍の東重門《とうじゅうもん》外、番匠堂《ばんしょうどう》の南にも石段がある。これは伽藍から宝物館や聖霊院《しょうりょういん》太子殿の建つ敷地に向かって土地が下り、二メートルばかりの段差がついているためである。境内の南東隅を変形させていた谷の窪みが境内にもおよび、平坦と思える敷地にも、これだけの段差を生じさせているのである。このような微妙な地形が簡略な境内図だけでわかるだろうか。境内をよく散策する人も「言われてはじめて気づくこと」ではなかろうか。その「言われてはじめて気づくこと」を伝えるのが、ガイドの務めである。問題意識をもって細部を観察し、詳細な図面を作成することで、はじめて気づくことは多い。区域観光は細部の観察が重要な意味をもつ。

名を出した亀井堂であるが、ここでは先祖供養のための経木《きょうぎ》流しが行なわる。先祖の本名または戒名を書いた経木を六時礼讃堂《ろくじらいさんどう》などで回向《えこう》したあと、この堂の下にある亀形の石水槽に漂わせて精霊《しょうりょう》送りを行なう。奥にある亀の口から落ちる水が下の亀形水槽に落ちてあふれ、浮かべた経木が水槽の中を漂う様は、見学をためらわれるような宗教的な空気を醸《かも》している。実はこの亀形水槽は飛鳥時代の石造物であると見られ、学術調査も行なわれた（元興寺文化財研究所編『四天王寺亀井堂石造物調査報告書』二〇一九年）。水を噴き出す亀の下にも四角い石水槽があり、金堂の地下から流れる地下水がそこに溜まり、やや新しい亀の口から落ちる仕組みである。その構造は明日香村の酒船石近くで発掘された亀形水槽と小判形水槽のあり方に似ており、亀の造形も近い。いわば亀井堂の亀形水槽は四天王寺に現存する最古の遺構である。それが一四〇〇年の年月に耐え、今も経木を浮かべる現役の施設であるのだから、それだけで驚くべき話となる。

さらに、驚くべきは水である。亀の口から噴き出す水はかなりの量である。これだけの地下水が標高二〇メートル近くある上町台地の脊梁付近に、汲み上げることなく湧きだすのは、どういう理屈であろうか。中心伽藍を巡る回廊の内側、金堂の西隣にある「龍《たつ》の井戸」は金堂下の「青龍池《せいりゅういけ》」から流れる水を汲み上げる井戸であるという。井戸をのぞき込めば、屋形の天井に描かれた独龍《どくりゅう》が水面に映り、あたかも龍の棲《す》む井戸であるかのような光景が楽しめる。その水位を測ると、亀井堂の上位水槽とほぼ同じ高さである。水が流れるというよりも、伽藍の下に地下水脈が横たわっているのであろう。亀井堂の地点には四天王寺建立以前から水脈の露頭があり、寺院をそこに構えた動機になったのかも知れない。

創建から時代は下るが、摂関期の寛弘《かんこう》四（一〇〇七）年に金堂で発見されたという『四天王寺御手印縁起《ごしゅいんえんぎ》』には、寺院が建立された地に青龍が住むという荒陵池《あらはかいけ》があり、「白石玉出水《しらいしたまでのみず》」という麗水が湧き出て、東へ流れていたと記される。これが亀井堂の水であることは疑いなく、亀形水槽の推定年代からしても、創建当時から寺院の貴重な水源であったことがわかる。「なぜ四天王寺がそこにあるのか」と客に尋ねられた場合は、亀井堂と龍の井戸を案内すればよい。境内の変形と段差で谷地形を語り、亀井堂で水脈の露頭を語れば、四天王寺建立時の原風景が浮かび上がる。

（3）湧水の話題で広がる観光の範囲

四天王寺には語るべきポイントが山ほどあるが、亀井堂の水にこだわった理由は、湧水を取っ掛かりとして、寺院の周辺にまで散策を広げられるからである。そもそも標高二〇メートルを越える上町台地最高所の、しかも地表近くに水脈が横たわるのは、なぜであろうか。上町台地は大阪湾と河内平野に向かって岬《みさき》状に突き出す台地であり、およそその中に溢れんばかりの水脈が通っているようには見えない。そこで地下の地質構造が気になる。

図7-2は市原実《いちはらみのる》編『大阪層群』（創元社、一九九三年）に掲載された大阪平野の地質断面図をトレースしたものである。注目していただきたいのは、生駒山と上町台地に挟まれた河内平野の断面である。生駒山は生駒断層、上町台地は上町断層によって形成された山脈であり丘陵である。大小二筋の山丘が帯状に隆起することによって、その間に横たわる河内平野が相対的に弧を描いて窪み、大阪層群と呼ばれる分厚い堆積層が形成されている。水脈に関わるのはその上部であり、上半部が上町台地では地表に現われそうになっている。この層は粘土層と砂層が互層になり、水を通しにくい粘土層に挟まれた砂層がタンクと

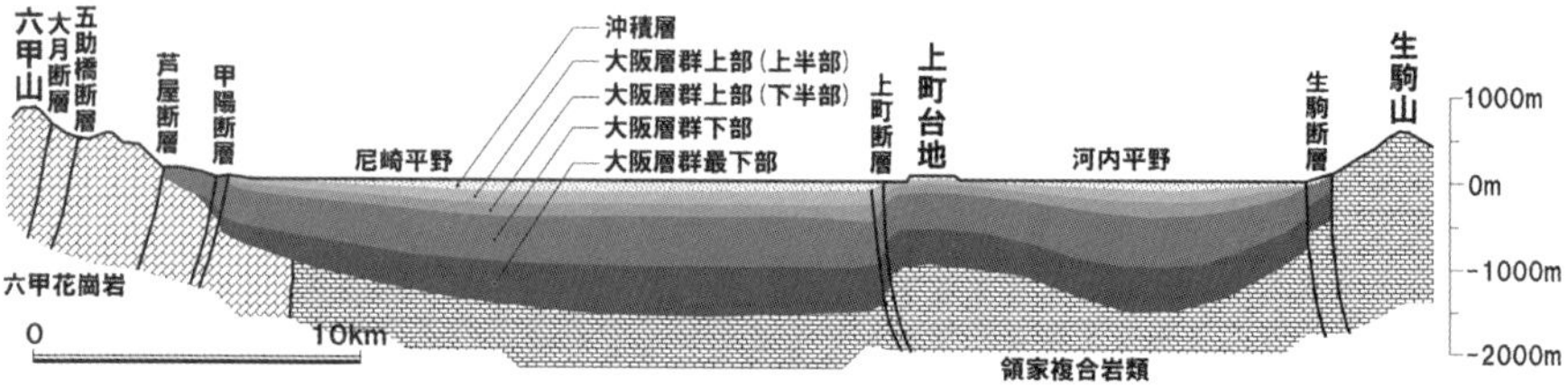

図7-2　大阪層群の東西断面図

なり、豊かな地下水を蓄えている。生駒山地から砂層に下る水が上町台地の方面へ水圧をかけるため、逆サイフォンの原理で台地へ地下水を押し上げることになる。これが台地の上に豊富な湧水があることのカラクリであろう。この図を見せながら「生駒山の伏流水が上町台地に噴き出している」と説明すればわかりやすい。

　上町台地の西辺は断層によって隆起した斜面が大阪湾の波に洗われ、メリハリのある海食崖となって南北に続く。斜面を上下する坂と両側に建ち並ぶ諸寺の築地が情趣ある風景をつくり、「天王寺七坂《ななさか》」と呼ばれる観光名所となっている。しかも、往時は所々に水が湧き、「天王寺七名水《ななめいすい》」と総称される自噴井戸が斜面に点在していた。それらの大半は大阪市営地下鉄（現大阪メトロ）谷町線の工事によって水脈が断たれて枯渇したものの、京都に倣って開かれた清水寺には「玉出の滝《たまで》」という「音羽の滝《おとわ》」さながらの修行場もあり、今も三筋の水を落としている。

　四天王寺の南方には、青面金剛童子《しょうめんこんごうどうじ》をまつる庚申堂という子院があり、その近くに「谷《たに》の清水《しみず》」の通称をもつ辻の地蔵尊がある。その名は地蔵堂の脇にある井戸からポンプアップされた清水が絶え間なく流れていることに由来する。平安時代の初めに摂津職《せっつしき》を務めた和気清麻呂《わけのきよまろ》が河内平野の排水を図るため、上町台地を切るように掘らせた「河堀《こぼれ》」という水路の底にあたるため、水が湧き出ても不思議ではない（七〇頁の図7-8）。

　玉出の滝は四天王寺中之門《なかのもん》から西方に二六〇メートル、谷の清水地蔵尊は南大門から三七〇メートルしか離れておらず、四天王寺の参拝と合せても半日の散策で回れる範囲にあり、台地の湧水をテーマとした観光コースができあがる。どうであろうか。境内南東隅の段差に注目させ、亀井堂の湧水で話をつなぎ、このように見学地を広げてゆくと、探究心をくすぐる企画が生み出せる。見学地の前で足を止めながら、そのひとつひとつを案内してゆく通常のガイドとは違った企画が、わずかな地形の観察から展開できることを感じていただけたであろうか。

（4）二本のラインが示す四天王寺の歴史

　さて、話を四天王寺の境内図に戻そう。再び五〇頁の図7-1をご覧いただきたい。境内の中央やや南寄りにある中心伽藍は、中門《ちゅうもん》・五重塔・金堂・講堂が一本の軸線上に並び、左右

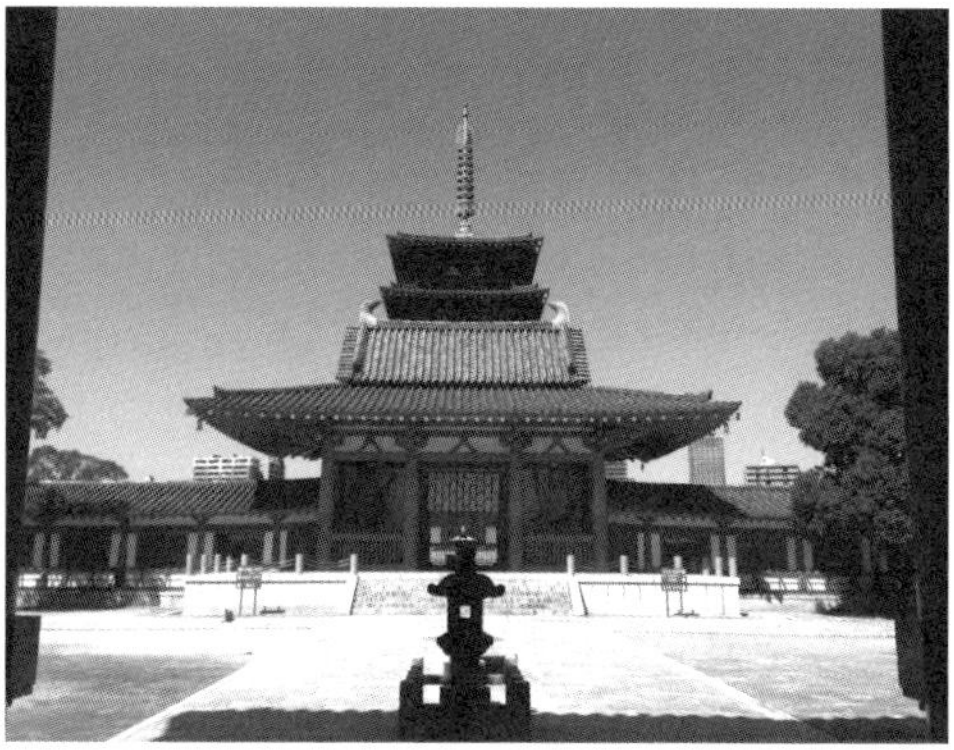

写真7-1　南大門から見た四天王寺の中心伽藍

対称の配置をしている。法興寺（飛鳥寺）・法隆寺・薬師寺などの古代寺院はそれぞれに特徴的な配置をしており、代表的な寺院の名をもって「○○寺式伽藍配置」などと呼ばれる。堂塔が縦一列に並ぶ配置は「四天王寺式伽藍配置」と呼ばれ、地方の古代寺院にもよく見られる配置である。このような左右対称の建築群は真正面から見ると、均整のとれた人工美が楽しめる。**写真7-1**は南大門の中央から撮った一枚であり、中門の鴟尾《しび》が塔の甍《いらか》をはさんで安定する重なりが面白い。少しでも立ち位置がずれると、こうはいかない。客には「ここしかない」という位置に立って写すように勧めると、すぐにその意図を理解し、喜ばれる。体験する楽しみのひとつである。

南大門・中門・五重塔・金堂・講堂が並ぶ軸線は北にのび、左右対称に掘られた亀の池と中間に設けられた石舞台、四月二二日の聖霊会《しょうりょうえ》で奏楽の楽隊が並ぶ楽舎《がくしゃ》などがその軸線を共有する。さらには、亀の池の北に建てられた六時礼讃堂《ろくじらいさんどう》も軸線に乗り、その場所にあった食堂《じきどう》の位置を受け継ぐ。これが四天王寺の南北ラインである。

一方、そのラインに直交する東西の軸に沿って、西から石鳥居・西大門《さいだいもん》・西重門《さいじゅうもん》・東重門《とうじゅうもん》・猫之門《ねこのもん》と聖徳太子をまつる聖霊院奥殿《おくでん》が並ぶ。法隆寺夢殿に倣って八角円堂に造られた奥殿は、平面正方形の宝形造《ほうぎょうづくり》であったが、空襲で焼け、昭和五四（一九七九）年の再建時に円堂となった。その際、元来は太子の父帝をまつる用明殿が鎮座した位置に円堂が置かれ、北門であった猫之門が東重門に正対する位置に建て直された。

聖霊院奥殿は南に建つ妻入《つまい》りの前殿《まえでん》に対する奥殿であるが、石鳥居や西大門を表とする東西ラインの最奥部に建て直されることにより、二重の意味での奥殿となった。秘仏である太子四十九歳像《しじゅうくさいぞう》は笏《しゃく》をもって胡座《こざ》する姿をしているが、仮にその位置で釈迦牟尼《しゃかむに》の涅槃《ねはん》と同様、聖徳太子の御霊《みたま》が北枕で右を下にすれば、眺める先は西であり、明石海峡の方面である。改装された聖霊院の設計は実によく考えられている。

「日想観《にっそうかん》」と呼ばれる言葉がある。彼岸《ひがん》とも言われる極楽浄土の世界が西にあり、「生前にその教主である阿弥陀仏にすがっておれば、亡くなると、めでたく極楽で往生《おうじょう》できる」と唱える浄土の教えは、太陽の運行とも重ねられる。東から昇り、南で輝き、西へ沈む太陽は人生そのものであり、死を感じさせる薄れ日も、翌日にはまた光を取り戻す。そういう輪廻に頼り、沈む夕陽に思いを寄せる。この瞑想が日想観であり、平安時代に浄土教の流布とともに行なわれ始めた。その場所が四天王寺であったのは、奈良や京都では見られない海が西に広がり、淡路島と須磨《すま》の山に挟まれた海峡に日が沈む光景を拝むことができたからに他ならない。

他方、最澄や空海が聖徳太子を慕って留錫《りゅうしゃく》したことは、四天王寺が太子信仰の聖地となる道を拓《ひら》いた。浄土信仰が公家の心をつかんだ平安時代中期に太子の業績を顕彰する『四天王寺御手印縁起』が発見されたことは、偶然ではなかろう。浄土信仰と太子信仰は四天王寺で融和し、寺院の存続を支えた。とりわけ院政期以後は上皇や公家の参詣があいついだ。鎌倉時代には、藤原定家と並び称される歌人である藤原家隆《いえたか》が日想観を修めるために当地を訪れ、四天王寺の西方に「夕陽庵《せきようあん》」という庵《いおり》を構えたことはよく知られる。その一帯の地名である夕陽丘《ゆうひがおか》の由来である。

西大門が俗に「極楽門」と呼ばれるのは、その門が四天王寺の西門であると同時に、西方極楽浄土への東門であると考えられたからに他ならない。門の西方に立つ石鳥居は厳島《いつくしま》神社の「朱丹《しゅたん》の大鳥居」、吉野山金峯山寺《きんぷせんじ》の「銅《かね》の鳥居」と共に「日本三鳥居」と称され、鎌倉後期の永仁《えいにん》二（一二九四）年に木製から石製に代えられたものであるが、柿渋色《かきしぶいろ》の額には金板《きんばん》の文字で「釈迦如来転法輪処当極楽土東門中心」と表わされ、「釈迦が仏法を説かれたこの地は極楽浄土の東門にあたる」との意味を標示している。鎌倉末期の嘉暦《かりゃく》元（一三二六）年に製作された額であるというから、石鳥居に代えられてから、さほど時は経っていない。

鳥居の位置は上町台地の脊梁にあたり、往時は今のようなビル街もなく、明石海峡の水平線が眺められた。極楽門の方向から見た眺めのなかで、鳥居が沈む夕陽の風景を印象付ける額縁の働きをしたのだろう。図7-3は国土地理院の標高データを三次元で起こし、極楽門から石鳥居越しに大阪湾を眺め、明石海峡に沈む夕陽を想像して描いた図である。今はこのような風景を見るすべもないが、そのようなときには想像図を活用し、客に心象風景を思い浮かばせる工夫をしてはどうか。

図7-3　四天王寺の石鳥居越しに想観した日の入りの想像図

大雑把に言えば、四天王寺における南北の軸線は古代、東西の軸線は平安時代以降の信仰を物語る。

そのことを何度か確認しながら案内すると、四天王寺の配置がもつ歴史的な意味が浮かび上がる。学術的には、詰めなければならない話はいっぱいあるのだろうが、とりあえず大きなくくりを設けて案内すると、聞いている客もわかりやすい。このような「わかりやすさ」を追究することをガイドは心がけたほうがよい、と思う。

ちなみに、学説を真実であるかのように案内するガイドがいるが、学説ほどうつろいやすいものはない。「高名な○○先生の説です」と切り出しても、定説が新たな知見によって崩されることは多々ある。それよりも、目の前にある風景は案内日における真実そのものであるから、風景から話を起こしてゆくのが、説得力のある案内となろう。

(5) 境内に残る「過去の痕跡」

第Ⅰ章の第3章では客の満足度を高める要素として「発見」をあげた（一九頁）。何かを見つける楽しさは、観光に感動を与える大事な要素である。それは大きな感動でなくてもよい、小さな発見を積み重ねるうちに、楽しさが蓄積され、旅の終わりに客が自ずと声に出す「楽しかった」という感想につながるのである。ここでは四天王寺の境内に残る「過去の痕跡」を拾い集めてみよう。それぞれに冠した丸数字は**写真7-3**に対応する。

① 熊野権現礼拝石

南大門の内にある長方形の石板であり、北側に「熊野権現禮《くまのごんげんれい》拝石《はいせき》」と刻まれた石標が北面して立てられている。天満橋を起点として紀伊国の熊野三山へ続く熊野街道は、四天王寺の西面に沿って南下するため、南大門を出発点とする参詣者も多かった。参詣する人々はこの石に膝をつき、熊野方面に向かって道中安全の願をかけたという。石材はその質感からして兵庫県高砂市に産する竜山石《たつやまいし》（流紋岩質凝灰岩）のようである。長辺が直線的に整えられている様は古墳の竪穴式石室に架ける天井石を思わせる。**写真7-2**は奈良県葛城市にある屋敷山古墳《やしきやま》（古墳時代中期）の竪穴式石室に架けられていた竜山石の天井石であり、礼拝石とよく似ている。境内には、金堂前に転法輪石《てんぼうりんせき》、東門内に伊勢神宮遥拝石《ようはいせき》、石鳥居内に引導石《いんどうせき》があり、熊野権現礼拝石とあわせて「四天王寺四石《しせき》」と呼ばれる。伊勢神宮遥拝石をのぞく三

写真7-2　屋敷山古墳の石室天井石
（奈良県葛城市）

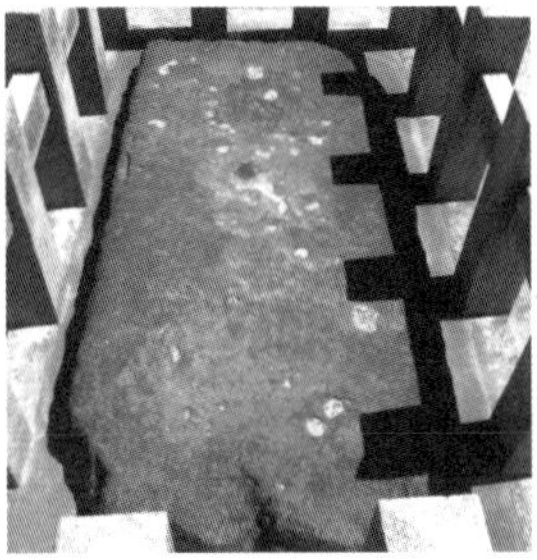

① 熊野権現礼拝石

② 東重門排水溝跡

③ 長持形石棺蓋石

④ 忍性石鳥居笠石

⑤ 石槽(石風呂)

⑥江戸時代再建五重塔礎石

⑦ 相輪樑

⑧ 閼伽井堂跡

⑨ 食堂跡石標

⑩ 輪蔵跡軸石

⑪ 短声堂跡関連礎石

⑫ 引導石

写真7-3　四天王寺の境内に残る「過去の痕跡」

石は江戸時代の絵図にも描かれている。よくある「七不思議」などの名数は、近世以来、観光のしかけとして用いられてきた。ここでも、「四石」と聞けば、すべてを巡りたくなるだろう。

② 東重門排水溝跡

中心伽藍は回廊の西重門が拝観の出入口となっている。院内の巡り方は自由であるが、五重塔・金堂・東重門《とうじゅうもん》・講堂・龍の井戸の順に巡ると流れがよい。案内は客に無駄足を踏ませないことが大切であり、往復のない一筆書きのようなコースが理想である。

写真7-4　山田寺金堂基壇前の礼拝石（複製）

塔と金堂の間に玉垣で囲まれた転法輪石がある。江戸時代の絵図にも描かれているから、古くからあったものだろうが、転法輪の刻まれた現石は二代目であり、初代の石はその直下に埋もれている。報告の写真を見ると、かなり風化が進んでいるため、金堂の創建時に据えられた石かも知れない。飛鳥時代に蘇我倉山田石川麻呂《そがのくらやまだいしかわまろ》が建てた山田寺では、金堂の前に一畳ばかりの板石が据えられていた（写真7-4）。そのようなものは法隆寺の西院伽藍にもあり、いずれも礼拝石と呼ばれている。往時、人々は堂の外から本尊を跪拝したようである。

古代の遺構と言えば、東重門の地面にガラス張りの保存施設があり、のぞき込めば、すぐ下に平瓦をかぶせた排水溝が見える。回廊内の雨水を低い東側の敷地へと流したものである。伽藍は鉄筋コンクリートで再建されたものであるが、土をめくれば、古代の四天王寺が顔を出すことを実感できる。古代をのぞく窓であるため、案内しない手はない。

③ 長持形石棺蓋石

四天王寺で行なわれる聖霊会において、一対の亀の池にはさまれた石舞台で雅楽が催される。その際に使われてきた楽器や飾りを保管した宝物館の南に石棺の蓋石《ふたいし》が屋外保存されている（二〇二三年現在は修復中であり、終われば宝物館の西に戻される予定）。石棺は亀井堂の東を通る溝の石橋として二次利用され、渡ると安産になると伝えられてきたが、保存のため移設されたのである。石は兵庫県の竜山石であり、形状は前後左右に二つずつの縄掛突起《なわかけとっき》が彫り出された蒲鉾形《かまぼこがた》をしている。そのような蓋をもつ棺は長持形《ながもちがた》石棺と呼ばれ、古墳時代中期の大王墓や地域の首長墓に用いられた最高級の葬具である。

説明板には天王寺公園内にある茶臼山《ちゃうすやま》から運ばれたものとあるが、茶臼山は和気清麻呂が水路を掘削した際の揚げ土であるとの説もあり、古墳であるかどうかの見極めは本格的な発掘調査を待つしかない。かつて四天王寺境内から埴輪が出土したとの報告もあるため、『日本書紀』に聖徳太子が荒陵《あらはか》に四天王寺を建立したと記すのは、境内の位置にあった大型の古墳を削って造営したことを言うのかも知れない。

古墳は丘の上に築いても周囲に濠を巡らせるのが通例であるから、将来、境内のどこかが発掘されたときに、濠の跡が発見される可能性もある。平城宮跡でも宮地の造成で削られた古墳の周濠が確認されている。墳丘は削られても、濠は簡単に消えない。竪穴式石室の天井石とも思われる熊野権現礼拝石とあわせ、そのような期待を語るのも、客に余韻をもたせる工夫となろう。

④ 忍性石鳥居笠石

宝物館の西に花崗岩の長い延石《のべいし》が置かれている。上面が屋根形に加工され、脊梁《せきりょう》が反《そ》り上がった形状から、一見して鳥居の笠石《かさいし》（石製の笠木《かさぎ》）であることがわかる。説明板によると、極楽門外に立つ石鳥居の笠石北端の石材であるらしい。今も立つ石鳥居の笠石をよく見ると、五石からなり、石と石は小口を互いに欠け込ませる「相欠《あいか》き」でつながれている（図7-4）。石鳥居は鎌倉時代の永仁二（一二九四）年に重病患者の救済で知られる忍性《にんしょう》がそれまでの木造を石に改めたものであるが、何度か倒壊して、破損した石材が取り替えられたという。確かに移設保存された笠石の一端が壊れている。修復の際、再利用できないと判断されたのだろう。

ところで、昭和一一（一九三六）年発行の『四天王寺図録』に掲載された境内図を見ると、石棺と石鳥居石材が本坊《ほんぼう》庭園の臨池亭《りんちてい》あたりに描かれ、鳥居の破損石材は二つが縦に並べられている。気になって庭園を探ったところ、湯屋御殿《ゆやごてん》（本坊方丈）の前庭に腰掛けのように横たえられた花崗岩の延石があった（写真7-5）。その形状と大きさから、鳥居の上部に通された貫《ぬき》の端部であることがわかる。このような情報を聞けば、本坊庭園に入ってみようと思うだろう。園内の池辺には萌黄色《もえぎいろ》の八角亭《はっかくてい》も建つ。明治三六（一九〇三）年に天王寺公園・新世界一帯で開催された第五回内国勧業博覧会の洋風建築を移設したもので、国の登録有形文化財に登録されている。カラフルな色ガラスが幻想的である。

写真7-5　本坊庭園に残る貫端石

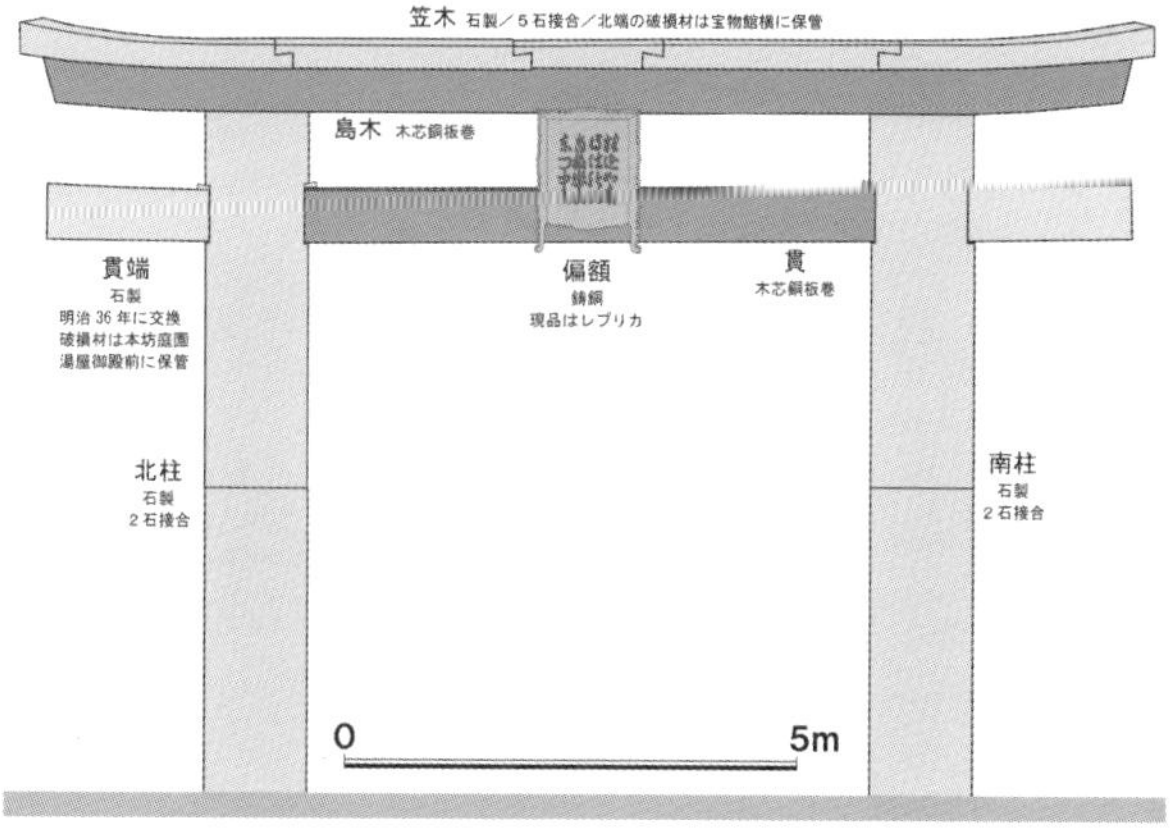

図7-4　四天王寺石鳥居立面図

⑤ 石槽（石風呂）

石鳥居笠石の近くに覆《おお》い屋が建てられ、バスタブのような丸いフォルムをした石造物が保管されている。説明板には「石《せき》槽《そう》」とあるが、別名を「石風呂《いしぶろ》」と言う。文字通りの風呂桶《ふろおけ》である。黄色味がった花崗岩を刳《く》り抜き、上から見て楕円形の湯船を丹念に製作している。片方の短辺には丸太を半分に打ち割ったような突起を彫り出しているため、全体が亀のようにも見える。よく似たものが滋賀県大津市伊香立途中町《いかだちとちゅうちょう》の勝華寺《しょうけじ》にあり、そちらは突起が亀の形をしている。京都府木津川《きづがわ》市加茂町《かもちょう》の岩船寺《がんせんじ》は、参道に置かれた石風呂が寺号の由来となっている（写真7-6）。四天王寺のある大阪府内にもいくつかの石風呂が残り、とりわけ密教寺院の多い北部の豊能町《とよのちょう》には三つの石風呂が点在する。僧侶たちの入浴が流行した鎌倉時代に製作されたものが多く、その大きさと形状からして、現在のバスタブと同じように使われたものと考えられる。

写真7-6　岩船寺の石風呂

一見すると、社寺の手水鉢《ちょうずばち》にも似ており、四天王寺の石風呂も長らく極楽門外の手水鉢に転用されてきたが、石にひびが入ったため、現在は同形の二代目にかわっている。よく似た勝華寺の石風呂には弘長《こうちょう》三（一二六三）年の刻銘があるため、四天王寺の石風呂も鎌倉時代に作られたものだろう。

四条畷《しじょうなわて》市上田原《かみたわら》の住吉神社や生駒市の長弓寺《ちょうきゅうじ》にも平面楕円形の石風呂がある。このように例をあげると、すべてを訪ね歩きたくなる客もいるだろう。ガイドの話をきっかけに、探索の旅が広がってゆけば、ありがたいことである。

⑥ 江戸時代再建五重塔礎石

四天王寺の中心伽藍は飛鳥時代に創建されたあと、何度も地震や火災に見舞われ、そのたびに再建された。奈良の東大寺や興福寺と同様の歴史をたどってきたのである。昭和の時代にも二度の受難があり、昭和三八（一九六三）年に完成した現在の伽藍は災害に強い鉄筋コンクリート造である。五重塔は昭和九（一九三四）年九月の室戸台風で倒壊し、木端微塵《こっぱみじん》となった。中門も同様の姿となり、金堂にも被害が及んだ。さっそく再建の計画が立てられたが、この機会にと古建築研究の大家である天沼俊一《あまぬましゅんいち》博士を団長として基壇の発掘調査が行なわれた。その結果、**写真7-7**に見えている心礎（木枠で包まれた中央の石）が江戸時代の享和元《きょうわ》（一八〇一）年に落雷で伽藍が全焼したあと、文化《ぶんか》九（一八一二）年に再建された時の新造であり、創建当時の旧心礎が基壇上面から三・五メートルばかり地下に眠っていることがわかった。

写真7-7　室戸台風で倒壊した五重塔の追善供養

台風で倒壊した五重塔の再建工事は昭和一二（一九三七）年から始まったが、新しい基壇を築くため、近世の基壇が根こそぎ削られ、その際、深く据えられた旧心礎を除いて、上位の礎石はすべて撤去された。ただ、それらが廃棄されず、聖霊院に移されたのはありがたい。聖霊院の守屋祠《もりやし》前に正方形の敷地が設けられて礎石列が再現されている。とはいえ、ガイドが案内しなければ気づかないだろうし、石の列に気づいても、ここに記した経緯はわからない。そもそも「塔とは何か」という初歩的な知識も含めて、ガイドは何を聞かれても即答できるように、知識を蓄えておかねばならない。

⑦ 相輪樘

弘仁九（八一八）年に最澄は比叡山の伽藍建設を構想し、そのなかに相輪樘《そうりんとう》を含む宝幢院《ほうどういん》の建設計画があった。相輪樘は五重塔などの頂に立てられる相輪を一本の柱にとりつけて塔としたもので、樘は塔のことである。最澄はそのなかに『法華経《ほけきょう》』や『大日経《だいにちきょう》』を納めるよう指示したと伝えられる。『法華経《ほけきょう》』のなかに「見宝塔品《けんほうとうほん》」という章があり、釈迦が霊鷲山《りょうじゅせん》で法華経を説法していると、いきなり地中より塔がにょきにょきと現われ、なかから出てきた多宝如来《たほうにょらい》が感心して、釈迦に席を半分譲ったという逸話が記されている。最澄はその話を具現化するために宝幢院を開き、相輪樘を立てようとしたのである。

その竣工は最澄の死後となるが、比叡山の釈迦堂近くには再建を繰り返しながら受け継がれてきた相輪樘が現存する。その影響を受け、日光の輪王寺《りんのうじ》（写真7-8）、茨城県行方《なめがた》市の西蓮寺《さいれんじ》など、天台宗の寺院には立派な相輪樘が立てられている。四天柱に支えられ、発射前の宇宙ロケットのようにまっすぐ立つ姿は、地中から出てこようとする多宝如来の巨大な塔を思わせる。

長らく天台宗の寺院であった四天王寺にも相輪樘がある。本坊の南面築地を背にして六基の石塔や石像が並び、その中央にひときわ高く相輪樘がそびえる。花崗岩の切石を布積《ぬのづ》みした高い石垣の上に立つため、一層高く見える。相輪は青銅製、樘は鉄製であり、頭に擬宝珠《ぎぼし》を彫り出した四天柱は石製である。上から見てサイコロの「五の目」のように主従の柱が並ぶさまは、他地域の相輪樘と同じ設計である。

ところで、『法華経』「見宝塔品」の逸話に基づく塔の創建は最澄を祖とする天台宗に限ったことではない。空海の真言宗においては「多宝塔《たほうとう》」とばれる、白漆喰《しろしっくい》の亀腹《かめばら》をはさんだ二層の塔が逸話を具現化したものである。「天台宗の相輪樘」に対して、「真言宗の多宝塔」といったところであろうか。四天王寺の子院であり、かつては真言密教の根本道場であった勝鬘院《しょうまんいん》に多宝塔が現存する（写真7-9）。しかも、豊臣秀吉が建てたという歴史ある建築物である。四天王寺の相輪樘から北西五六〇メートルにあり、興味が向けば、歩いてすぐの距離である。やはりここでも観光の拡大が図れる。ガイドが常に意識しておくべきことである。

写真7-8　日光輪王寺の相輪樘

写真7-9　勝鬘院の多宝塔

⑧ 閼伽井堂跡

四天王寺の境内を巡ると、いたるところに井戸がある。亀井堂の話で触れたように、生駒山からの伏流水が上町台地の地下に及び、台地の上であっても豊富に水が湧く。その亀井堂のすぐ南に正方形の鉄板で塞がれた古井戸《ふるいど》があり、四方に石畳が巡る。元は西を向く二間四方の建物であったことが、小さな礎石の配列でわかる。江戸時代の境内図では「閼伽井《あかい》堂《どう》」と記される。閼伽井とは仏前に供える水を汲む井戸であり、清浄な水が湧く井戸に限られる。不思議に思うのは、近くに白石玉出《しらいしたまで》の聖水が湧き出る亀井があるにもかかわらず、別に閼伽井堂が建てられたことである。

　そこで江戸時代の境内図を再度よく見ると、閼伽井堂のすぐ東に「御供所《ごくしょ》」の建物が並んでいる。御供とは仏に備える御膳《ごぜん》や菓子類のことであり、供え物を準備する働きにおいて、閼伽井と共通する。閼伽井堂は御供所の一施設として建てられたのだろう。戦前まではその付近に経書堂《きょうしょどう》・炊屋《かしきや》・三昧堂《ざんまいどう》などの建物が並んでいたが、空襲により中心伽藍もろとも灰燼に帰した。今はその場所に宝物館が建てられている。御供所は聖霊会に供え物の菓子類を置くだけの施設として、楽舎の間に小屋が建てられて名を残すが（写真7-10）、元来の位置と規模は閼伽井堂の石畳を元に辿るしかない。わずかな痕跡が歴史をさかのぼる糸口となる例である。

写真7-10　楽舎の間に建てられた御供所

⑨ 食堂跡石標

中心伽藍の背後にある六時礼讃堂《ろくじらいさんどう》は「六時堂」と省略されて親しまれている。寺伝によると、平安時代初めの弘仁《こうにん》七（八一六）年に最澄が比叡山根本中堂に模して創建したという。ただ、四天王寺の諸堂と同じく、何度も火災に遭い、現在の建物は大坂冬の陣で兵火を受けたあと、元和《げんな》九（一六二三）年に再建されたものである。六時礼讃とは、一日に六回、寺僧が諸仏を礼讃することを言う。毎年四月二二日の聖霊会では、一対の「亀の池」の間に設けられた石舞台で雅楽が催され、六時堂で大法要が行なわれる。いわば四天王寺における宗教儀式の中核となる仏殿である。

　六時堂の裏は空き地となり、墓参や参拝に訪れる人たちの車が常に何台かとまっているが、その隙間に「食堂跡《じきどうあと》」と刻まれた石標《せきひょう》が北を向いて立つ。その位置はちょうど六時堂の背面中央にあたる。ガイドの案内がなければ、気づく人はそういないだろう。石標は昭和六〇（一九八五）年の発掘調査で確認された食堂の跡を示し、その遺構は車が並ぶ地面の下に保存されている。須恵器研究の第一人者である中村浩《なかむらひろし》氏（当時は大谷女子大学助教授）が編集した報告書『四天王寺―食堂跡―』（総本山四天王寺、一九八六年）によって、成果をかいつまんで紹介する。

　食堂と思える建物は現在の六時堂とほぼ同じ幅をもつ大型建築であり、少なくとも六回にわたり建て直されたものである。上から順に発掘すると、江戸時代後期の文化九（一八一二）年に再建された基壇の下から、豊臣秀頼が慶長《けいちょう》五（一六〇〇）年に再建し、元和九年に再利用された基壇が現われ、その下から室町時代再建の基壇が顔をみせた。さらに掘り進むと、平安時代の天徳《てんとく》四（九六〇）年に焼失した食堂の跡と思える基壇が出てきた。焼失後に再建された食堂もその基壇を使っている。食堂の規模をもつ基壇は平安時代の面が最古となるが、部分的に試掘すると、下に小規模の建物が建てられていたことがわかった。これを報告では「創建基壇」と名づけている。ただ、創建とは飛鳥時代における四天王寺の創建ではなく、食堂の位置に「何かが最初に建てられた時期」との意味である。

図7-5は報告書の挿図をトレースしたものであり、これを見ると、食堂の変遷がわかる。おそらく創建時の食堂は六時堂の下に埋もれ、平安時代に六時堂が建てられると、元々は厨房である盛殿《もりとの》（大炊殿《おおいどの》）があった位置に食堂が移された。その後、食堂は南北に位置を変えながらも、常に六時堂の背後にあって、僧侶たちの生活を支えた。食堂の発掘調査は食堂のみならず、六時堂の歴史も解き明かす成果をもたらしたのである。

ただし、今述べた歴史を言葉で解説しても、一度で理解できる人はそういまい。そもそも現地で案内するには詳細に過ぎる。複雑な変遷は**図7-5**のような模式図にまとめ、案内の資料に掲載しておけばよい。ここで必要なのは、歩いている境内の地下に古代からの歴史が眠っていることを印象づける話である。「地面をめくれば、何かが出てくる」という期待感を一本の史跡碑で抱かせる。そのためには、ガイド自身が考古学の報告書を読みこなし、記述された情報を整理しておかねばならない。

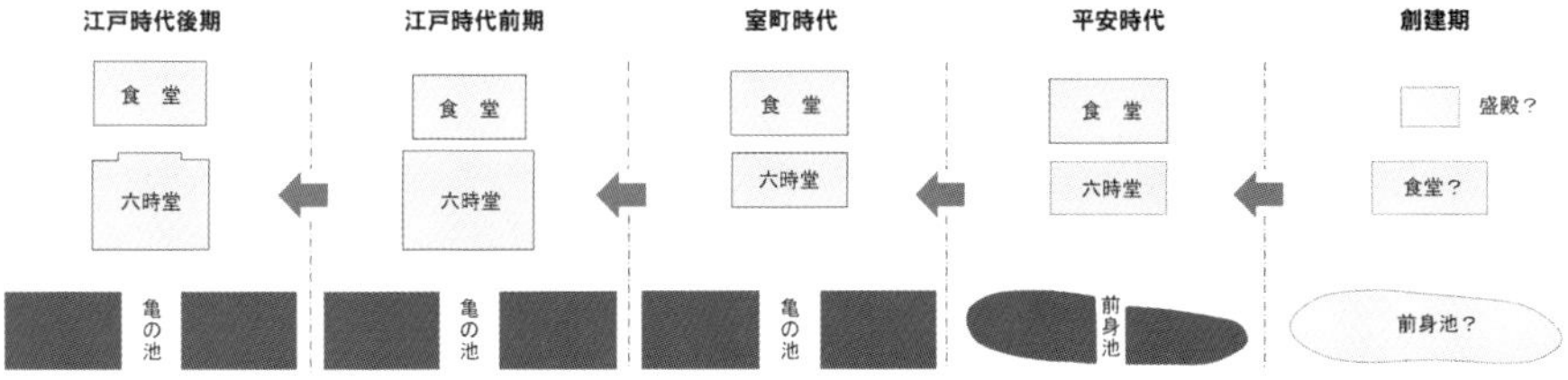

図7-5　食堂と六時堂の変遷

⑩ 輪蔵跡軸石

中心伽藍西重門の近く、東西ラインの北側に延石で囲まれた正方形の敷地がある。その中に「囲」字形に配列された一六個の四角い礎石が並び、中心に低い円筒形の突起を彫り出した礎石が据えられている。突起の形状から見て、金属製の軸受けが上にかぶせられていたようである。江戸時代の境内図に「輪蔵堂《りんぞうどう》」と記された建物の跡である。輪蔵とは経典のフルセットである『大蔵経《だいぞうきょう》』を収めた回転式の書架であり、軸部を円形、書架部を八面に作ったものが多い。全国的に遺例があるが、近畿地方では、大津市の園城寺《おんじょうじ》、京都市の知恩院《ちおんいん》・清凉寺《せいりょうじ》・仁和寺《にんなじ》などのものが有名である。

回転するのは利便性を考えてのことではなく、書架を一度回せば、すべての経典を読んだことになるという、万人が功徳を積めるようにと考えたものである。チベットのラマ教寺院では、摩尼車《まにしゃ》という回転式の経筒《きょうづつ》がずらりと並ぶ。それらを右手で押すように回しながら進むと、何巻も経典を読んだことになる。規模は違うが、理屈は輪蔵と同じである。輪蔵の下部には八方に放射する取っ手が突き出ている（図7-6）。それを持ち、上から見て時計回りに一回転させるとよい。

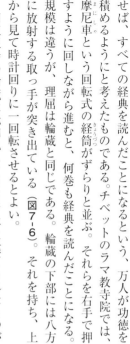

四天王寺の輪蔵は元和九（一六二三）年に建てられたものが残っていたが、空襲で焼けてしまった。今はその跡を見て建物を想像するしかないが、極楽門（西大門）の柱に金属製の転法輪が架けられ、時計回りに回転させると、釈迦の教えが広がってゆくイメージを思い描けるという。経を読むことは教えを広めることに他ならないから、形は違っても、輪蔵の回転に通じるものがある。転法輪を回したのち、輪蔵堂跡に立ち、軸石の周りを一廻りしてもらってはどうか。輪蔵の取っ手をゆっくり押しているイメージで回れば、想像の世界で功徳が積めることになろう。満足度を高める「体験」の一例である。

図7-6　輪蔵のイメージ

⑪ 短声堂跡付近の礎石

四天王寺の縁日には広場となった西大門（極楽門）の内外に骨董市や屋台が並び、多くの客でにぎわう。平日にはがらんとした風景に戻るこの場所には、さきほどの輪蔵堂も含めて多くの仏殿が建ち並んでいたが、大半は昭和二〇（一九四五）年の大空襲で焼失した。図7-7は元和年間（一六一五～一二四年）に描かれた境内絵図と昭和一〇（一九三五）年に作成された境内実測図などをもとにして、現在の地図にかつての諸堂を復元したものである。トーンをかけた部分が往時の建物である。必要に応じて、このような図面を作成しておけば、聞いている客も理解しやすい。

注目していただきたいのは、広く空いた西大門外の敷地をはさんで向かい合う南の法華堂と北の常行堂《じょうぎょうどう》である。法華堂には引声堂《いんぜいどう》、常行堂には短声堂《たんぜいどう》の別名があり、それらはまとめて念仏堂《ねんぶつどう》と呼ばれた。浄土宗の開祖と仰がれる法然がここで念仏修業し、弟子の空阿《くうあ》が不断念仏を始めたという。平安時代に浄土信仰が流行したことは、歴史の授業で習う必修項目であるが、

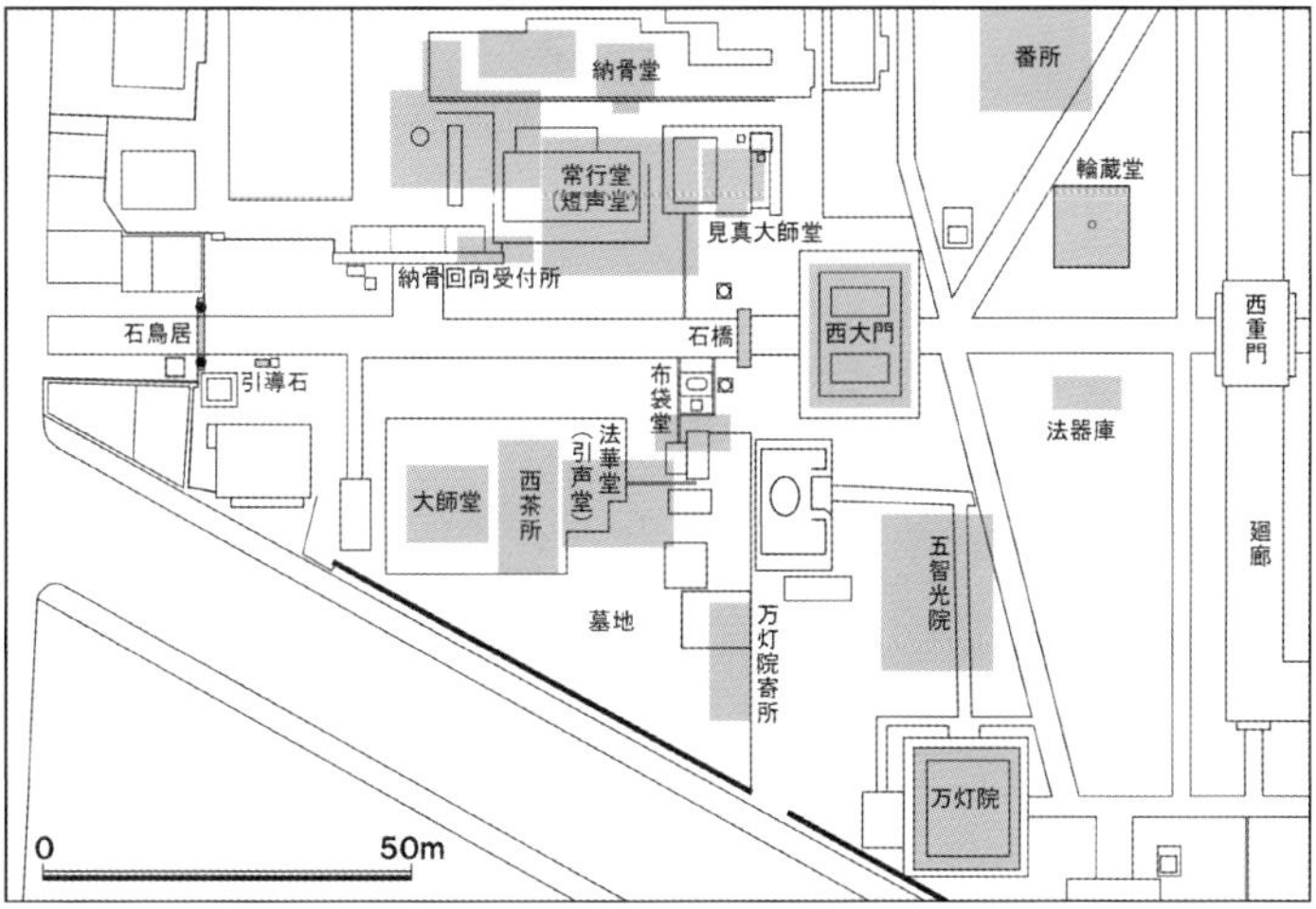

図7-7　西大門内外の旧諸堂（図中の網掛け部分）

海に沈む夕陽に西方極楽浄土を感じることができる四天王寺の四大門外は、まさしく浄土信仰の聖地であった。

引声・短声とは円仁《えんにん》が唐土《もろこし》から伝えた仏教儀式において、声を出して経を唱える「声明《しょうみょう》」のテンポである。短く切って読むのが「切声《きりごえ》」、長くのばすのが「引声」、中間が「短声」である。かつて鳥羽法皇が立てたご誓願《せいがん》に基づき、元和三（一六一七）年に引声堂と短声堂が建てられた。慶長一九（一六一四）年の大坂冬の陣で焼失した四天王寺の復興事業として念仏堂を再建したのだろう。

四天王寺中学・高等学校の正門の脇に一対の幟立《のぼりたて》石柱が立ち、近くに途切れた石畳といくつかの礎石が残るのは、その北にあった短声堂（常行堂）に関わる遺跡である。おそらく、ガイドがあえて示さなければ、ほとんどの客が目も止めずに通り過ぎてしまう微かな痕跡である。逆に言えば、そのような微かな痕跡から歴史を紐解くことが「発見」の楽しみを生み出すガイド術なのである。

⑫ 引導石

石鳥居の内側に低い玉垣が小さく巡らされ、東の脇に五輪塔が建てられている。玉垣の中には黒い玉砂利から丸みをおびた黄色い自然石が頭を出している。その石は古くから「引導石」と呼ばれ、西大門（極楽門）と石鳥居の間で行なわれてきた仏教儀式の核として、四天王寺四石のひとつに数えられてきた。

引導とは釈迦が人々を迷いの世界から悟りの世界へと導くことを言う。人の死を表わす言葉として「成仏《じょうぶつ》」の用語が使われるように、人が亡くなることと人が悟りをひらくことが同一視されてきたため、引導もまた人の死を表わす言葉として使われ

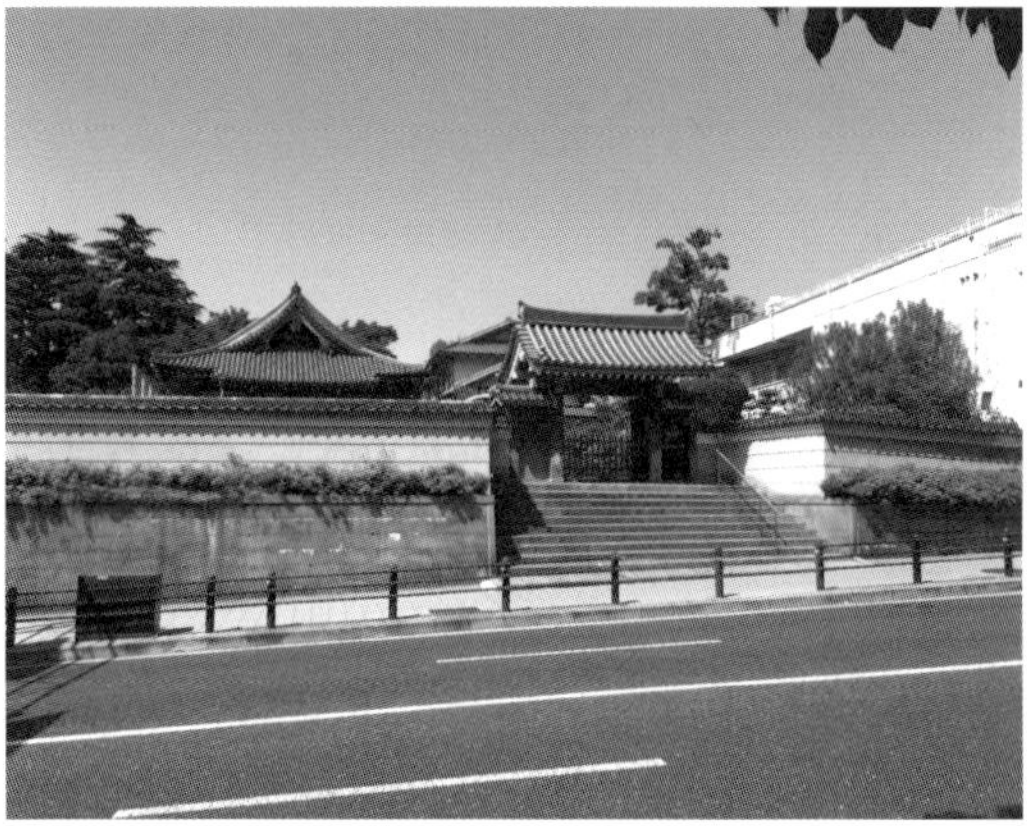

写真７-11　逢坂の天暁院

ることがある。浄土信仰と太子信仰が強く結びついた四天王寺では、引導する者は聖徳太子であるとの伝説が起こり、「ここに棺を運び、北鐘堂《きたがねどう》の鐘を三度ならせば、この石に太子が影向《ようごう》されて死者を極楽浄土へ導いて下さる」と語り継がれてきた。脇の五輪塔には笏をもつ聖徳太子の立像が内蔵され、玉垣の横に立つ「聖徳太子影向引導の鐘」と刻まれた石柱には半鐘が吊るされている。

寛政一〇（一七九八）年刊行の『摂津名所図会』には、いにしえよりの習わしとして、喪家《そうけ》から出棺して、この石の前で引導の儀式を行ない、墓地へと運んだことが記される。また、同書には一心寺の北に伝太子造立の「三鐘《みつがね》引導地蔵」があると記す。西大門外の引導石で葬送の儀式を済ませたのち、逢坂《おうさか》の途中に立つこの地蔵尊で一休みし、天暁院《てんぎょういん》の鐘を三度ならして再度の引導を渡したという。四天王寺の参拝を終えたあと、引導石に関連して逢坂の天暁院前をよぎり、天王寺七坂へ移ってゆけば、物語性のある散策となろう。見学地を「ぶつ切り」で案内するのではなく、そのように自然な流れを作ることもガイドの技である。

（6）区域を案内するガイドに向けて

観光の行動範囲によって分けた「区域」「地域」「広域」の三域については、ガイドの案内もそれぞれに異なる。観光ガイドが、その役割から「反復ガイド」と「企画ガイド」に分かれることも第Ⅰ部で述べた。ここで四天王寺の境内案内を例として取り上げた区域観光は、どちらかと言えば、反復ガイドに参考としてもらえる内容であろう。今仮にＪＲ天王寺駅で客を迎え、四天王寺の石鳥居で客を見送るガイドを想定して、要点をまとめておこう。

図７-８は四天王寺を含めた周辺の地図にコースを書き入れたものである。区域を案内するガイドは、まずはこういう地図を作成して、客に提供すべきである。地図はガイドが情報や思

考を整理する上でのノート代わりにもなる。この地図は国土地理院が公開する「電子国土Ｗｅｂ」を基図とし、トレースして情報を重ね作成した。マイクロソフト・ワードの「図形」機能を使って製図したもので、ワードは大半のオペレーティングシステムに搭載された普遍的な文書作成アプリである。特別な画像編集ソフトを使わずとも、この程度の二次元画像は、根気さえあれば、誰しもが作成できる。

ＪＲ天王寺駅の北口を出発し、玉造筋《たまつくりすじ》北側の狭いアーケード街を抜けると、ザ・天王寺レジデンスという大きなマンションに突き当たる。このマンションの建設工事に先立って、敷地の全面発掘を行った結果、飛鳥・奈良時代の大型建物跡が少なくとも五棟発見され、難波宮に関連する官庁か貴族の邸宅かと推測されている。マンションの南側にある施行院《せぎょういん》は四天王寺を総本山とする和宗の寺院であり、聖徳太子四箇院《しかいん》のひとつである悲田院《ひでんいん》の跡に建立されたものと伝わる。築地や本堂の瓦は古代の瓦を模した復古様式であり、駅から数分で、早くも古代のエリアに入ったことを、ここで味わっていただける。四天王寺創建の解説をする際の伏線となるため、この道は外せない。

施行院の東から北に向かう道は下り坂となり、庚申堂《こうしんどう》の南東交差点から上り坂に転じる。東西方向に走る谷筋へ下ってゆくことになるが、さほど高低差はないため、指摘しなければ気づかない。つまりガイドが必要である。そのことを客に認識させておいて下れば、交差点の南西角に「谷の清水」と呼ばれる地蔵尊と井戸があり、井戸から湧き出た水を見ると、小さな音を立てて流れている。谷筋であるから、湧水があっても不思議ではないが、この谷が天王寺公園の河底池から続く排水路の痕跡であり、上町台地に生駒山地からの伏流水が湧きあがってくることを説明する絶好のポイントである。排水路を掘らせた和気清麻呂の話は軽く触れ、湧水の話は亀井堂や龍の井戸の伏線として、しっかり頭に入れてもらおう。

庚申堂は四天王寺の子院であり、周辺にそのような付属寺院が点在することを、分布図などを使って紹介しておくと、客を次なる観光に誘導できる。境内には、百度石《ひゃくどいし》をはじめ、「見ざる言わざる聞かざる」の三猿を彫った石造物が数多くある。それとは別に、東門内に七福神《しちふくじん》の石像が祀られている。大阪では七福神の石像を集合させた例は珍しいため、せめて弁財天《べんざいてん》・布袋尊《ほていそん》・福禄寿《ふくろくじゅ》・大黒天《だいこくてん》・寿老人《じゅろうじん》・恵比寿《えびす》・毘沙門天《びしゃもんてん》の名だけは紹介しておこう。というのも、四天王寺の境内には大黒天・弁財天・布袋尊を祀る堂があり、参拝する前の基礎的な知識の確認が行なえるからである。

庚申堂東門が面する南北方向の坂道は庚申街道と呼ばれ、その起点は四天王寺の南大門にある。つまり、この道は四天王寺の参道でもあり、東門を出た地点から、道の突き当たりに四天王寺の五重塔が見える。そのことを客に気づかせておけば、安心につながり、なおかつ位置関係を認識してもらえる。「どこを歩いているのかわからない」「どこに連れて行かれるのかわからない」状況は不安を誘う。歩いている場所と目的地を常に認識させておく工夫が必要である。

図7-8　四天王寺周辺の観光資源とモデルコース（点線）

参道を北上して、国道一六五（二五）号西行きの四車線道路を渡る手前に超願寺《ちょうがんじ》という浄土真宗本願寺派の寺院があり、初代竹本義太夫《たけもとぎだゆう》の墓があることで知られる。山号を土塔山《どとうざん》と言うのはかつてそこにあった土塔神社に因む。四天王寺の境外鎮守社である七宮《ななみや》のひとつで、聖徳太子創建の三重塔を火災から守るため盛土で固めたとの伝承をもつ。山門から境内の墓地をのぞくと、本堂の前に二重の延石《のべいし》で囲まれた正方形の土壇があり、そこが本殿の跡であるらしい。『摂津名所図会』には、四天王寺の門前東側に土塔塚《どとうづか》が描かれ、庚申街道を挟んだ西側の土塔宮には宝形造の社殿が見える。正方形の土壇はこの基礎であるのかも知れない。江戸時代の風景を伝える名所図会は遺跡の上にあった元来の建物を想像する際に役立つ。往時の絵図を客に示すことも有用な手段である。

国道一六五（二五）号東行きの四車線道路を渡ると、四天王寺の南大門前に「日本仏法最初四天王寺」と刻まれた高い寺号石標が立つ。その東に設けられた駐車場のあたりに土塔神社と関連する「土塔塚」があったが、国道の敷設などで消え去った。古墳の墳丘であったのかも知れない。せめて石碑の一本でも立てていただければ、それだけで観光資源となるのだが、何もないと、「このあたりです」との説明で終わり、客がカメラを構えることもない。そのようなことを自治体などに助言することも、観光ガイドの務めである。客を案内した者でなければ気づかないことは、いくらでもある。

図7-9は聖徳太子が四天王寺に付けて建てたと伝えられる四箇院七宮の所在地もしくは推定地を示す地図である。施行院で四箇院（敬田《きょうでん》・施薬《せやく》・療病《りょうびょう》・悲田院）、超願寺で七宮（大江・上之宮《うえのみや》・小儀《おぎ》・久保・河堀稲生《こぼれいなり》・土塔・堀越《ほりこし》神社）の話をする際に提示すれば、客もわかりやすい。機会があれば巡ってみよう、という気もおころう。客のさらなる観光を促すには、こういうテーマ性のある地図を作成して提供するのもよい。

四天王寺の南大門をくぐる際には、客に声をかけ、門道の中央に立ち止まるよう勧めよう。そうすれば、中門と五重塔の甍が重なり、左右対称に設計された四天王寺の人工美が感じられることはすでに述べた。「体験」の楽しみをここで感じさせることができる。竪穴式石室の天井石にも見える熊野権現礼拝石のこともすでに述べたが、その南に接して立つ石灯籠について、室戸台風後の伽藍調査を指揮した天沼俊一博士は、次のような感想を述べている。

「石たたみの中央に一基の石燈《せきとう》がたってゐて、往來のじゃまをしてゐるが、これが古式。石燈を一對にしてたてだしたのは極《ご》く新しいことである。此《この》石燈其物《そのもの》はさうではないが、式が古いのである。建物はいくら再建されても、どこ迄《まで》も古式を保存してゐるところが洵《まこと》に貴いのである。」（『四天王寺図録 伽藍編』四四頁、一九三六年）

今日の神社や寺院では、灯籠を参道の両側に建て、一対としているものが大半であるが、国宝に指定された東大寺大仏殿の八角灯籠のように、建築群の軸線上に一基の灯籠を建てるのが

図 7-9　四天王寺周辺の四箇院七宮

写真7-12　四天王寺の回廊と五重塔

写真7-13　四天王寺の中心伽藍

古代の作法であった。「洵《まこと》に貴《とうと》い」という天沼博士の評価には、感動がうかがえる。ガイドが書物を参考にするときには、単に情報だけでなく、こういう前人の心を大切にくみ取り、客に伝えて欲しい。それが感動の継承である。

　回廊の中門は閉ざされているため、中心伽藍には西重門《さいじゅうもん》から入場することになる。回廊の南西方向には萬灯院《まんとういん》や阿弥陀堂《あみだどう》が並び、その方向から見た五重塔と回廊は二点透視図法の絵画そのものに見え、手前の木々が左右の押さえとなって、実にバランスがよい（写真7-12）。いわば絶好の撮影スポットであるが、西重門への最短距離をとろうと回廊に沿って歩いていては、見逃してしまう。ガイドはこういうスポットへ客を導くために雇われていることを、常々意識して下見をしなければならない。

　中心伽藍の巡り方はすでに述べた。五重塔・金堂・東重門（排水溝）・講堂・龍の井戸の順に回ればよい。ここでは、それに加えて、もうひとつの撮影スポットを紹介しておこう。回廊内の南西隅であり、五重塔を眺める角度は回廊外のスポットと同じであるが、回廊の内側に立てば、講堂・金堂・五重塔が高さを増しながら手前に向かって並ぶ様子が楽しめる（写真7-13）。さらに回廊の軒が空を斜めに切って、建築群が織りなす遠近感と調和する。どうであろうか。こういう写真を見れば、「自分も行って撮りたい」との衝動にかられないだろうか。美しい風景写真は人々を旅にいざなう。よって、ガイドも魅力的な写真が撮れるよう日々精進しなければならない。ちなみに、二枚の写真とも私がスマートフォンを片手に持って撮影したものである。つまり、このスポットに立てば、誰しもがこの写真を撮れる。撮影技術は不要である。

　西重門から折り返して中門の前をよぎり、聖徳太子をまつる聖霊院太子堂を参拝する。院内には五重塔の礎石が移築され、近くに丁未の乱で滅ぼされた物部守屋の霊を鎮める守屋祠がある。院の門は西面に二カ所あり、南を「虎之門」、北を「猫之門」と呼ぶのは、それぞれの門の蟇股《かえるまた》が虎と猫の彫刻で飾られているためである。猫の蟇股は、左甚五郎《ひだりじんごろう》作と伝わる日光東照宮の「眠り猫」をはじめ、全国に見られ、虎もモチーフとしては普通である。ただ、正門に当たる南の門を虎之門としたのは、丁未の乱に先立ち、聖徳太子が信貴山の岩で毘沙門天から秘法を授かったのが寅の年、寅の日、寅の刻であったとの言い伝えによるものだろう。

　しかしながら、そのような話はわずかな「納得」をもたらしても、発展しない。それよりも猫之門の位置が重要である。もともとこの門は聖霊院の北面西寄りに建てられ、参拝者が虎之門を入り、亀井堂へ向かう際の通用門として機能していたが、昭和五四（一九七九）年に太子殿の奥殿を八角円堂として建て替えた際、現在の位置に移された。石鳥居・西大門・西重門・東重門を通る東西ラインの延長線上に奥殿を位置づけ、猫之門もそのラインを演出する位置に動かされたのである。東西ラインは日想観に象徴される浄土信仰の中軸であり、西大門外の引導石が物語る太子引導の伝説と重ねて、太子信仰の軸線ともなった。それをより鮮明にするための建て替えであり、猫之門では、真正面に位置する回廊東重門とあわせて、その話をするほうが意味深い。限られた時間のなかで、より意味のある話題を選ぶ潔《いさぎよ》さも、ガイドは持ち合わせておいた方がよい。

　聖霊院の北にある宝物館の周囲には、用明殿・石鳥居笠石・長持形石棺（二〇一三年時点では修復中）・石槽（石風呂）・天保二年道標・相輪橖・閼伽井堂跡・亀井堂など、すでに詳述した石造物や建物が取り巻く。宝物館も含めて、どれをどれだけ案内するかは、客の興味や時間に合わせて調整すればよい。指定された案内の時間を一本の棒にたとえてみよう。客の歩行速度や休憩の頻度、説明への関心度などによって時間が伸縮することはよくある。

　年配の客は歩くのが遅く、ゆっくりとしたテンポの話を好む。一方、若い客は足が速く、長い解説は好まない。したがって、前者は時間が足りず、後者は時間を余してしまう。客に応じて案内を変える必要がある。よって、一本の棒はすべてが硬質であってはならず、ところどころに蛇腹の部分を挟み、伸縮自在にしておかねばならない。欲を言えば、案内時間のすべてを蛇腹にするのが理想である（図7-10）。それぞれの解説をできるだけコンパクトにする反面、案内できる素材をたくさん持っておれば、時間の調整は容易である。そのためには多くの観光資源を探索し、感動させる材料をできるだけ増やす努力が必要である。区域観光では、詳細な境内図や街角マップを作成すべきであると唱えるのは、そういう理由からである。

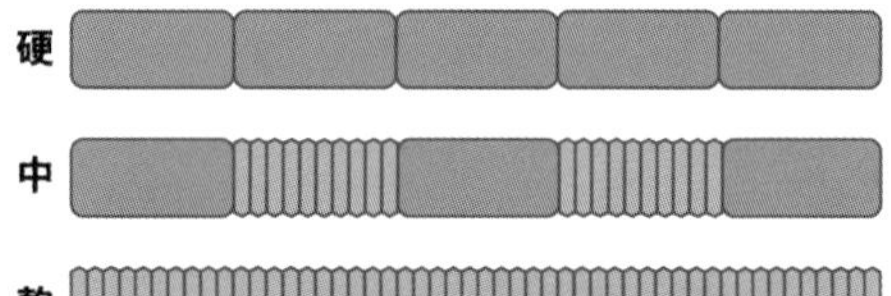

図7-10　案内時間の調整イメージ

　『日本書紀』によると、聖徳太子は推古天皇三〇（六二二）年二月五日に薨去したと見えるが、法隆寺金堂釈迦像銘《こんどうしゃかぞうめい》や法起寺塔露盤銘《ほっきじとうろばんめい》には二月二二日に亡くなったと記す。聖徳太子創建の大寺では薨日を新暦に換算し、法隆寺では三月二二日、四天王寺では四月二二日に太子の遺徳をしのぶ聖霊会を行なってきた。六時礼讃堂（六時堂）と亀の池に挟まれた石舞台では今も天王寺楽所《てんのうじがくそ》の雅亮会《がりょうかい》による雅楽・舞楽が催されている。

ただ、それ以外の日に石舞台を案内しても、ただの石壇にしか見えず、法要の活況が感じられない。写真や絵図を活用しながら、楽舎・御供所の役割りも含めて、要領よく大法要の模様を解説する必要があろう。いかに短時間で、いかにリアルに解説できるかによってガイドの力量が試される。

四天王寺境内の北部には五智光院《ごちこういん》（重要文化財）と庭園を含む本坊、聖徳太子一三〇〇年遠忌に巨大鐘楼を吊るすために建てられた英霊堂《えいれいどう》、旧正月に法会が行なわれる大黒堂、延暦寺中興の祖、良源をまつる元三大師堂《がんざんだいしどう》（重要文化財）などが並ぶ。六時礼讃堂（六時堂）の裏手に建てられた食堂跡碑も含めて、時間が許す限り案内し、西大門へ南下すると、コースのクライマックスを迎える。

晴れた日の夕方であれば、西大門内もしくは石鳥居内から西の空に傾く夕陽を眺めると、日想観を体験できるのだが、条件が整わなくとも、その地点に立って話だけでも聞かせるのがよかろう。話術が巧みであれば、客がぜひ沈む夕陽を眺めたいという気になり、後日の再来につながる。

客に体力が残り、時間も許すのであれば、石鳥居から逢坂を下り、天暁院・安居《やすい》神社・清水寺・大江神社・勝鬘院《しょうまんいん》を巡る散策を追加してもよい。安居神社は、江戸時代の絵図には四天王寺の西に特筆され、寺僧がそこで夏安居《げあんご》を行なった景勝地としても伝わる。となれば、いずれの社寺も四天王寺と無関係ではなく、テーマの軸から離れない。大阪メトロ谷町線の四天王寺前夕陽ヶ丘駅を終点とすれば、全体で一日コースとなる。

以上が区域観光の例としてあげた四天王寺参拝の企画案である。専門性が強すぎると感じる向きもあるだろうが、簡略化するのは容易である。まずは深層まで掘り下げる観光を追究し、客に合せて深さを調整すればよい。ただ、浅かろうが深かろうが、わかりやすい解説を心がけることが大切である。わかりやすくするために難易度を落とすのではなく、難易度の高い話をわかりやすく聞かせる技がガイドには求められる。ぜひ区域の詳細地図を作成し、奥の深い話を楽しく聞かせていただきたい。

第8章

地域観光の企画例――河内平野を巡る――

令和二（二〇二〇）年一月から国内での陽性者が確認された新型コロナウイルスの感染が瞬く間に拡大し、海外への渡航が制限されるに至り、航空業界は未曽有の打撃を受けることになった。そのうち、都道府県を跨ぐ旅行が制限され、国内の観光業も先の見えない閉塞状態に陥った。そのようなおり、星野リゾート代表の星野佳路《ほしのよしはる》氏が近隣地域を一、二時間で巡るマイクロツーリズムに活路を求めてはどうかと提唱した。星野氏の言う近場旅行は、この書で言うセミマイクロレベルの観光に当たり、「地域観光」と呼ぶべきものである。

地域観光はコロナ禍以前から、とりわけ自治体の観光事業で展開され、観光地の整備も進められていた。地域振興事業の一環として、地域の特徴を生かした観光事業が進められていたのである。地域観光は何もコロナ禍に対応する一過性の事業ではない。観光の傾向を見ると、未来に向けての持続可能な観光事業は、地域観光が中核を担うものと予想される。自分たちの故郷を知る個人的な散策であってもよいのだが、やはり他地域からの旅行者を呼び込み、経済的な効果を見込める企画を立てることが大事であろう。そこに企画ガイドが活躍する余地が生まれる。

前章では、区域観光の反復ガイドが自治体に助言する役目も担ってはどうかと提案した。地域観光にたずさわる企画ガイドは、地域や自治体に対してより大きな使命を担うものと考える。他地域から訪れる人々が注目するものは何か、感動するものは何か。彼らを満足させるために何が必要か、何が足りないか。そういう議論に的確な発言のできる者は、観光の現場で場数を踏んだ者をおいて他にない。頭からひねり出す机上のアイデアでは、観光事業を成功へと導けないだろう。

さて、企画ガイドはどのような地域観光をめざせばよいのだろうか。言葉だけで飾るのならば、「地域の魅力を伝える観光を企画するのが務めである」と言い放てよう。だが、「地域の魅力」とは何か。はたして他地域から突出するような魅力はあるのか。言うはたやすいが、日本はある意味均一な国家であるため、そう簡単に求められるものではない。その地域ならではの魅力を探るには、やはり汗をかき、自分たちの地域や他地域をできる限り広範に調べて回る必要があろう。これ、というものを掴《つか》んでからガイドを始めても遅くはない。

そういう私も、最近に至るまで、この分野にそれほど自信を持っていたわけではない。長年にわたってガイドを務めてきたツアーは、地域の観光資源を案内するものであるが、社寺や古墳や遺跡など、どちらかと言えば、地域に点在する見学地をつなぐだけの、いわば点を線で結ぶ観光であった。地域を面でとらえ、その魅力を伝える観光ではなかった。このような概説書を執筆するに当たり、最も弱い分野であった。そこで思い立ったのが地域の観光資源調査である。

（1）点と線のツアーに着想した地域調査

どちらかと言えば広域の観光となるのだが、近畿グループホールディングス文化事業部門の近畿文化会において「伊勢参宮街道をゆく」と題する歴史文化ツアーを七回に分けて実施し、企画とガイドを務めた。この会は昭和二四（一九四九）年に大和國史會（昭和六年設立）を母体として発足した歴史ある会員制文化会であり、専門家を講師とする臨地講座を月二回程度のペースで続けている。この書の冒頭に述べた私のガイドデビューもその会においてである。

江戸時代に伊勢神宮への参詣が大流行し、数十年に一度の爆発的な流行は「お蔭参《かげまい》り」と呼ばれ、その経済的な効果は国家予算的な数字にのぼったという。当然のことながら全国各地から伊勢をめざす老若男女の往来によって、街道はにぎわい、伊勢へ向かって収束する参宮街道が形成された。そのうち大坂の

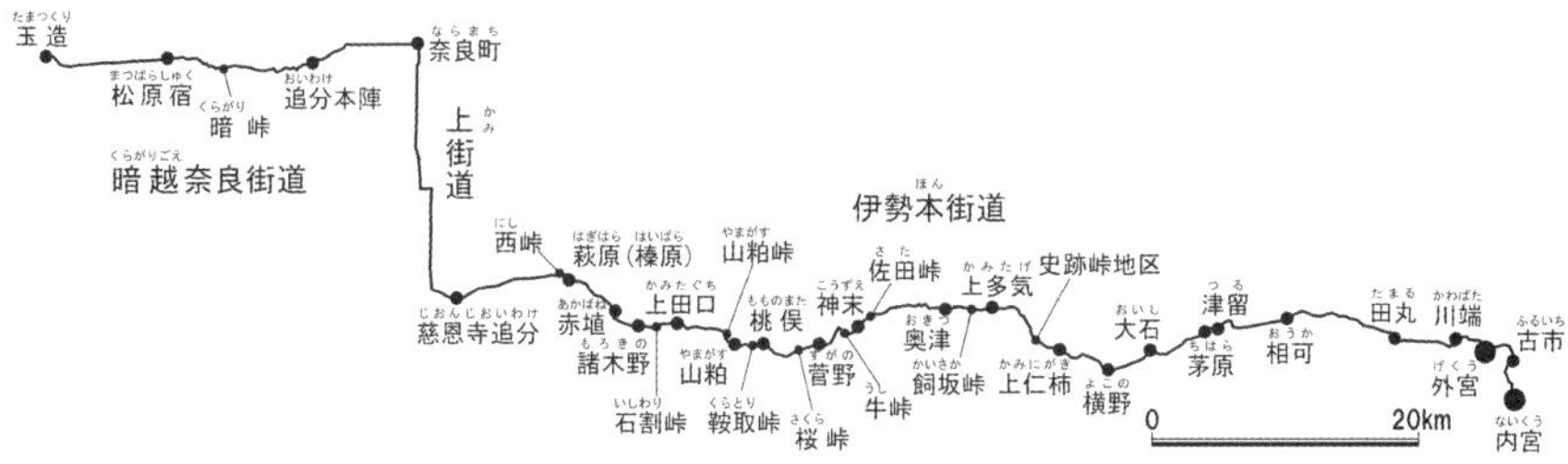

図8-1　大坂と伊勢を結ぶ街道と宿場町

町人が伊勢に向かった街道をツアーでたどってはどうかと思い立ち、シリーズの臨地講座を担当させていただいた次第である。

図8-1のように、大坂の玉造《たまつくり》から伊勢の皇大神宮《こうたいじんぐう》（内宮《ないくう》）に至る街道は暗越《くらがりごえ》奈良街道・上《かみ》街道・伊勢本《いせほん》街道の三区間に分かれる。総延長は一五〇キロ余りもあり、当時の人々の歩行速度をもって推算すれば、往復で九泊一〇日の旅となる。高額の旅費がかかるため、町人や農民のすべてが参詣できるわけではなく、希望者が競い合ったという。伊勢の魅力を伝える御師《おんし》が全国を行脚《あんぎゃ》して、今で言うPR活動をするものだから、人々は余計に伊勢参宮を渇望した。そのような熱望と旅の苦労を追体験することが臨地講座の目的であった。

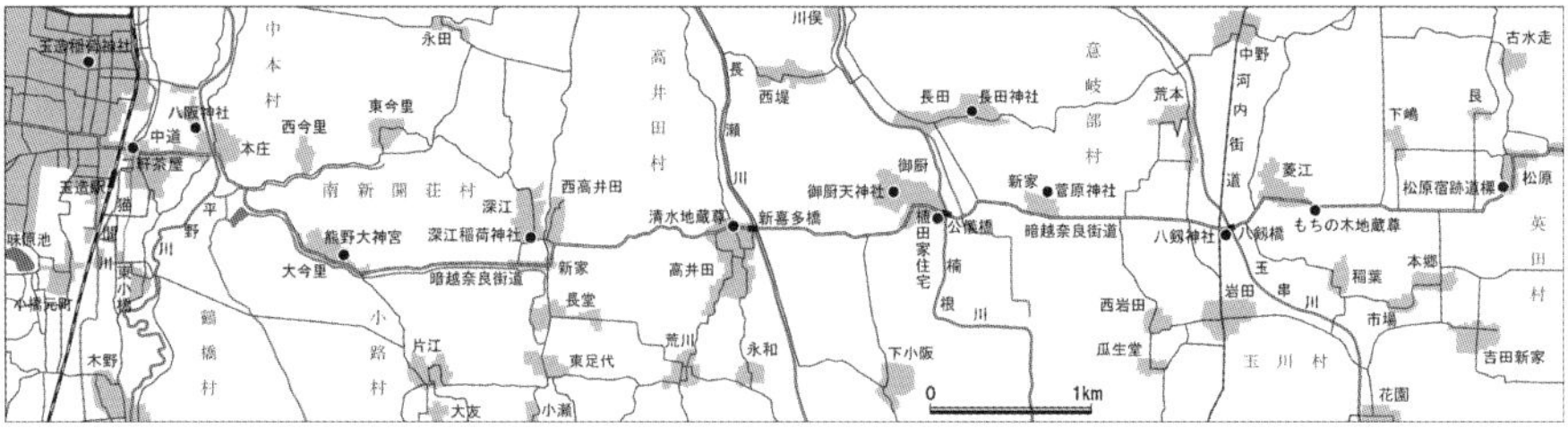

図8-2　暗越奈良街道と河内平野の旧村

ツアーの一回目と二回目は大坂と奈良を結ぶ暗越奈良街道、三回目は奈良盆地の東縁を南下する上街道、四回目から七回目までは山越えとなる伊勢本街道を進んだ。暗越奈良街道と上街道は電車やバスでショートカットしながらも、基本的には徒歩で進んだ。山間の伊勢本街道は観光バスを利用したが、最終回は伊勢市内を歩き、内宮の参拝をクライマックスとした。

観光バスの利用区間は広域観光となるが、徒歩での移動区間は地域観光となった。**図8-2**は第一回目に歩いた暗越奈良街道の略図であり、その範囲は河内平野に収まる。地図は明治時代末期に国土地理院の前身である陸軍参謀本部陸地測量部が測量・図化した地形図を基図としている。図中の網掛け部分は大坂の町と村落を示している。その当時には集落と田畑が明確に分かれ、集落が島状に点在する様子が歴然としている。現在は大半が住宅や工場に覆われ、集落の所在や大きさが不明瞭になってしまった。それでも、旧村に入ると、道が細く曲がり、家屋にも往時の風情が感じられる。そのような旧村の風情が観光資源になるのではないかと思い始めたのは、このときの下見においてであった。

（2）河内平野中部の観光資源調査

伊勢参宮街道の下見で河内平野の旧村を巡り、村内の風景が観光資源になるかも知れないと感じていた私は、令和元（二〇一九）年一二月から四カ月をかけ三二〇カ所の旧村を単独で調べた。すべて徒歩での調査であり、一日の歩行距離は三、四〇キロに及んだ。一人で臨んだのは、かなりハードな調査であったこともあるが、歩きながら考える時間が欲しかったからである。地域の観光調査は、何をどのように調べ、どのように成果をまとめるとよいのか。そのことを一心に考え、調査で答えを見出そうとしたのである。申し訳ないが、他人と雑談をしながら歩いても、その答えは見つからない。千日回峰行《せんにちかいほうぎょう》を行なう天台僧のような境地に身を置くことで、真理を追究しようとした。

ところが、調査を始めると、次から次から新たな発見や発想が生まれ、苦行どころか、楽しくて仕方がない。調査自体が観光になるのではないかと思えるほどであった。気分転換にのんびりと散策を楽しむような、星野氏の言う「マイクロツーリズム」では、とてもこの楽しみは味わえないだろう。目的をもって探索し、発見することの喜びこそが、地域観光の醍醐味ではないのか。四カ月の調査で手に入れた真理は、そういう結論であった。

そうとなれば、地域観光をサポートするガイドは、一九頁で客を満足させる要素としてあげた「発見」の楽しみを膨らませることに専念してはどうであろうか。伝えることではなく、見つけさせることを使命としては、どうであろうか。

さて、調査範囲を説明しておこう。地域はいわゆる「中河内《なかかわち》」と呼ばれ、大阪市の東部から東大阪市や八尾《やお》市にかけての一帯を中心とする。最も都市開発の進んだ地域であり、自然どころか、農地もほとんど残されていない。なぜこの地域を選んだのか。中央に調査のきっかけとなった暗越奈良街道が通ることもあるが、過去の魅力が消え去ったのではないかと思える地域で魅力を求める、という逆説的な理由のほうが強い。私がホームグラウンドとする奈良県では、田畑や旧村がまだまだ残され、風景ははるかに魅力的である。だが、あえて困難な地域に挑むことによって、調査手法を鍛えようとしたのである。

調査は東西一二キロ、南北一五キロの範囲で行なった（図8-3）。東は生駒《いこま》山地の西麓から西は上町台地にいたる範囲であり、北辺は寝屋川《ねやがわ》を意識している。当初は平野郷町《ひらのごうちょう》や八尾寺内町《じないまち》を南辺とする南北一〇キロの範囲を設定していたが、ある理由から南へ五キロ広げた。それは大和川《やまとがわ》である。奈良盆地の水を集めて柏原《かしわら》市の国分《こくぶ》で河内平野に流れ出す大和川は近世に至るまで北流し、原始時代にあった河内湖を埋めるようにデルタを北へ広げた。河内平野に潤いを与える河川であったが、同時に頻繁な洪水被害を及ぼしてきた。人々は両岸に堤防を築いて対処したが、そのことは却《かえ》って大和川の川床《かわどこ》をあげ、いわゆる御《ぎょ》しがたい天井川《てんじょうがわ》に変貌させてしまったのである。これを憂いた現東大阪市の農民たちは庄屋の中甚兵衛《なかじんべえ》を中心に幕府に付け替えを嘆願した。幾星霜《いくせいそう》を経て諦《あきら》めかけた頃に幕府主導の付け替え工事が始まり、一年のうちに竣工した。いわゆる宝永《ほうえい》元（一七〇四）年の大和川付け替え事業である。調査区の南部を西へ流れる河川は付け替えられたのちの新大和川である。それまで我が物顔に流れを変えていた旧大和川は、この基図である明治末期の地形図では、はっきりと痕跡を見て取れる。

付け替えによって、今の東大阪市や八尾市の地域では、大坂の商人などがスポンサーとなって川床が新田開発され、とりわけ綿の生産と河内木綿《かわちもめん》の出荷によって潤った。一方、新大和川の川筋にあたる今の藤井寺市や松原市では、田地を川床に奪われ、地域が寸断され、おまけに南からの流れが土手に阻まれて汚水の溜まる状態となった。益するところはひとつもなかった。調査を始めて、そういう過去の悲喜劇が見えてくると、やたら大和川のことが気になり始めた。欲張って調査地を南に広げたのは、そういう理由である。

調査範囲は東西一キロ、南北一キロの方眼で分割し、東西にはA・B・C、南北には①・②・③と記号を打ち、A①、B②、

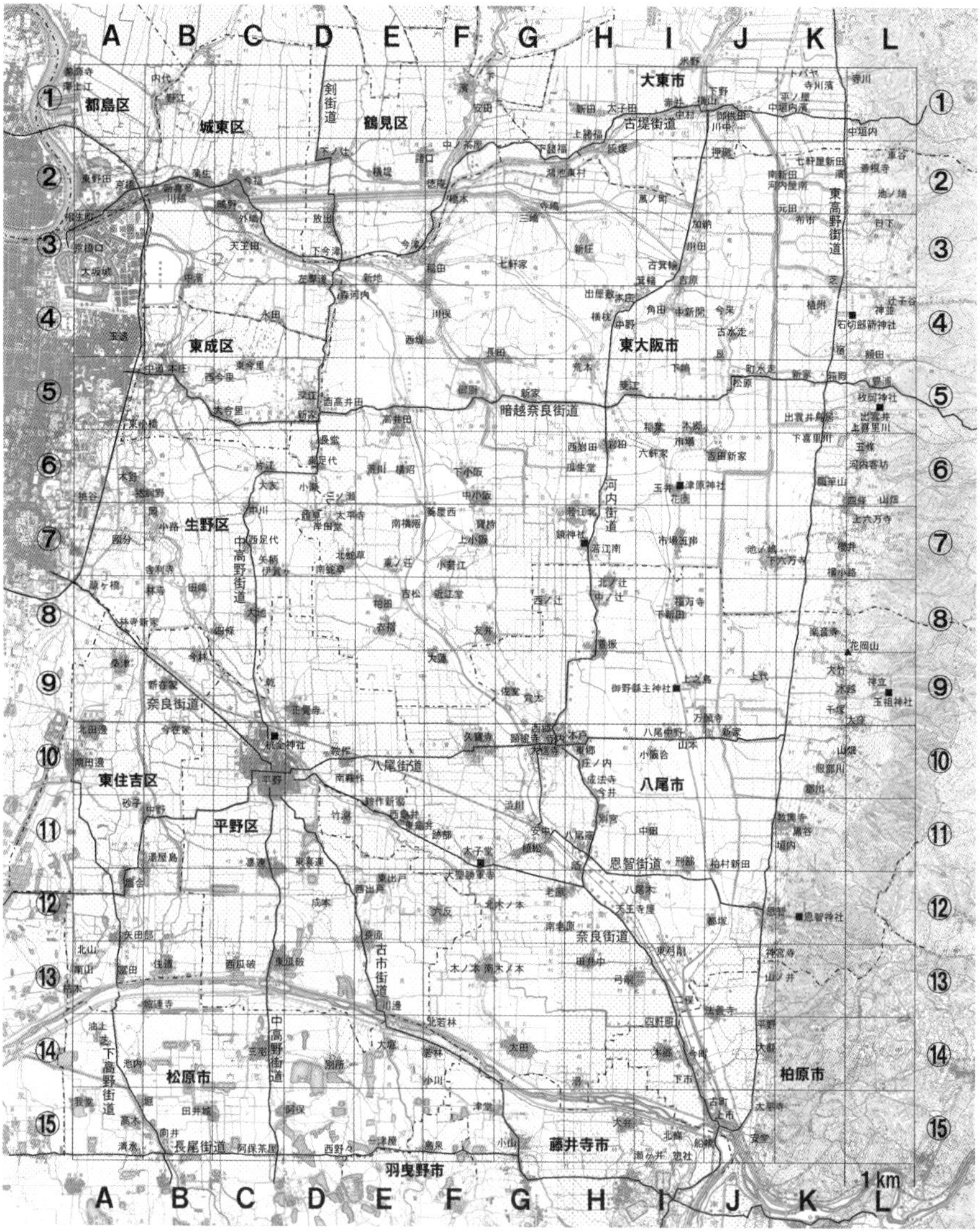

図 8-3　河内平野観光資源の調査範囲と旧村の分布

C③などの表記で旧村を整理した。これはグリッド分割法と言い、私が専門とする考古学では、広範囲の発掘調査で普遍的に活用されている。村は地域のなかに存在し、隣接する村との関係によって成り立っているのであるから、村落間の位置関係がとりわけ重要である。それを現在の住所表記で示しても、関係がわかりづらい。ましてや味気のない新町名に変えられてしまっては、村の存在すらわからない。よって、村を旧名で表わし、その位置をグリッド名で示すことには意味がある。

（3）調査の目的と結果

目的は旧村の風景が観光資源になるかどうかを見極めることであった。もちろん、社寺・史跡・旧跡・庭園・遺跡・古墳・城跡・石碑・道標・石仏・旧宅・資料館など、一般的な観光資源を探索することは欠かせない作業である。都市開発の波に呑まれながら旧村がどれほど往時の風景や環境を残しているかを調べるのであるが、基準を決めて評価してゆかねば、単なる感想で終わる。そこで私は次のように五段階の基準を設けた。

残存度１…往時の風景がほとんど失われ、新興住宅地と変わらない。
残存度２…往時の風景がわずかに残り、旧村であることが認識できる
残存度３…往時の風景があちらこちらに残り、それなりに風情が感じられる。
残存度４…往時の風景が良好に残り、他者に散策を勧めたくなる。
残存度５…往時の風景がほぼそのまま残り、現状のまま観光地になりうる。

このようにして決めた基準をトーンにして示したのが**図8-4**である。予想はしていたが、全体にトーンは薄く、残存度５の旧村は三村しかない。全体の一パーセント弱である。これが奈良盆地であれば、残存度３以上の旧村が多く、全体の色調は濃くなろう。とはいえ、残存度３、４の旧村が集まったブロックが河内平野にもいくつかある。とりわけ、生駒山西麓地帯における旧村風景の残存度は高く、観光ルートが設定できそうである。このベルトの西側に沿って、南北に東高野街道が通るのだが、街道そのものは自動車道となって、交通量も多い。ただ、旧村を縫うように生活道路が通り、おおむね等高線に沿っているため、起伏もさほどない。

奈良県には東海自然歩道を利用した「山辺《やまのべ》の道」があり、定番のハイキングコースとなっているが、大阪府におけるこの道は「河内山辺の道」と名づけて、河内平野への眺望と旧村の風景を楽しむハイキングコースにしてはどうかと思う。そういう提案ができるのも、私自身が広い範囲を探索しながら歩いたからに他ならない。地域観光の企画ガイドはできるだけ広範囲を歩いたほうがよいと述べたのは、こういう経験に基づく助言で

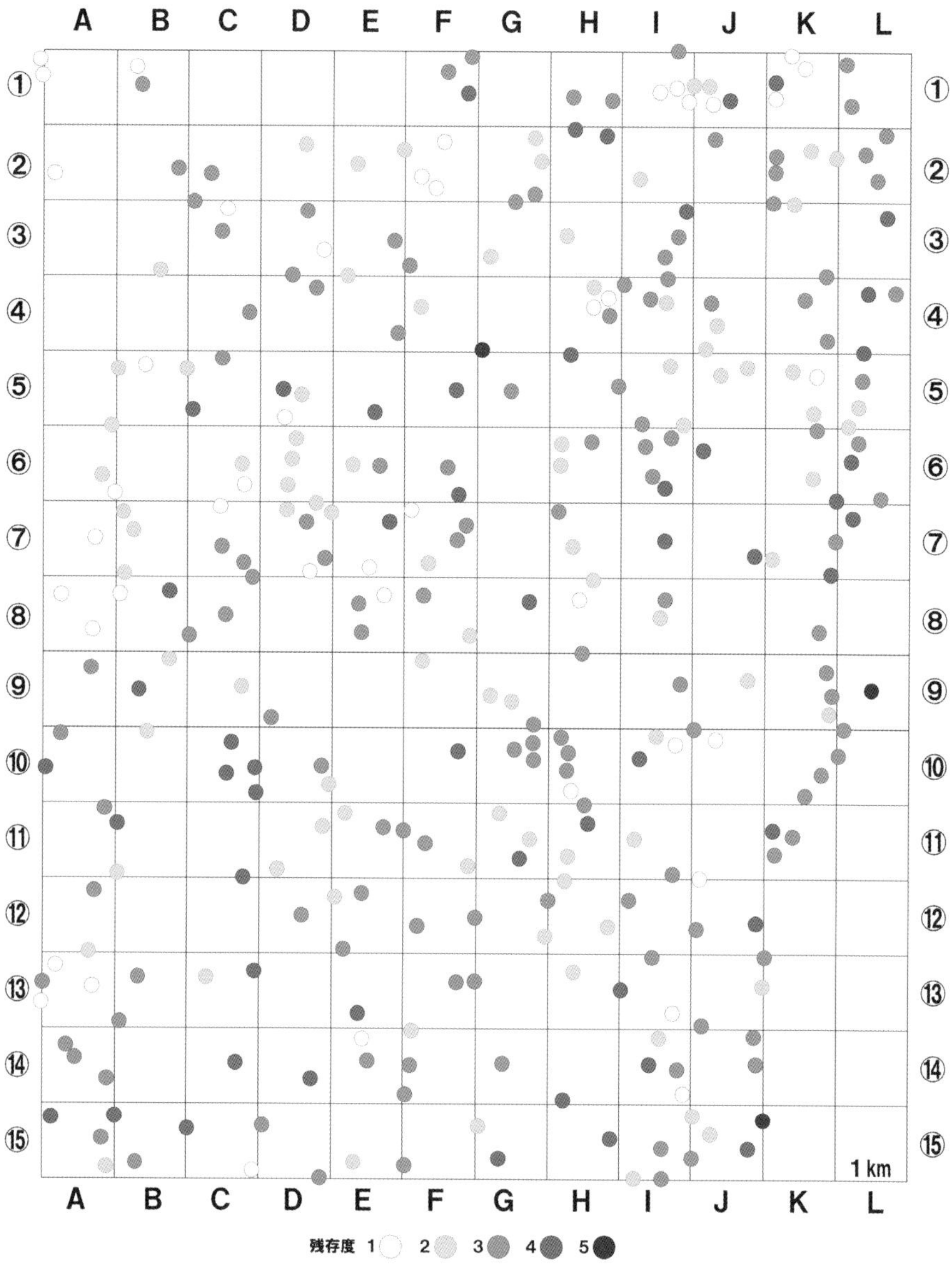

図８-４　調査区における旧村風景の残存状況

ある。適当に言葉を飾っているわけではない。

(4) 調査と情報整理の方法

企画ガイドが地域観光を担うには、観光情報を「面」で集めることが大切である。ただし、集めた情報を放置していては、企画を立てる際に使いづらく、そもそも、時が経つと、記憶から消え去ってゆく。地域を歩き回って集めた情報をうまく整理しておく必要があろう。できれば、紙媒体であれウェブサイトであれ、何らかの形でまとめ、公開もしていただきたい。そこで、参考までに、私の調査法と情報の整理法を紹介しておく。

図8-5　観光調査のイメージ

「およそこの地域を探索しよう」という計画が決まれば、まずは地図を用意する。グーグルマップをはじめ、数種類のウェブサービスがあるが、国内であれば、国土地理院が編集・管理する「電子国土Ｗｅｂ」が信頼でき、使いやすい。著作権のハードルがないわけではないが、国民の利便性を図るため、かなり低くしている。それを基図とした図面を印刷物に掲載する際は、「地理院地図に加筆」とクレジットを入れるだけで使用できる。観光には地図が欠かせないため、ありがたいサービスである。

探索範囲の地図を作成すると、先述したようにグリッドで分割し、観光資源の所在地を記号化することをお勧めする。方眼の大きさを私は一キロ四方としたが、粗密は全体の範囲に応じて決めればよい。また、方眼は正方形にせよという規則もなく、長方形でもかまわない。方眼が定まれば記号をふり、グリッドに「Ａ①」などの名称を与える。

次にグリッドごとの地図を作成し、それを探索時に携帯する。私の場合はプリントしたＡ４版の地図をクリップボードに挟んで持ち歩いた。大きすぎず小さすぎず、筆記するには手ごろな大きさである。考古学者は野外調査にレベルブックという、胸ポケットにも入る硬質薄型の野帳を使うが、観光学の場合は、「クリップボードに記入用の地図」を野外調査用品の定番にしてはどうかと思っている。図8-5のようなイメージである。

現地ではメモ用の地図に観光資源や気づいた点をことごとく記入してゆく。空白がなくなれば、裏面も使いながら、とにかくメモを残す。一方で記録用の写真を撮り、感動的な風景に出会えば、さまざまにアングルを変えながら、宣材にできる写真を撮っておくとよい。社寺の由緒書きや説明板、文字の刻まれた石碑や灯籠などは書き写す時間もないだろうから、写真で保存しておくことをお勧めする。私の場合、一日の調査で三、四百枚の写真が溜まるので、のちに見返すと、どこで撮影した写真であるかが曖昧になることもある。そのため、索引のかわりとして、ところどころで電柱や壁に貼り付けられた街区表示板を撮っておくことにしている。こうすれば、調査でたどった道筋を忘れてしまった場合も思い出せる。フィルム時代には考えられなかった贅沢な写真の使い方である。とにかく、現地ではできるかぎり手間を省く工夫をしなければならない。

（5）観光資源図の作成

このような調査で求めた記録を単なるガイド用のメモにするだけでは、もったいない。繰り返すが、地域観光にたずさわる企画ガイドは、地域振興に寄与することを使命とすべきであり、調査結果を公開し、地域観光に役立てようとする志をもつべきである。よって、記録を公開するための図面作りが、続いての作業となる。今仮にその図面を「観光資源図」と名づけよう。

観光資源図の基図も、メモ用地図と同様、国土地理院の電子国土Ｗｅｂを利用するのがベストであろう。現在、国土交通省ではＵＡＶ（無人航空機）によるレーザ測量を試験的に始めている。測量技術は長足の進歩をとげているため、近い将来、さらに精度の高い公開性の全国地図が利用できるものと期待している。森林に包まれた山野の地形が稠密な等高線で克明に観察できる日も遠くない。そのようなリアル地図が防災にもたらす効果は絶大であろう。観光学も地図の進歩に乗り遅れてはならない。

作図はワードで十分にできる。**図8-6**は東大阪市の旧神並《こうなみ》村を調べ、地理院地図を基図として観光情報を重ねたものである。地図の片隅に「国土地理院地図に加筆」と注記することを忘れないように。図中の網掛け部分は明治末期の地形図で推定できる集落の範囲である。参考にするものは地籍図でないため、範囲は厳密さに欠けるが、観光にその方面の厳密さは不要である。およその旧村域がわかればよい。

ここに盛り込んだものは、現在の鉄道や旧街道などの導線、河川や溜池《ためいけ》などの地理、古墳や社寺・祠堂・地蔵堂などの古跡、そして、往時の風情を残す邸宅などである。縮尺を入れておくと、散策の所要時間が計りやすい。大事なことは、観光資源の所在地をピンポイントで示すことである。神社ならば本殿、寺院ならば本堂の位置を示すと、わかりやすい。寺院は宗派・山号・寺号を略さずに記し、新漢字と旧漢字は社寺が使用しているものに従うのがマナーである。そのため、神社の由緒書きや寺院の表札は必ず写真に収めておく必要がある。

報告書では、風情のある邸宅を所有者の姓で固有化することに意味があるが、ここでは個人情報に配慮し、記号化している。住宅地図にも名を伏せている邸宅は、報告書においても名を伏せるべきである。すでに空き家となって、所有者が空白になっている場合も少なくない。残念ながら、数年後には分譲地になりそうな旧家も多い。**図8-4**で示した残存度のトーンは日を追って薄くなってゆく。現地を歩いていると、観光資源がはか

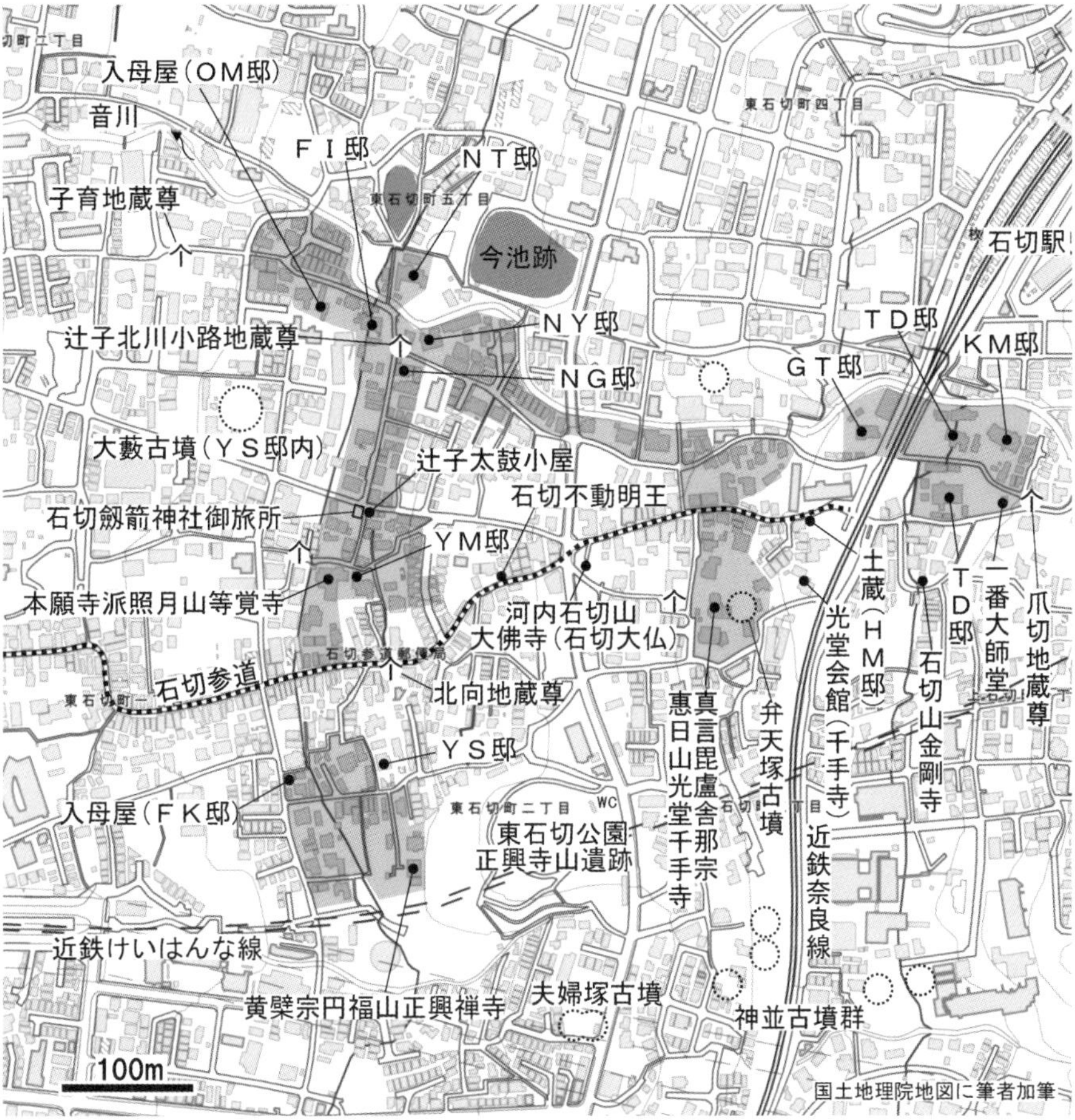

図 8-6　東大阪市旧神並村の観光資源図

ない存在であることも痛感する。「企画ガイドは地域観光に貢献しなければならない」と主張するのは、叫びに近い発言であることをご理解いただきたい。

観光資源図はテーマを絞らず、ありとあらゆる情報を盛り込んでゆくべきである。テーマ性のある散策を企画するときには、このように雑多な情報が提示された地図を見て、材料を摘まんでゆけばよい。そこで「ただし」が付く。ただし、観光資源図で組み立てたコースを必ず歩き、客を楽しませる演出ができるかどうかを確かめなければならない。

（6）旧村の景観と案内法

たとえば、ここに墓碑がある。その前で墓の主を語り、歴史人物であれば、墓主を巡る出来事を語る。ガイドと客が足を止め、数分はそこに留まる。そういう姿がガイド付き観光の常態であろう。ただ、街歩きでは、数人が立ち止ると、通行の妨げとなり、住民に嫌な顔をされることもままある。その瞬間に旅の気分が台無しとなることは、二四頁で指摘した。したがって、街歩きでのガイドは移動しながらの解説を心がけたほうがよい。

逆に、移動することを利用して街歩きを楽しませることもできる。それは川舟観光にも似ている。ガイドを兼ねた船頭が要所要所で案内をし、客は移りゆく景色を走馬灯《そうまとう》のように楽しむ。ガイドと客がさほど離れない少人数の街歩き観光では、この手法を応用できる。その一例を紹介しよう。

場所は東大阪市の旧南横沼《みなみよこぬま》村である。近畿大学の最寄り駅である近鉄大阪線長瀬《ながせ》駅の北に、整然とした住宅街に包まれながらも、往時の風情をよく残す旧村であり、私は残存度を4としている。村内で最も見応えのある街路を平面図と景観写真で表示したのが図8-7である。ここではメインストリートとなる東西街路へ北西から入り、東へ抜けるコースをとる。街路の南北には七、八軒の邸宅がならび、いずれも立派な構えをしている。図中下のコマ送りは数メートルおきに足を止めて撮影した景観写真である。撮影地点ごとの案内ポイントを箇条書きにしておこう。丸数字は図8-7の写真に対応する。

①南下する道の突き当たりに四つ角の隅切《すみきり》にあわせたHA邸の土蔵があり、角が鈍角な、いわゆる鎬隅《しのぎずみ》になっている。切妻の屋根も斜めに切れるため、それに合わせて鉢巻《はちまき》を斜行させる心憎い左官《さかん》仕事である。

②近づけば、千鳥《ちどり》に配された窓のバランスや黒い腰巻《こしまき》とのコントラストが絶妙であることを実感できる。

③土蔵を横目にして角を曲がれば、東西街路が正面となり、路傍に並ぶ数軒の邸宅が見える。ただし、道がわずかに曲がっているため、遠くまでは見通せない。

④やや進むと、HA邸の長屋門《ながやもん》（右片袖《みぎかたそで》）が視野の右側を占め、左側には電柱と庭木《にわき》に隠れていたUA邸の巽蔵《たつみぐら》が見えてくる。二段に塗られた鉢巻と置き屋根が軽快な外観を作っている。HA邸の黒い板塀《いたべい》は土蔵との統一感があって心地よい。

⑤UA邸の土蔵に近づけば、大きく突き出した庇《ひさし》と庇持送《もちおくり》に目がゆく。長手積《ながてづみ》の煉瓦塀《れんがべい》を思わせるタイル張《ばり》の腰巻もお洒落である。「鷹《たか》の羽《は》」の家紋が目立つ東側の妻は、鉢巻の下辺が波紋《はもん》で縁取られ、センスのよさが際立つ。

⑥YM邸の長屋門は両袖《りょうそで》となり、本格的である。漆喰壁《しっくいかべ》も黒く塗られ、全体に重厚な印象を受ける。HA邸との色彩の調和は偶然とは思えない。隣家で相談されたのではないかと想像してしまうほどである。

⑦写真は正面を撮っているため見えないが、ここで北（左）を向けば、UB邸の母屋が見える。寄棟の上に急勾配《きゅうこうばい》の切妻《きりづま》をのせた姿は大和棟《やまとむね》風であり、トタンで包まれた萱《かや》葺《ぶ》き屋根が旧家の歴史を伝える。

⑧TN邸の乾蔵は高い腰巻と白壁《しらかべ》のエンボス塗装が特徴であり、千鳥配列の窓を黒塗りの庇と庇持送で縁取ってい

るところが心憎い。
⑨この位置まで来ると、ＴＮ邸の見越《みこし》の松が目立ちはじめる。
⑩すくすくと伸びた松の枝が道の中央までかぶさっている様子がわかる。と同時に、前方の視界を遮る商店のシャッターが近づいてくる。遠くから見ると、街路は商店に突き当たり、その先の方向が読めないのだが、だからこそ探究心がくすぐられる。
⑪究竟寺《くきょうじ》の山門近くまで来ると、左手に街路の続きが見え、道が食い違っていることに気づく。
⑫山門を過ぎると、ＨＢ邸の黒い土蔵が現われ、意識はそちらに向かう。
⑬辻からは洋風のＵＣ邸と対照的な土蔵の全貌を捉えられる。
⑭この位置で立ち止まり、その外観を楽しもう。腰巻は掻き落しの灰色モルタル、漆喰壁は黒塗り、鉢巻は白漆喰と、三色を組み合わせ、回字形に突出させた白漆喰の窓枠

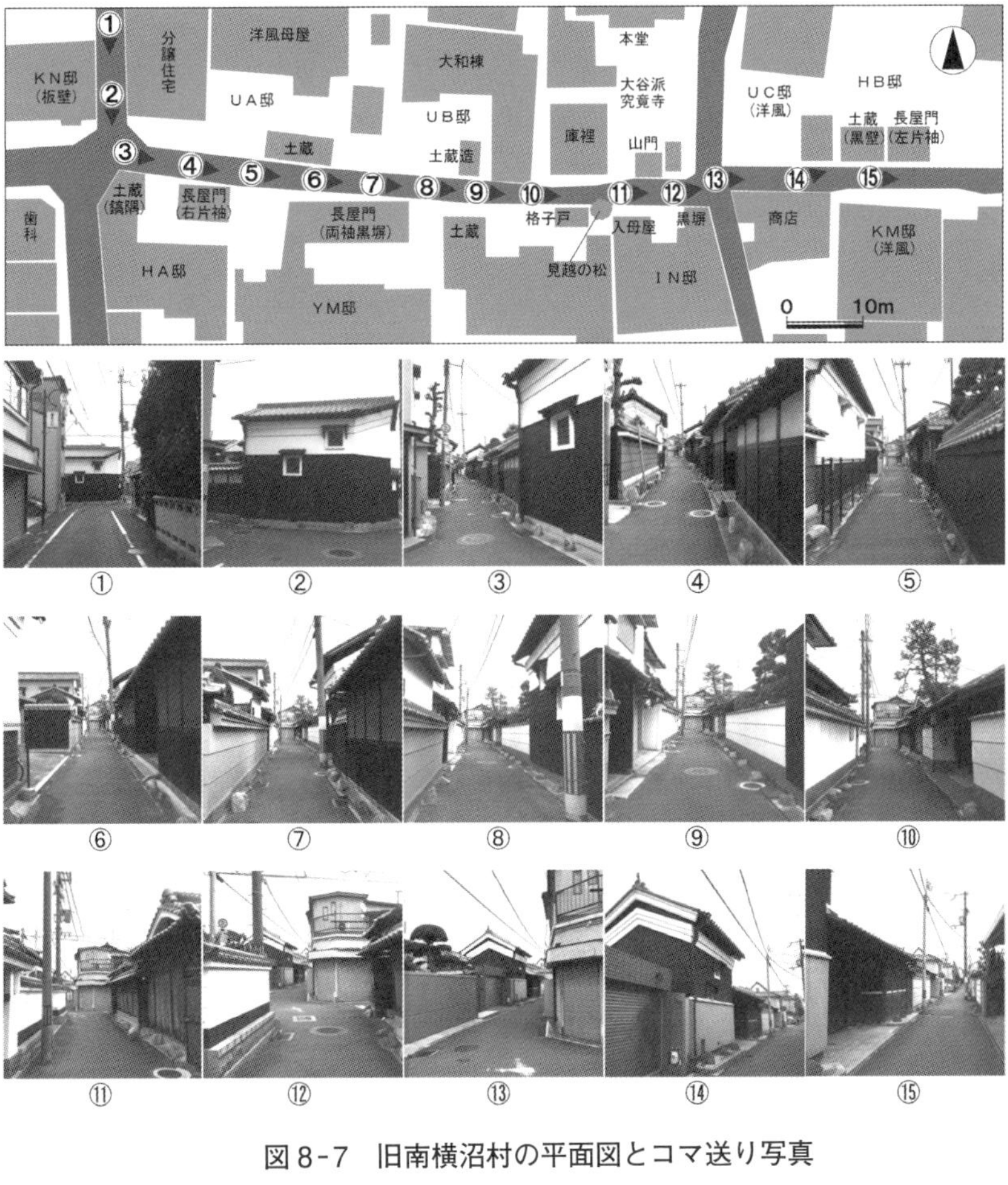

図８-７　旧南横沼村の平面図とコマ送り写真

をステインで仕上げた木製の庇と庇持送で覆っている。若葉紋《わかばもん》を彫った雲形《くもがた》の持送りは木彫の風情がある。

⑮HB邸の長屋門（左片袖）をやや過ぎた所から振り返ると、白漆喰の帯でメリハリをつけた長屋門の外観と置き屋根の土蔵が調和して、一枚の絵になっている。

このように景観を分割し、それぞれの見どころを語れば、「いちど横沼町の街路を歩いてみようか」という衝動を引き起こすかも知れない。全体として、この旧村の建物には芸術的なセンスがあ

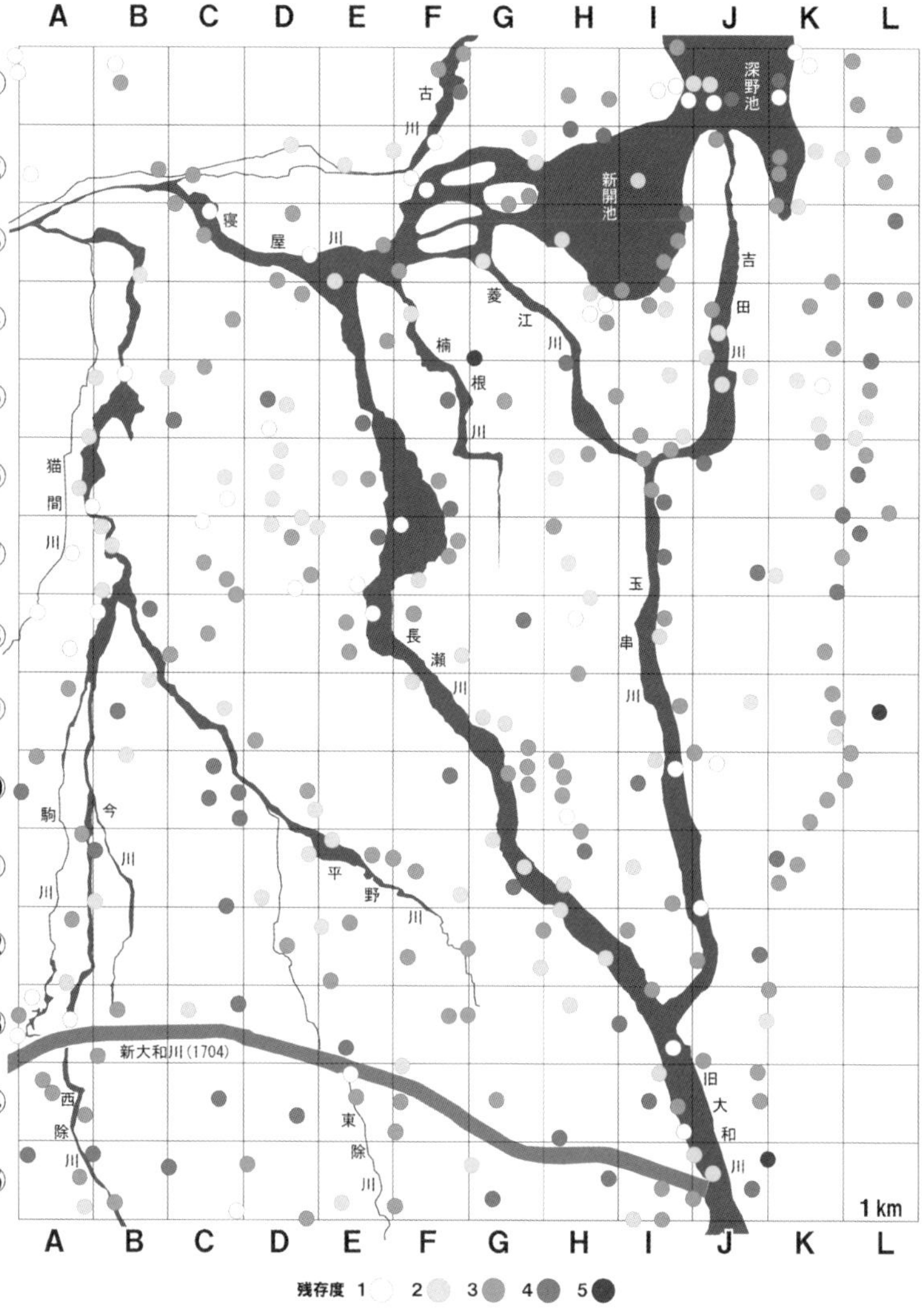

図8-8　河内平野中部の旧村と大和川の新旧川筋

る。それらを順序よく、美術館で絵画を鑑賞するように、ゆっくりと見て歩けるのは、道がわずかに曲がり、行く先の景観が隠されるためである。現代の市街地は通行の利便や安全を優先して直線的に区画されるが、遠くまで見通せる道ほど、歩いて疲れるものはない。旧村は土地の起伏に合わせて道が曲がり、L字路やT字路、食い違いの辻も多い。街歩きをする者にとっては、後者が間違いなく面白く、旧村の魅力は街路の複雑さにあると言っても、過言ではなかろう。

（7）治水・灌漑の苦労を感じる散策の企画

　前節で紹介したような街角の移動鑑賞は、どちらかと言えば区域観光になる。歩いて景観を楽しめる区域を数珠つなぎにして、地域観光とすることもできるのだが、「見て楽しむ観光」であるため、位置情報さえ提供しておけば、個人でも楽しめる。ガイドの必要性の薄い観光である。やはり企画ガイドの同行に意味があるのは、テーマ性のある散策であろう。テーマは自然・地質・考古・歴史・地理・民俗・信仰・宗教・文学・美術・工芸・建築・農業・工業・鉱業・土木・防災・軍事など、さまざまな分野から掘り起こすことができる。

　河内平野中部の調査区においては、「水」が大きなテーマとなる。大和川の治水《ちすい》と灌漑《かんがい》である。先述したように、生駒山地と上町台地に挟まれた河内平野は、原始には大阪湾が深く入り込み、しだいに淡水化して河内湖となったが、人口の増加に伴って山間部の森が減少すると、淀川や大和川が大量の土砂を河内湖に運んで北と南からデルタを造りはじめた。そのようにして湖が縮小し、近世においては寝屋川の流域に深野池《ふこのいけ》と新開池《しんがいけ》を残すのみになった。**図8-8**は調査区のグリッドに往時の湖沼や河川を描きこんだ図である。

　それを見ると、旧大和川が枝のように川筋を放射している様が歴然としている。平野川《ひらのがわ》・長瀬川《ながせがわ》・楠根川《くすねがわ》・玉串川《たまくしがわ》などが、かつての大和川の川筋である。このように大和川は気ままに流れを変えてきた。いわゆる「暴れ川」であり、大和川デルタに農地を構えた人々は、毎年のように氾濫に苦しめられてきた。それを防ぐため両岸に堤防を築くと、川床が上昇してイタチゴッコになり、ますます御《ぎょ》しがたい天井川になってゆく。

図8-9はI⑩グリッドに鎮座する御野縣主《みのあがたぬし》神社の付近でかつての大和川本流であった玉串川を横断した断面図である。わかりやすくするため、高さを二〇倍に強調している。神社の境内には玉串川右岸の堤防がよく残り、知る人ぞ知る遺跡である。堤防からやや離れて現在の玉串川が流れ、それを越えて西へ歩くと、左岸の高低差が感じられる。そちらは宅地開発で堤防は削平されたが、ガイドの案内があれば、幅二〇〇メートルばかりの川床が認識でき、しかも天井川であることが実感できる。そうとなれば、玉串川をたどりたくなるだろうし、他の河川も気になり始める。「はたして、別の場所に堤防の跡はあるのか」「堤防の跡がなくとも、川床との高低差は確認できるだろうか」と、思いをめぐらせる客が出てこよう。もちろん、そういう興

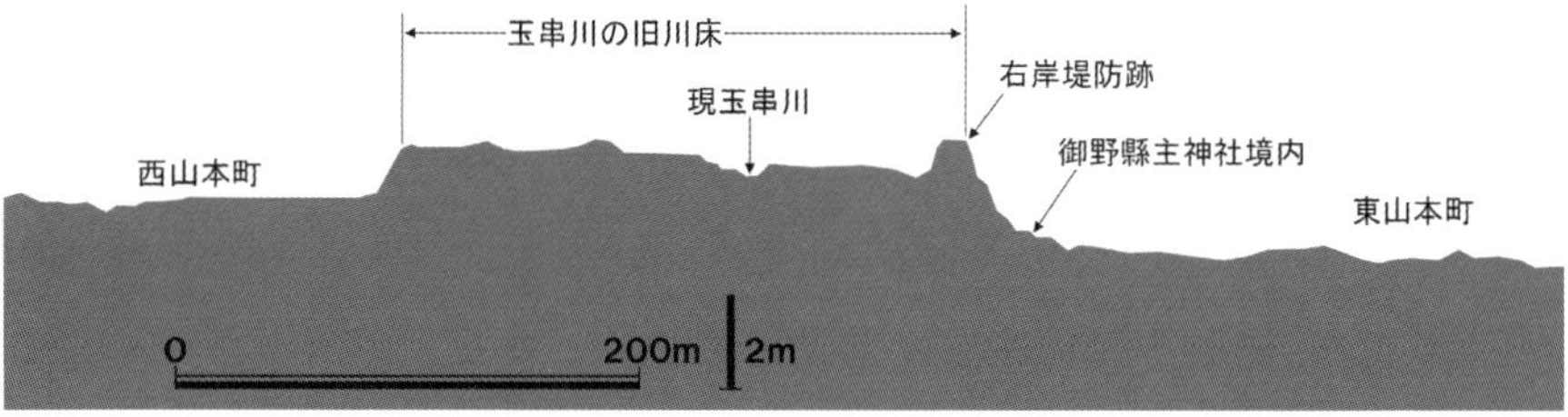

図8-9　御野縣主神社の付近における玉串川旧川床の断面図

味をもたせるのがガイドの務めであるのだが。

図8-8をよく見ると、枝分かれした旧大和川の川筋に沿って残存度の高い旧村が連なっている。河内平野の人々が大和川といかに闘ったか。という治水事業の歴史を追う企画は、旧村巡りの散策とうまく組み合わせることができそうである。

大和川は、宝永元（一七〇四）年に幕府が主導し、岸和田・三田・明石・姫路藩が加わって、わずか八カ月で現堺市方面へ付け替えられた。川床はあまり掘らず、両岸に堤防を築いただけの箇所が大半であったとはいえ、驚異的なスピードであった。工事はうまくゆき、水は北から西へ流れを変えた。これによって、現在の八尾市や東大阪市における洪水は減少し、それまでの川床が主に畑地として開発されたが、反面、慢性的な水不足に陥った。

それを解消するために通されたのが、柏原市の築留樋《つきどめひ》から取水する灌漑用水路であった。現在の長瀬川や玉串川がその幹線水路であり、平成三〇（二〇一八）年に世界かんがい施設遺産に登録された。また、レンガ積みの築留二番樋は明治時代に建造されたもので、登録有形文化財に登録されている。柏原市や八尾市を貫く近代遺産であり、水路に沿ったウォーキングイベントも頻繁に行なわれている。

大和川に水路でつながる平野川は、商業都市である平野郷町を経て大坂に通じる運河として活用され、「柏原船《かしわらぶね》」と呼ばれる運搬船が行き来していた。その歴史を物語るのか、平野川に近い旧村には「舟板張《ふないたばり》」の壁が点在する。川舟の底板を土蔵の腰巻《こしまき》や長屋門の板壁に転用したものである。板を接合する際に釘を打つ「ダキ」という長い台形の釘穴が刳《く》られ、舟形に合せて斜めに整形された板も混ざるため、一見してそれとわかる。**写真8-1**は東大阪市の鴻池新田会所《こうのいけしんでんかいしょ》に保存された川舟と八尾市旧田井中村にある舟板張土蔵である。舟板は分厚く、使いこまれた質感によって、外観に重厚さがにじみ出る。遠くから見ても、舟板張の土蔵や長屋門はそれとわかり、発見すると、心が躍る。これが調査区の南部だけで二一カ所も確認できた。平野川の水運をテーマとした散策に舟板張土蔵の探索を加えると、魅力的な企画になろう。

このほか、深野池や新開池を干拓した農地は水が溜まりやすいため、水田の余水や汚水を排出するための、いわゆる

「悪水路《あくすいろ》」が張り巡らされている。どのように用水を引き入れ、どのように悪水を排出するかに苦心した歴史が水路に感じられる。流れの方向などを観察しながら閘門《こうもん》（水門）や揚水機《ようすいき》（ポンプ）などを尋ねる散策も、人を夢中にさせる魅力がある。

写真8-1　川舟の底板（鴻池新田会所蔵）と舟板張土蔵（八尾市田井中）

（8）信仰と人々との関わりを感じる散策の企画

神社で信仰、寺院で宗教の空気を感じるのは、境内の風景や社殿・仏殿が長年にわたり聖域を作り出すために洗練されてきたからである。ガイドの案内などなくとも、人が鳥居や山門をくぐるだけで、静謐《せいひつ》な空気を感じるのは、そういう年月の積み重ねがあるからだろう。その一方で、祭りや法要があると、境内には人々が溢れ、喧騒《けんそう》の渦が巻く。その元気にあやかろうと、各地の祭りを調べて訪ね歩く人もいる。ただ、日常の社寺は静まり返った境内にときたま参拝者が訪れるだけの、活況とはほど遠い世界である。いつ訪れても信仰や宗教に対する住民たちの思いを感じる散策はできないものだろうか。と考えながら調査を進めてゆくうちに、いくつかの覗《のぞ》き窓を見つけた。灯籠《とうろう》と御旅所《おたびしょ》である。

灯籠はこの章の冒頭で述べた伊勢参宮街道にも関連する。江戸時代の後半に流行したお蔭参《かげまい》りに際して、村社の境内や村内の路傍に記念碑として建てた太神宮灯籠《たいじんぐうどうろう》である。図8-10はその部分名称図である。

図8-10で示したものは、いわゆる「宮立型《みやだてがた》」と呼ばれる灯籠であり、神社の献灯によく見られる一般的な形式である。火袋を高く持ち上げる柱の部分は「竿部《さおぶ》」と呼ばれ、そこに「献灯」「御神灯」「常夜灯」などの文字が大きく刻まれる。伊勢の皇大神宮を示す「太神宮（大神宮）」と刻まれるものが太神宮灯

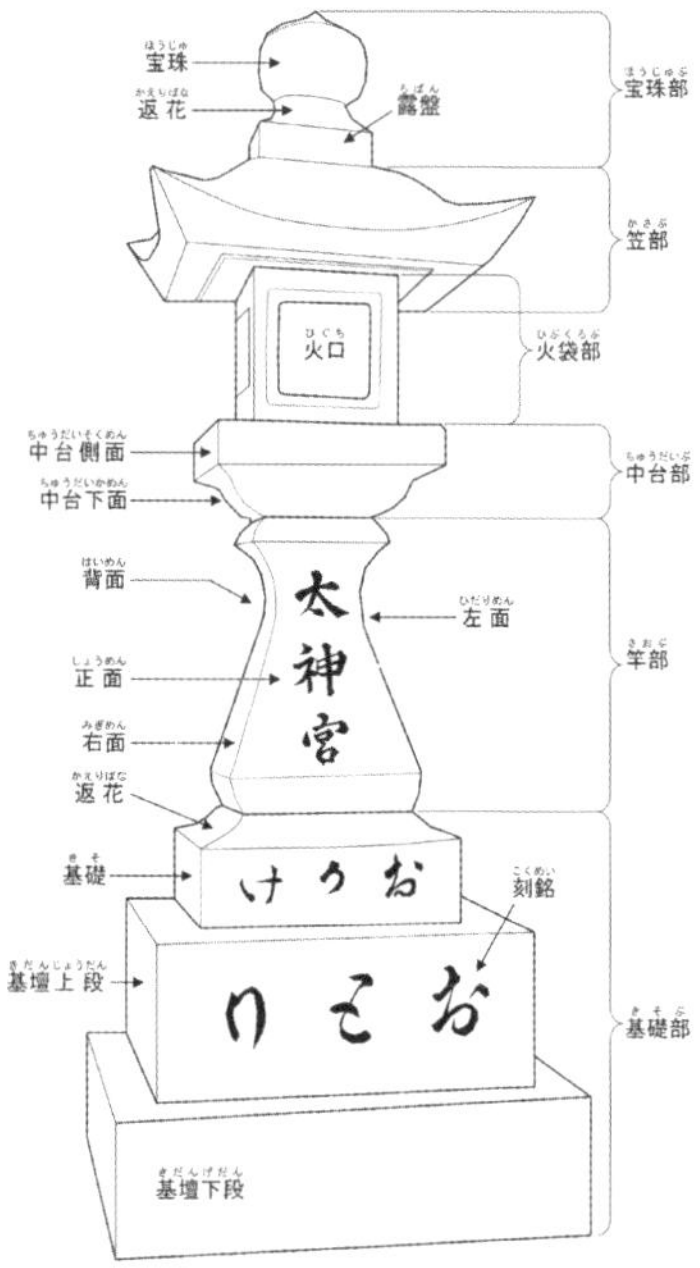

図8-10　太神宮灯籠の部分名称

籠であり、お蔭参りに象徴される伊勢信仰が建立の背景にある。基礎や基壇に「おかげ」「おどり」と刻まれるものは、特別に「おかげ灯籠」と呼ばれるが、太神宮灯籠の一部である。

調査区で私が確認した太神宮灯籠は四五基あり、そのうち最古級のものは八尾市旧植松《うえまつ》村の立江《たつえ》地蔵尊の脇にある宝暦《ほうれき》七（一七五七）年と東大阪市旧新家村の菅原神社境内にある明和《めいわ》五（一七六八）年の例である。半数近くの一九基は文政《ぶんせい》一三（一八三〇）年か天保《てんぽう》二（一八三一）年に建てられたもので、お蔭参りが大流行した時期と重なる。慶応三（一八六七）年から翌年にかけて建てられたものも六基あり、それは幕末のええじゃないか運動に関連するものだろう。そのように、太神宮灯籠は伊勢信仰を如実に物語る。伊勢参宮街道である暗越奈良街道の沿線にも多いため、街道の散策と合せて探索するのもよい。ちなみに、奈良県内には七百基以上の太神宮灯籠があり、私はそちらの観光企画のツールとしてよく用いている。

御旅所は神幸祭《しんこうさい》において、神霊《しんれい》を乗せた神輿《みこし》や地車《だんじり》を休ませる場所である。河内では神輿から地車に変わっているところが多いが、神輿が主流であった往時には御旅所に神輿を載せる神輿台を設置していた。図8-11は調査区における御旅所をもつ神社を示した図である。いずれも神職が常駐し、地域の祭りの核となる神社である。本宮と御旅所を直線でつなぎ、位置関係や距離を示した。両者が離れたものでは、一キロメートルを超える。神幸祭では本宮で神霊を乗せた神輿や地車が氏地《うじち》を縫いながらその間を往復する。規模や段取りなどに違いはあるが、「祭神に市中をご覧いただく」という主旨は同じである。

ただ、調べてみて気づいたのだが、御旅所が神社跡である例も少なくない。明治時代の初期と末期に大規模な合祀《ごうし》が政府の方針として全国的に行なわれた。行政で言う町村合併のようなもので、祭り手の少ない村社の祭神を各地域の中心的な神社に遷《うつ》す政策である。これによって失われた諸村の行事や習慣は数知れない。遷された祭神は大社の摂社や末社となるのだが、元の村人たちが「せめて一年に一度は」と、自分たちの産土神《うぶすながみ》を村へ戻すことから始まった神幸祭も多いのではないかと、御旅所や神社跡に出会うたびに考えさせられた。地域観光は「ただ楽しい」だけでは終わらない。歩きながら色々なことを考える。ひいては人生を考える時間を与えてくれる機会ではなかろ

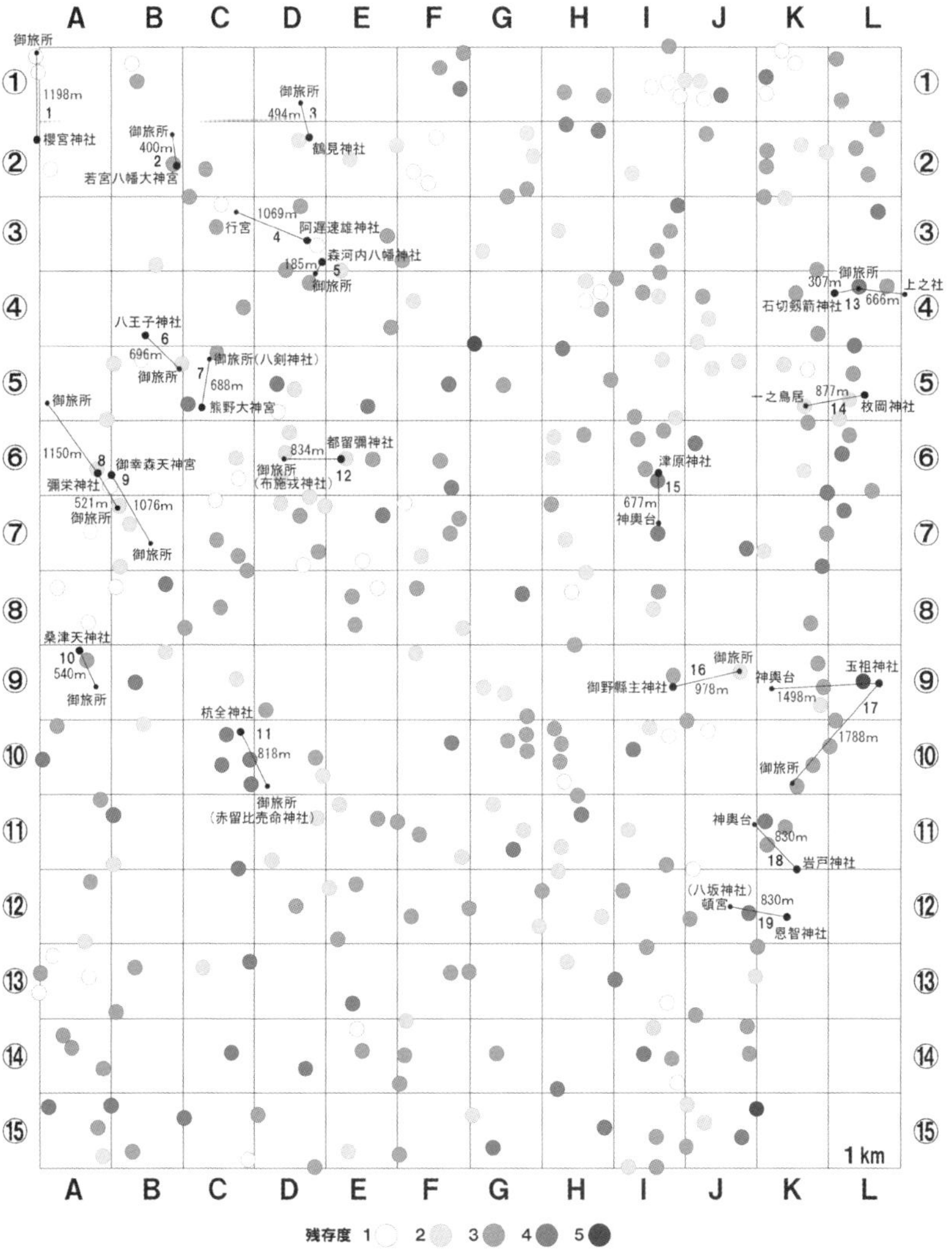

図8-11　河内平野中部の御旅所をもつ神社

うか。

　このたびの観光調査では、神職や総代などへの聞き取り調査まで行なえなかったが、神幸祭開始の経緯や祭りの段取り、神幸の順路なども記録してゆけば、祭りの活況と意味を伝えられるガイドになるのではなかろうか。河内は私の故郷ではなく、自宅から調査場所までは二時間程度を要した。おのずと調査の時間が限られる。地域観光の企画ガイドはそれぞれの地域で育った住民が行なうべきものであると、調査の限界に突き当たるたびごとに痛感した。

（9）人々のつながりを感じる散策の企画

今ではもう鳴らされなくなったが、浄土真宗の寺院には通りに面して背の高い太鼓楼《たいころう》を建てたものが一定数ある。寺観を整えるために建てられた太鼓楼もあるだろうが、元来は村の防災や防衛をはかる実用の施設であった。戦国時代に本願寺第八世の蓮如《れんにょ》が山科本願寺を建てたのち、河内や大和には浄土真宗の信者たちが御坊《ごぼう》と呼ばれる寺を核として寺内町《じないまち》を形成し、集落の外には濠を巡らせ、野武士《のぶし》などの侵入を阻んだ。御坊の本堂は信者の集会所となり、高い築地は城のような働きをした。そこに建てられた太鼓楼は非常時の警鐘として使われたのである。天下泰平の江戸時代になると、太鼓楼は役目を終えたが、結束の象徴である御坊の威儀を高めるシンボルタワーとして、今に至るまでその姿を留めている。

調査区の旧村に付随する寺院は四七〇カ寺ある。そのうち浄土真宗本願寺派が一四六カ寺、真宗大谷派が一四九カ寺、真宗佛光寺《ぶっこうじ》派が一三カ寺、真宗興正《こうしょう》派が二カ寺と、真宗系寺院は三一〇カ寺もあり、全体の三分の二を占める。河内では、西本願寺を本山とする本願寺派と東本願寺を本山とする大谷派が圧倒的に多

大谷派願立寺（八尾市）の太鼓楼

本願寺派光明寺（大阪市東住吉区）の太鼓楼

大谷派敬正寺（大阪市平野区）の太鼓楼

本願寺派誓願寺（藤井寺市）の太鼓楼

写真８-２　さまざまな様式の太鼓楼

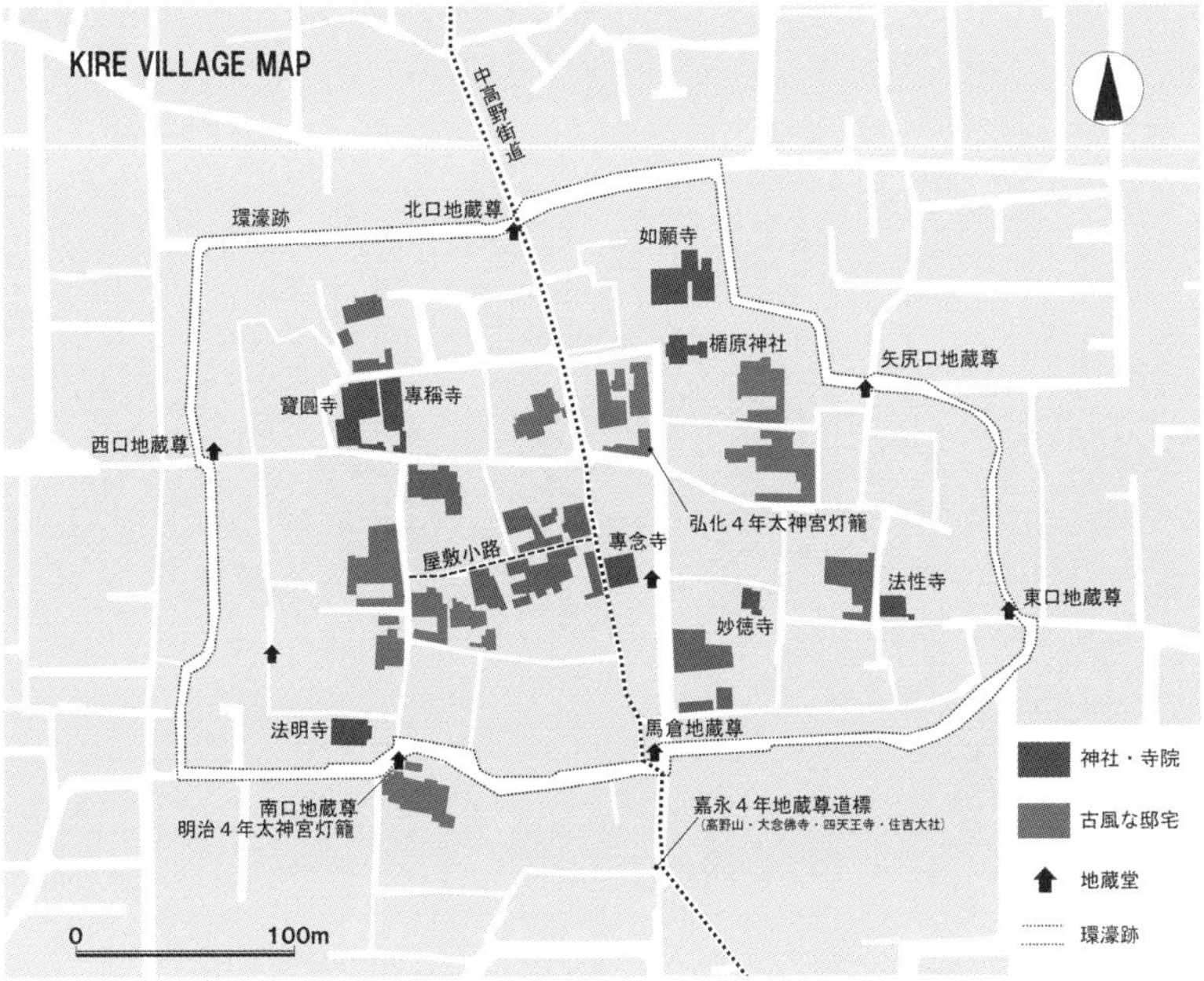

図8-12　大阪市平野区旧喜連村の観光資源図

く、両派の数は拮抗《きっこう》している。なぜか本願寺派が地区の東部に多く、大谷派が西部に多い。つまり「お西さんが東、お東さんが西」に多いという面白い分布を示しているのだが、その理由はわからない。

太鼓楼をもつ寺は本願寺派か大谷派に属し、本願寺派が二〇カ寺、大谷派が一八カ寺と、こちらも数が拮抗している。真宗寺院を分母とすれば、全体の一二パーセントばかりであるが、それでも三八カ寺あれば、それなりに太鼓楼を巡る観光が成立する。地区における太鼓楼の分布を見れば、南部に多く、それは久宝寺《きゅうほうじ》・八尾・萱振《かやふり》などの著名な寺内町が南部に偏在していることと関係があるのかも知れない。

そういうことを考えながら太鼓楼を訪ねるのもよい。それぞれに個性があって、その違いを比べられるところも面白い。青空にそびえる太鼓楼の姿はどれも堂々としており、絵になる。舟板張土蔵や太神宮灯籠と同じく、出会うと感動を覚える。**写真8-2**ではさまざまな形式の太鼓楼を並べた。ご覧いただき、興味が湧いたら、ぜひ地元の太鼓楼を探っていただきたい。おそらくどの地域にもあるはずである。

暮らしに融けこんだ仏教を象徴するのが、街角に立つ地蔵尊である。地蔵尊は釈迦の入滅後、弥勒菩薩が成仏してこの世を救うまでの五六億七千万年もの間、人々を救済すると説かれた菩薩である。人々の暮らしに寄り添う身近な菩薩であるため、路傍や街角にまつられる。寺院の境内の一角に、通りに面して建てられた地蔵堂は調査区でもよく見かけた。個人の宅地の一角に建てられたものも少なくない。

地蔵堂が村の出入口に建てられ、地蔵尊が村全体の守護神としてまつられた例もある。例えば、河内平野随一の在郷町《ざいごうまち》である大阪市平野区の平野郷町は幅の広い濠で囲まれた環濠都市であり、一三カ所の出入口があるが、そのほとんどに地蔵堂が残されている。同じく平野区の旧喜連《きれ》村も環濠に囲まれ、村の出入口にそれぞれ地蔵堂が建てられている。図8-12はその観光資源図である。大阪メトロ谷町線の喜連瓜破《きれうりわり》駅からさほど遠くない場所にある旧村内には古風な邸宅が多く残り、景観を残そうとする住民の意識も高い。とりわけ「屋敷小路《やしきこうじ》」と名づけられた路地は、旧家の板壁に挟まれた風情ある道であり、十分に観光資源となりうる。社寺もほどよく点在し、環濠跡も六カ所の出口地蔵尊をつなぎながら全周を散策できる。一般に地蔵尊や地蔵堂は住宅地の景観に融けこんでいるため、ついつい見落としがちになるが、灯籠や道標などと同じく、その位置を記録しておけば、何らかのテーマに結びつく。

(10) 地域観光の展開と企画ガイドの役割

観光地をかかえる地域は、それを目玉にして遠方からの客を誘うことができるが、全国的に見ると、そうでない地域が大半を占める。このたび調査区とした河内平野中部地域も、どちらかと言えば、他府県からわざわざ観光客が訪れる地域ではない。自治体が主導して、何とか観光客を誘致しようと努力していることは、地域を歩けばよくわかるが、残念ながら道中で自分と同じような地域巡りをしている人には、めったに出会わない。仮に散歩が好きな方々が一定数いたとしても、近所の散策では、経済的な効果は見込めない。地域観光を地域振興に結び付けるのならば、やはり他府県から、あるいは諸外国からの観光客を呼び寄せ、地域に金を落としてもらう仕掛けが必要であろう。

観光地をもつ地域は、引き続きその整備を図ることとして、そうでない地域は、冷たい言い方ではあるが、単独で客を誘致しようとする試みは諦めるべきではないかと、歩きながら何度も実感した。ただ、同時に方策もある。それがここに提示したテーマ性のある散策である。『河内平野中部観光資源調査報告』では、三二〇カ所の旧村について、それぞれの観光資源図を作成したのち、考察として、「街道に沿った散策」「治水の歴史を訪ねる散策」「水路に沿った散策」「舟板張の壁を探る散策」「神社を巡拝する散策」「祭りの活況を感じる散策」「伊勢信仰をテーマとする散策」「霊場や墓地を巡拝する散策」「太鼓楼を探る散策」「遺跡と古墳を巡る散策」「史跡を巡る散策」「戦争遺跡を巡る散策」など、さまざまな散策の提案を行なった。河内の出身でない私が興味をもったテーマだけでも、これだけの提案ができる。地元を愛する人々の叡智を結集すれば、どれほど多くのアイデアが生まれることだろうか。

さらに、ここに列挙したテーマは河内平野中部地域に限定した話題ではなく、全国に探索を下げてゆける。限定的な話題に熱狂する人々を、これまでは「マニア」という言葉で一括

写真8-3　堺市大浜公園のラジオ塔

し、一般社会の主流から離れた存在とみなしてきたが、今ではマニアックな世界を指向する人々が増え、そちらが逆に尊重される時代になりつつある。

　たとえば、ラジオ塔を追って旅をする愛好者がいる（写真8-3）。大正一四（一九二五）年に始まったラジオ放送を民間に普及させるため、昭和五（一九三〇）年から人が集まる公園などに建てられたラジオの設置施設である。全国で四六五基が建てられたというラジオ塔のうち、四〇基ばかりが現存しているという。私もツアーの下見で各地を歩いていて、ときどき見かけて気にはなっていたが、そのような比較的新しい時代の施設も注目され、全国を旅する動機になるようだ。

　そこで思うのだが、地域観光の企画ガイドは、地域の観光資源を隈なく調べ、地域特有の魅力を探ると同時に、何かこういう広範囲に存在する共通の観光資源を探索してはどうか。ひとつの地域だけでは物足りなくとも、全国的に集めると、かなりのボリュームになる観光資源である。そのような共通資源に注目して魅力ある全国の旅を創出し、そうして生み出した広域観光の一環に地域観光を組み入れることができるのならば、労少なくして効率的な集客の策も増えよう。図8-13はその模式図である。ただ、どういう観光資源が人々の「マニア心」をくすぐるのか。それに気づき、妙案を出せるのは、普段から地域を歩き回っているガイドではないかと思う次第である。

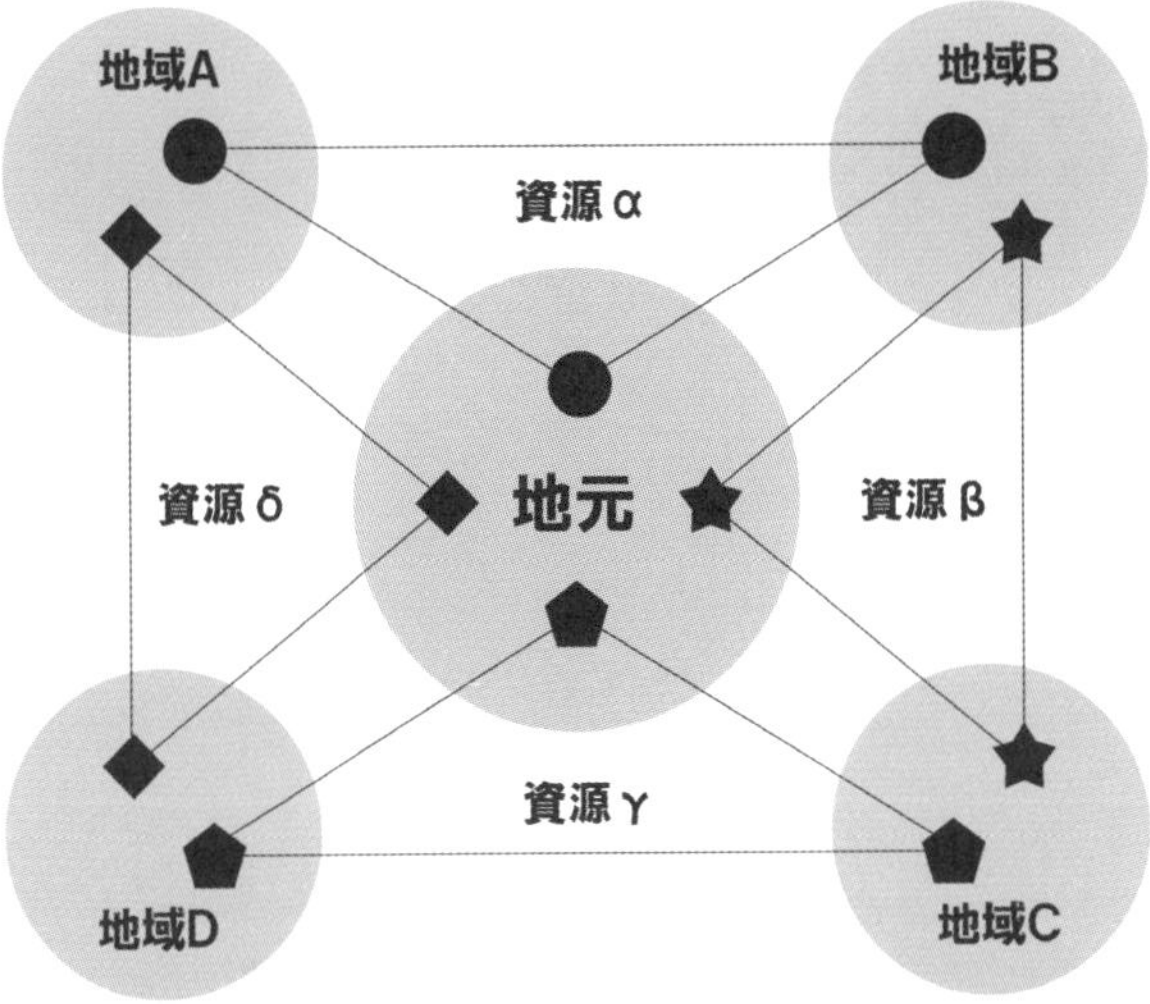

図8-13　共通資源で創出する地域観光の模式図

第9章 広域観光の企画五例

都道府県をまたぐような広い地域を何らかのテーマで結び、ツアーを企画し、案内するガイドは確かにいる。現に私がその一人である。前章の導入部で例としてあげた伊勢参宮街道をゆく臨地講座は、大阪府・奈良県・三重県を横断する広域のツアーであった。江戸時代に大流行したお伊勢参りの活況を感じることが七回に分けて行なったツアーの骨子であり、当然のことながら、沿道の史跡なども織り交ぜて肉付けをした。

このほか、「神武東征伝説」「壬申の乱」「東大寺」「黒田官兵衛」「大阪湾防衛」などをテーマとして、広域にわたる旅を企画・案内してきた。この章では、それら五例の概略を紹介し、歴史学の学術成果を広域観光の企画と実施に結びつける手順を見ていただく。学術成果をもって旅の魅力に還元する試みを、ひとりのガイドの手で企画できることを実感していただけよう。それは歴史学に限らず、あらゆる分野の学問において可能である。

（1）神武東征伝説を追う旅の企画

奈良時代初頭の和銅五（七一二）年に太安万侶《おおのやすまろ》が元明《げんめい》天皇に撰上した『古事記』は上巻・中巻・下巻の三巻よりなり、上巻は神代、中巻は神武天皇から応神天皇、下巻は仁徳天皇から推古天皇までの歴史を綴る、全編が現存する日本最古の歴史書である。

そのうち中巻の冒頭を飾る「神武記」には、神倭伊波礼毘古命《かむやまといわれびこのみこと》（神日本磐余彦天皇／以下「磐余彦《いわれびこ》」と略す）、のちの神武天皇が長兄の五瀬命《いつせのみこと》と共に九州の日向《ひゅうが》を出立し、苦難の末に大和を平定した、いわゆる「神武東征伝説」が記されている。『古事記』に続く『日本書紀』にも同様の記事があり、その段は「神武天皇即位前紀」と名づけられている。「神武記」は漢字にして三四五一字、「即位前紀」は六六三一字の量があり、かなり読みごたえのある伝説となっている。

このうち、ツアーでは簡潔に綴られている「神武記」を読みながら旅を進めた。約二倍の文章量をもつ「即位前紀」はツアーの「教科書」としては重いが、適宜「補足史料」として使える。記紀の記載を取捨選択しながら、わかりやすいストーリーとして編集することを心がけた。神話・伝説は正確に情報を伝えようとする現代人からすると、整った文章とは言い難い。回りくどい尾ひれをつけながら、ゆっくりと話を進める。たぶん古代人の感覚には合うのだろう。ただし、客は現代人であるため、ややテンポよく編集する必要がある。そこで、肝となる部分をピックアップして、読み下し解説する。いきなり現代語で解説するよりも、原文の格調を聞かせて、すぐさま噛み砕いて解説する。そうすることにより、原文を溶かして飲みこむ楽しさを味わっていただける。

研究者は原文を解釈して論を立て、一般人は研究者の論を読んで理解するのが常である。いわば一般人は研究者の手のひらに乗せられている。「それが悔しくありませんか」と、私はよく客に問いかける。もちろん、「原文を読めば、研究者と同じラインに立てますよ」と続け、客の心をくすぐることが目的である。原典に親しむことを旨としてツアーを企画する。これが歴史観光の王道であると、私は信じ実践してきた。客の反応がよいことも付け加えておこう。

ただ、原文を読むだけで客を惹きつけてきたわけではない。地域観光にもまして、広域観光には「共通資源」が必要である。隔絶した地域の観光をシリーズで結びつけるには、一つひとつのツアーを結ぶ共通項を考えなければならない。このツアーの場合、神武天皇聖蹟顕彰碑《せいせきけんしょうひ》が有効な共通資源である。昭和一五（一九四〇）年は神武天皇が即位された年から数えて二六〇〇年目になるとのことで、国家をあげての行事が催された。いわゆる「紀元二千六百年祭」である。これに先立ち、神武天皇の功績を称えるために建てられたのが神武天皇聖蹟顕彰碑であり、建碑事業は記念行事を推進する奉祝会《ほうしゅくかい》が主催し、文部省が後ろ盾となり、費用は各地の自治体が負担した。建碑は東征の節目となる場所のうち、文部省の諮問委員が

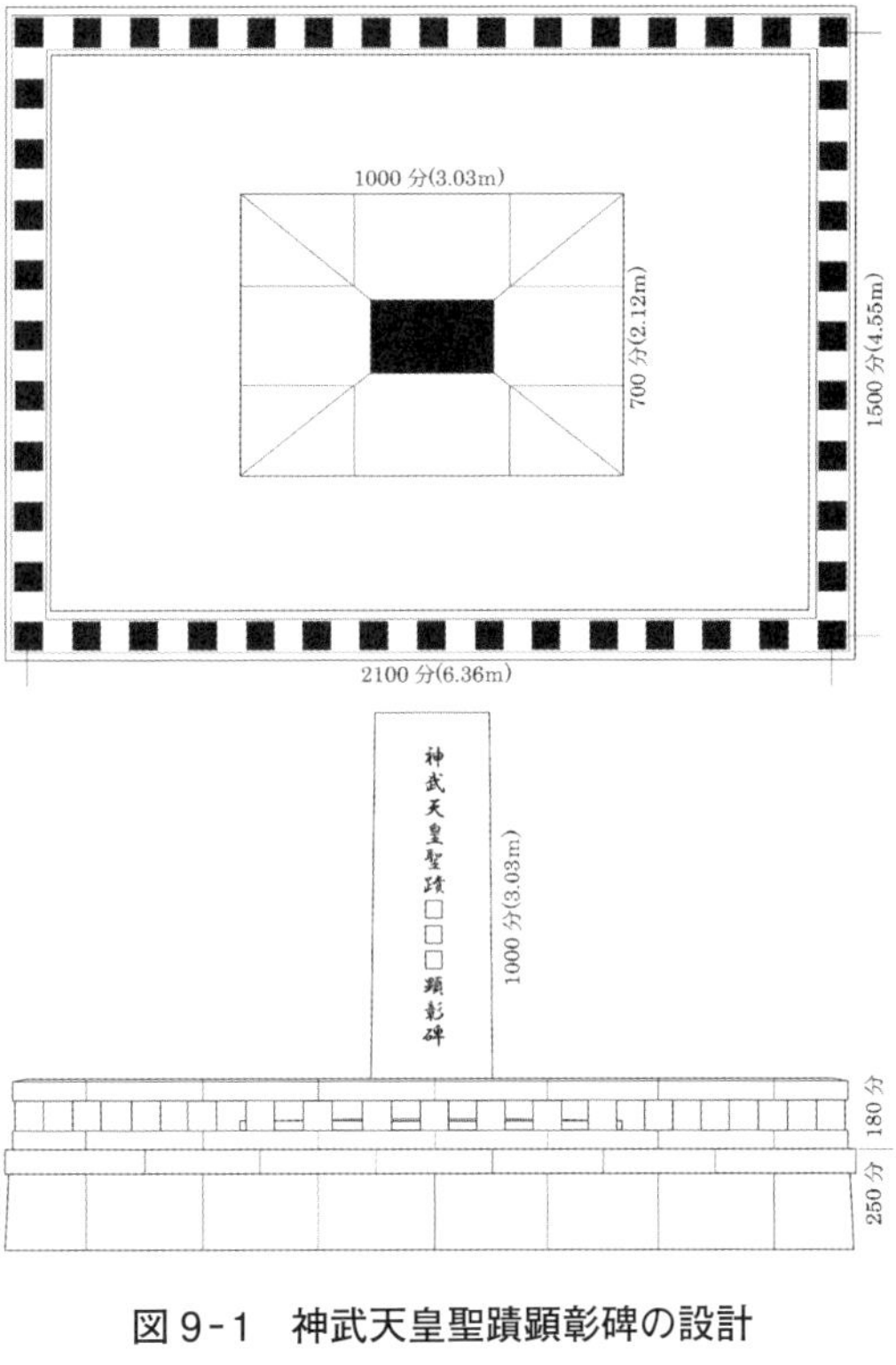

図9-1　神武天皇聖蹟顕彰碑の設計

「お墨付き」を下した所で行なわれた。その調査と判断については、文部省編『神武天皇聖蹟報告』（一九四二年）に詳しい。聖蹟として認められた場所は三六カ所あるが、実地調査や文献調査の結果、確かとされたものは一八カ所であり、一カ所は二つの候補地を絞りきれなかったため、つごう一九カ所に顕彰碑が建てられることになった。顕彰碑は瀬戸内海に浮かぶ北木《きたぎ》島《しま》（岡山県笠岡市）の花崗岩（北木石）が使われ、東京帝国大学工学部建築学科を卒業した大江宏《おおえひろし》の設計に基づいて建てられた。軍拡による予算の逼迫もあって、非常にシンプルな設計となっているが、基壇の周囲に巡らせた石柵《せきさく》に独特な風情があり、遠くから見ても、それとわかる。

四角柱形の碑石には正面に「神武天皇聖蹟□□顕彰碑」と刻まれ、□□の部分に地名が入る。碑陰《ひいん》には建碑の由来が刻まれているため、資料を所持せずに訪れても、なぜそこに聖蹟顕彰碑が建てられたのかがわかる。それほど長文ではないため、案内では、それを大きな声で読み上げることにしている。面白いのは、石柵に並べられたキュービックな束石《つかいし》であり、設計の基本は正背面が各一五石、両側面が各一一石であるのだが（**図9-1**）、山頂などの狭所では一三石×九石に減じられている。大方が設計図通りであるようで、個別に違いがあるのが面白い。石柵が省かれたものも二カ所あり、複数回れば、ちょっとした石碑の論者になれる。幸いにも、八〇年あまり前に建てられた一九基の顕彰碑は、すべてが現存する。**図9-2**はその分布を示したもので、**写真9-1**は私が撮影したすべての石碑の現状である。

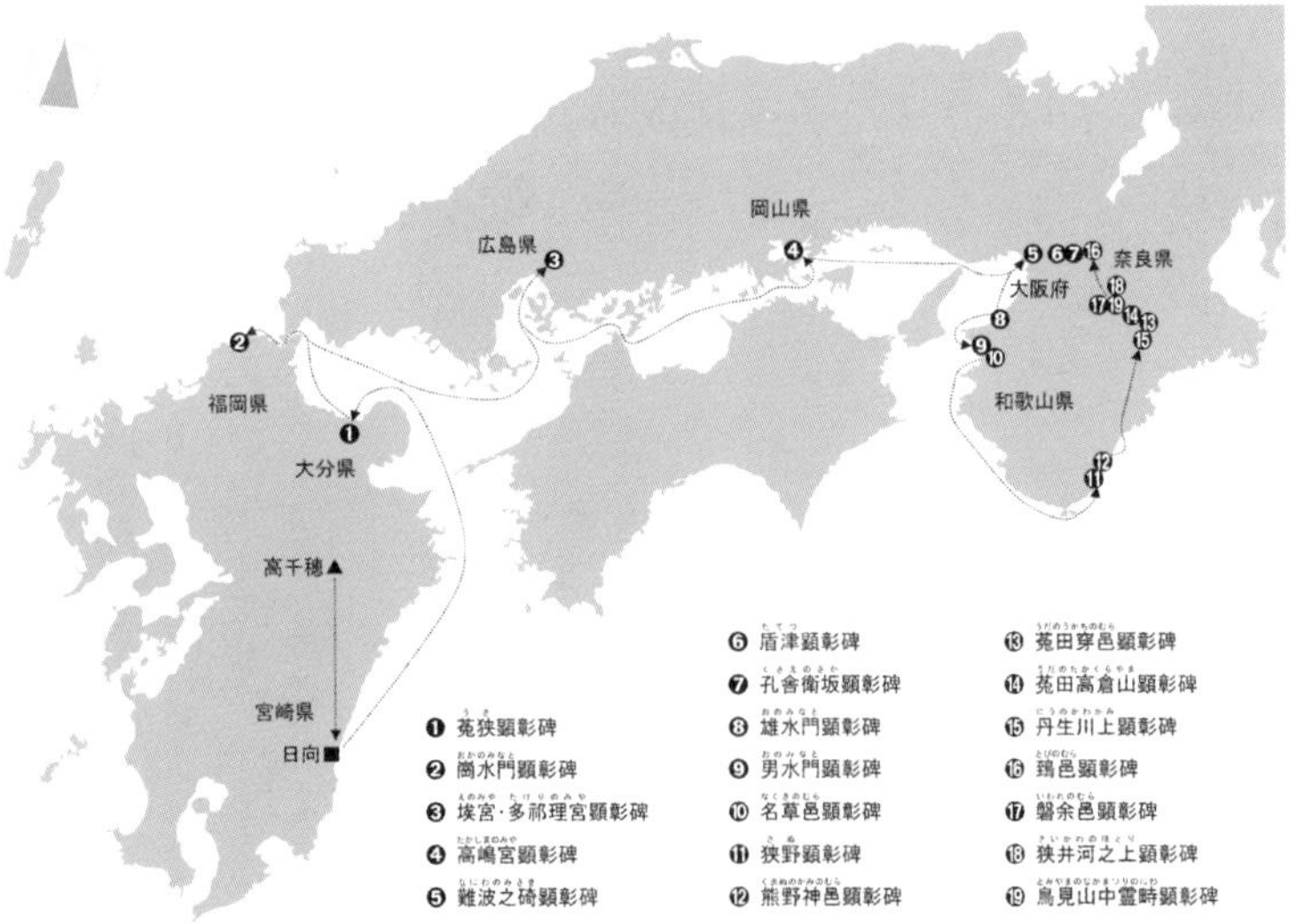

図9-2　神武東征のルートと神武天皇聖蹟顕彰碑の分布

記紀に記された東征伝説を要約すると、天孫降臨《てんそんこうりん》の地である高千穂宮《たかちほのみや》で東征の決意を固めた五瀬命と磐余彦《いわれびこ》は日向から速《はや》

❶ 菟狭顕彰碑

❷ 崗水門顕彰碑

❸ 埃宮·多祁理宮顕彰碑

❹ 高嶋宮顕彰碑

❺ 難波之碕顕彰碑

❻ 盾津顕彰碑

❼ 孔舎衛坂顕彰碑

❽ 雄水門顕彰碑

❾ 男水門顕彰碑

❿ 名草邑顕彰碑

⓫ 狭野顕彰碑

⓬ 熊野神邑顕彰碑

⓭ 菟田穿邑顕彰碑

⓮ 菟田高倉山顕彰碑

⓯ 丹生川上顕彰碑

⓰ 鵄邑顕彰碑

⓱ 磐余邑顕彰碑

⓲ 狭井河之上顕彰碑

⓳ 鳥見山中霊畤顕彰碑

附：墨坂伝称地碑

写真9-1　神武天皇聖蹟顕彰碑の現状

吸之門《すいのと》（豊予海峡）を抜けて菟狭《うさ》（宇佐）に着く。ここにあった足一騰宮《あしひとつあがりのみや》の地を宇佐神宮の境内近くとして、寄藻川《よりもがわ》に架かる神橋の北詰に菟狭《うさ》顕彰碑（❶）が建てられている。

日向を宮崎のこととして、宮崎神宮の摂社である皇宮屋《こぐや》（皇宮神社）を滞在の地とする説がある。ツアーではこの説を採り、宇佐観光の前に宮崎観光を組み込んだ。東京や大阪から宮崎空港への国内便があるため、行程の流れがよくなる。宮崎の周辺には五瀬命と磐余彦の父である鸕葺草葺不合命《うがやふきあえずのみこと》の陵墓と鸕戸《うど》神宮があり、西都原《さいとばる》古墳群には天孫である瓊瓊杵尊《にきぎのみこと》を葬ったとされる男狭穂《おさほづか》塚古墳もある。高千穂宮の有力な候補地は、言うまでもなく高千穂峡である。玄武岩の柱状節理が際立つ峡谷の景観は、側面から落ちる幾筋かの滝によって神秘性を帯び、神話の世界にふさわしい。延岡市で宿泊すれば、高千穂峡・宇佐神宮の観光を経て、北九州市まで足をのばせる。

兄弟は菟狭でしばし足を休めたあと、筑紫の崗水門《おかのみなと》まで船を進めた。そこに建てた岡田宮を市内の岡田神社とする説があり、一方で崗水門顕彰碑（❷）は遠賀川河口左岸の神武天皇社に立つ。実施したツアーでは、この神社まで行程に入れる時間的な余裕がなかったため、北九州市の夜景スポットである皿倉山《さらくらやま》に登った。ケーブルカーとスロープカーを乗り継げば、何とか行程に収まる。ツアーにはどこかで展望を加えるという私の方針もあって、無理をして皿倉山への登頂を入れていただいたが、遠賀川の流れが西日で光り、兄弟が次に向かう瀬戸内を見通せるパノラマを満喫していただけた。おかげで、ツアーのフィナーレを飾る演出ができた。

五瀬命・磐余彦兄弟が次に向かうのは、安芸の多祁理宮《たけりのみや》と吉備の高嶋宮《たかしまのみや》であり、それぞれに長期滞在した。『日本書紀』によれば、そこで兄弟は軍船を仕立て、軍勢を集めたという。『古事記』に言う多祁理宮を『日本書紀』では埃宮《えのみや》と記す。両者は同一地点を指し、広島平野の東縁に鎮座する多家《たけ》神社に比定され、近くに埃宮・多祁理宮顕彰碑（❸）が建てられている。

高嶋宮は新岡山港の沖に浮かぶ高島の高嶋神社が有力な候補地であり、海に向かって高嶋宮顕彰碑（❹）が立つ。高島は港岸から一〇〇メートルばかりにあるのだが、海上タクシーでしか渡れず、よって多人数のツアーであれば、南の宮浦《みやうら》にある遥拝所から遠望するしかない。広島と岡山を合わせたツアーを組んで組めないことはないのだが、物足りなさは否めない。広島・岡山方面の東征ツアーは実施していないが、実施する場合は何らかの工夫が必要である。

高嶋宮で軍勢を集めた兄弟は、満を持して難波碕《なにわのさき》へ向かった。「碕」は岬に通じ、大阪湾とかつてあった河内湾《かわちわん》を分ける上町台地の北端がその地にふさわしく、そこに鎮座する大阪天満宮の境内に難波之碕《なにわのさき》顕彰碑（❺）が立つ。海進の時代である温暖な縄文時代には、現在の大阪市東部から東大阪市や大東市にかけては河内湾とよばれる海域であったが、海退に転じると、湾は縮小し、やがては北から淀川のデルタ、南からは大和川のデルタが押し寄せて、草香江《くさかえ》という東西に長い入江となった。その東端にあたる地域が草香邑《くさかのむら》である。

記紀の記載では、軍勢は難波碕から船を進めて草香邑の白肩《しらかた》津《のつ》から上陸し、孔舎衛坂《くさえのさか》を登り、一気に生駒山を越えようとした。大和への最短ルートである。ところが大和の豪族である登《と》美《み》の長髄彦《ながすねひこ》に迎撃され、五瀬命は流れ矢を受けて深手を負ってしまった。弟の磐余彦は軍勢をまとめて盾を並べ、かろうじて長髄彦の進撃を阻んだ。その話に因み、東大阪市日下町《くさかちょう》の平野部に盾津《たてつ》顕彰碑（❻）とそれを見下ろす山中に孔舎衛坂《くさえのさか》顕彰碑（❼）が立つ。ただ、後者のある山中は草深く、ツアーでの見学は難しい。むしろ、個人の散策で楽しむ地域観光の資源として活用すべきである。

東方は祖先神である天照大御神《あまてらすおおみかみ》の坐《いま》す方角であり、東に向かって進撃したことがよくなかったとのことで、一行は大阪湾を南下した。五瀬命が矢傷を負った手足を洗ったところ、海が血で染まったことから、大阪湾は血沼海《ちぬのうみ》と呼ばれ、別の字をあてて茅渟海《ちぬのうみ》とも呼ばれる。そこで最期の力をふりしぼり、雄叫びをあげたことから雄水門《おのみなと》の地名が生まれ、大阪府泉南《せんなん》市の男里川《おのさとがわ》の右岸に雄水門《おのみなと》顕彰碑（❽）が立つ。

ただ、『古事記』に「紀国《きのくに》の男之水門《おのみなと》」とも記されることから、紀ノ川河口の左岸にあたる和歌山市の水門吹上《みなとふきあげ》神社の境内にも男水門《おのみなと》顕彰碑（❾）が建てられ、両者が併存する形となった。和歌山市内の竈山《かまやま》神社は、五瀬命が亡くなり、そこに葬ったという御陵の地であり、『日本書紀』に記された道中の名草邑《なくさのむら》は、紀三井寺《きみいでら》の後背となる名草山《なぐさやま》に名が残る。名草山から北東へのびる尾根の端に名草邑顕彰碑（❿）が立っているが、荒れ放題になっている。

兄を失った磐余彦は軍勢を率いて紀伊半島の沿岸を南下し、熊野《くまの》の狭野《さの》を通り神邑《かみのむら》に入った。その地は和歌山県新宮市が当てられ、新宮港のある佐野に狭野顕彰碑（⓫）、熊野川右岸の阿須賀《あすか》神社に熊野神邑《くまぬのかみのむら》顕彰碑（⓬）が立つ。阿須賀神社を熊野川沿いに少し遡ると、熊野三山のひとつである熊野速玉《はやたま》大社があり、その摂社である神倉《かみくら》神社は市街地を見下ろす断崖の上に鎮座する。『日本書紀』に磐余彦が登ったと記す天磐盾《あまのいわたて》である。

一行はこのあと再び船出をするが、波浪にもまれ、荒坂津《あらさかのつ》にたどり着いた。その位置は三重県熊野市に当たるという。そこで磐余彦を待ち受けていたのは熊野の荒ぶる神であり、その毒気によって、皆はことごとく気を失う。その危機を眺めていた天照大御神は武神である武甕槌命《たけみかづちのみこと》に救助を命じるが、武甕槌命は高倉下《たかくらげ》という地元民の蔵に大刀《たち》を落とし磐余彦に授ける。磐余彦が大刀を振るったところ、毒気は消え去り、一行は元気を取り戻した。とはいえ、そのあとは深く高い山に阻まれて道に迷い、再び危機に陥った。そこで天照大御神が遣わしたのが八咫烏《やたがらす》であった。

八咫烏は巨大なカラスであり、磐余彦たちはそれに導かれて菟田《うだ》（奈良県宇陀市）に出た。山の隘路《あいろ》を抜け出たことから、穿邑《うがちのむら》と名づけられた。その地は国宝の社殿で知られる宇太《うだの》水分《みくまり》神社の南東に比定され、狭い平野を見下ろす丘の中腹に菟田穿邑《うだのうかちのむら》顕彰碑（⓭）が立つ。水分神社の周辺は平野がやや広くなって菟田野《うたの》と呼ばれ、そこに在地豪族の兄猾《えかし》と弟猾《おとかし》が勢力を張って磐余彦を暗殺しようとしたが、弟猾の裏切りによって兄猾は逆に誅殺されてしまった。菟田地域を制圧した磐余彦は西方への見通しがよい高倉山《たかくらやま》に登って敵情を視察した。その山の頂に菟田高倉山《うだのたかくらやま》顕彰碑（⓮）が立つ。

　磐余彦が眺望したところ、奈良盆地の辺縁をなす国見丘《くにみのおか》（音《おと》羽山《わやま》・経ケ塚山《きょうがづかやま》・熊ケ岳《くまがだけ》連山）に大和の豪族集団である八十梟帥《やそたける》が居並んでいた。正面突破では抜けないと判断した磐余彦は陽動作戦を展開し、最も地形の低い宇陀川と吉隠川《よなばりがわ》の分水嶺から奈良盆地に攻め込んだ。大和勢が炭火を連ねて阻んだことから、墨坂《すみさか》と言い、近鉄大阪線榛原駅の北方に墨坂伝承地碑が立つ（附）。大和の勢力を束ねていたのが、現桜井市に勢力を張る兄磯城《えしき》と弟磯城《おとしき》であったが、ここでも弟の裏切りによって兄が斬られた。大戦に臨んで磐余彦が戦勝祈願した地が東吉野村の丹生川上《にうかわかみ》神社中社の付近であり、高見川《たかみがわ》・日裏川《ひうらがわ》・四郷川《しごうがわ》の三川《さんせん》合流の河岸に丹生川上《にうかわかみ》顕彰碑（⓯）が立つ。

　奈良盆地に進軍した磐余彦は五瀬命を死に至らしめた登美の長髄彦《ながすねひこ》を撃破した。長髄彦は強敵であったが、磐余彦がもつ弓の先に金色の鵄《とび》がとまるや閃光《せんこう》を放ち、長髄彦の軍勢を無力化したという。その地は富雄川《とみおがわ》の上流に比定され、川を見下ろす位置に鵄邑《とびのむら》顕彰碑（⓰）が建てられている。長髄彦を倒したのちも、まだ残る八十梟帥の軍勢が集まり、磐余彦に制圧された地は磐余と呼ばれ、舒明天皇が建てた百済大寺《くだらのおおでら》の跡とされる吉《き》備池《びいけ》廃寺のすぐ近くに磐余邑《いわれのむら》顕彰碑（⓱）がある。大和を平定した磐余彦は三輪山に坐す大物主神《おおものぬしのかみ》の娘である媛蹈鞴五十鈴媛命《ひめだたらいすずひめのみこと》を皇后に迎え橿原宮《かしはらのみや》で即位した。成婚の場である三輪山の山裾に狭井河之上《さいかわのほとり》顕彰碑（⓲）が立つ。その後、神武天皇は大和平定の際に庇護を受けた祖先神に感謝の意を示すため宇陀《うだ》方面の山々を眺望できる鳥見山《とみやま》に祭場を設けて祭祀を行なった。等彌《とみ》神社の境内に接して建てられた鳥見山中霊畤《とみやまのなかまつりのにわ》顕彰碑（⓳）がその伝説を伝える。

　さて、物語の筋と顕彰碑の立地を一気に綴ったが、大阪府・和歌山県・奈良県方面の聖蹟はどのように組み立てるとよいのだろうか。東征の順路をたどるならば、難波之碕顕彰碑（❺）のある大阪天満宮から始め、盾津顕彰碑（❻）のある東大阪市日下町に移動したのち、泉南市から和歌山市へバスを走らせて、雄水門顕彰碑（❽）・男水門顕彰碑（❾）・竈山神社・名草邑顕彰碑（❿）の順に巡ることになろうが、名草邑顕彰碑は樹木が密集して団体ツアーでは見学が困難である。行程の全体を見ても、ハイライトに欠ける。顕彰碑はツアーをつなぐための共通資源であるが、それだけでは物足りない。

　そこで私は思い切って東征の順序に逆らい、日下町の盾津顕彰碑を鵄邑顕彰碑や奈良盆地の三基（⓱⓲⓳）に合わせた。長髄彦や八十梟帥など、大和勢との戦いを主題とすればこの組み合わせも不自然ではない。顕彰碑以外の見学地に神武天皇陵を入れると、ストーリーがうまくまとまる。狭井河之上顕彰碑（⓲）には有名な箸墓古墳もあり、ツアーの絵ができる。

　宇陀市の菟田穿邑顕彰碑（⓭）と菟田高倉山顕彰碑（⓮）は八十梟帥との大戦を前にした緊張感をテーマとすれば、うまくまとまる。戦勝祈願の地である丹生川上顕彰碑（⑮）は由緒ある丹生川上神社中社も近く、日裏川の渓流を高見川に落とす滝壺の風景も迫力がある。宇太水分《うだのみくまり》神社・桜実《さくらみ》神社・八咫烏神社・墨坂《すみさか》神社など、伝説とも関わる神社も並び、墨坂伝承地碑（附）は風情ある伊勢街道の路傍に立つ。一日のバスツアーとして十分に成立する。

和歌山県新宮市の二基（⑪⑫）は、熊野速玉大社・熊野那智大社・熊野本宮大社の参詣コースと組み合わせ、日数を増やせるならば、泉南市・和歌山市方面の顕彰碑を前半に組み込んで、白浜温泉あたりで宿泊する旅も悪くない。

以上のように、伝説の筋をしっかりととらえつつも、時間的な制約やテーマの完結性にも配慮しながらツアーを組んでゆく。要点をまとめると、

①神武天皇聖蹟顕彰碑をもって、シリーズをつなぐツールとする。

②東征伝説の筋をたどりながらも、臨機応変に行程を組み替える。

③伝説に関連する既知の観光地をもって集客のための肉付けをする。

の三点が工夫のポイントであろうか。①においては、顕彰碑に対する徹底的なこだわりが必要である。顕彰碑の基本設計や個性、立地、保存など、案内においては殊更に説明し、客を顕彰碑マニアにするほどの熱を込めなければならない。ただ石碑を見て回るだけでは、シリーズのつなぎにするほどの意味もなく、共通資源とはならない。②においては、筋書きを崩すだけの理由が必要である。いわば筋書きにまさるテーマ性を求めなければならない。それは神武東征伝説を読みこなし、物語の文学性にまで思考を及ぼし、伝説の真理を探ってはじめて可能な技である。③はツアーを企画する際に最も留意すべき点である。客を惹きつける絵を作らねば、旅行商品にならない。ただ単にマニアックな旅を企画すればよい、というものではない。客層をしぼる必要があるが、絞りすぎると集客できない。そのさじ加減が大切である。

このような東征伝説をはじめ、神話や伝説を軸にしてツアーを組む際の力点をどこに置けばよいだろうか。「こういう神話がありました」「そういう伝説もあります」という内容の紹介だけでは、退屈この上なく、「ああそうですか」で終わってしまう。架空とも思える神話・伝説を感動に結びつける紐帯《ちゅうたい》は「風景」である、と私は考える。古代の家屋は失われ、近景はまったく変わってしまったが、山並みや河川などの遠景は、千年や二千年たっても、そう大きくは変わらない。つまり、今見る山の形を古代人も同様に見ていたはずである。

例えば、宇陀において磐余彦（神武天皇）が大和勢との戦いに疲れ、兵糧も底が見えて、やや気弱になった心を打ち明けた伊那佐山《いなさやま》は、八咫烏神社の鳥居の内側から眺めると、枠に収まって、今も秀麗な姿を見せている。記紀に収録された東征伝説は、おそらく古墳時代にその原型ができあがっていたことだろう。

その時の編者や語り部は、伊那佐山の山容を思い浮かべながら物語を綴ったにちがいない（図9-3）。奈良時代の貴族や官吏たちも同様の山容を思い浮かべて物語を読んだことだろう。編者から読者へ山容を介して思いが伝わる。その伊那佐山は開発を受けることなく、今も当時の姿を見せている。そこに客をお連れすれば、神武天皇の心中にまで思いを至らせなくとも、編者と読者の時代までには入ってもらえる。

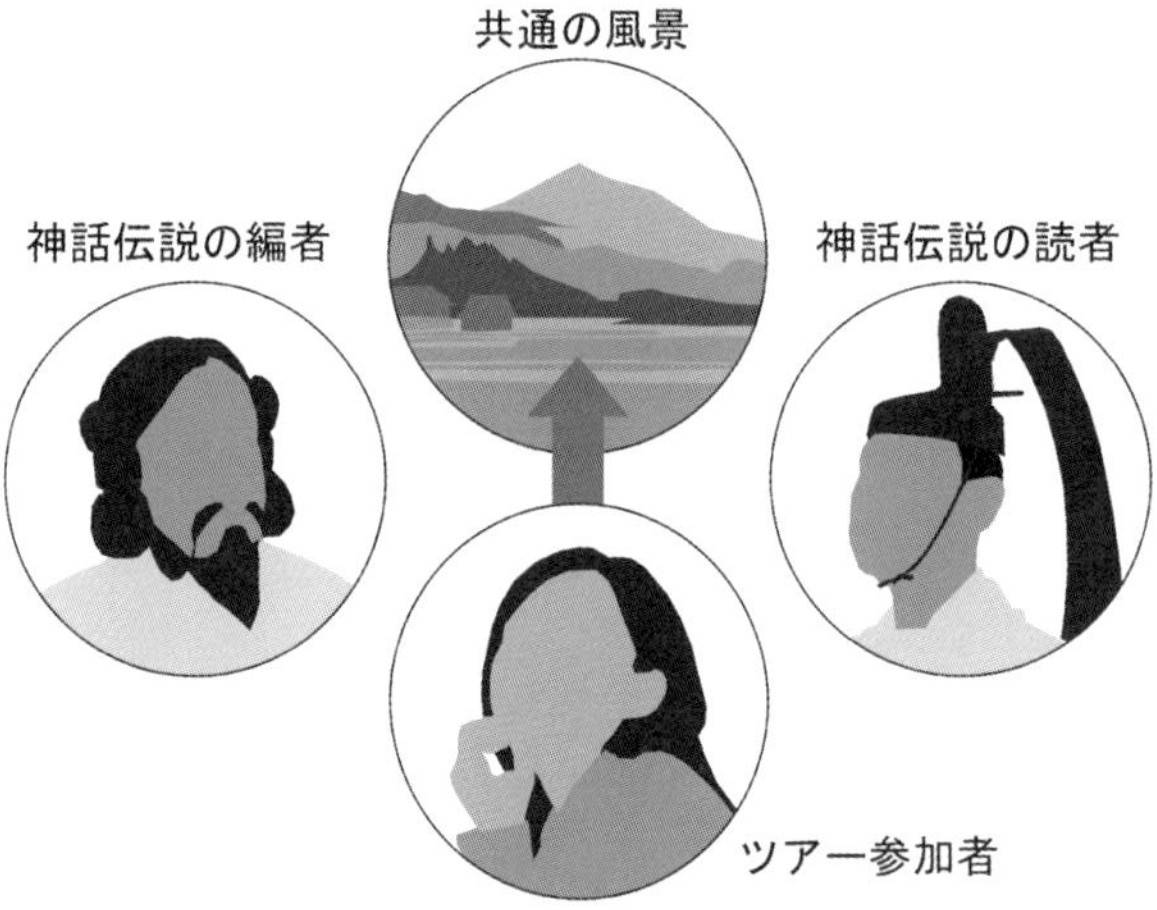

図9-3　神話・伝説の風景を共有するイメージ

「神話・伝説はしょせん架空の話だ」としりぞける向きもあるが、このような視点でツアーを組み立てれば、じゅうぶんに歴史ツアーが成立する。もっとも、ただ伊那佐山を見せるだけでは、客を過去に導けない。そこは筋書きと話術が必要である。

（2）壬申の乱の合戦地を訪ねる旅の企画

古代史最大の戦いと言われる「壬申《じんしん》の乱」は天智天皇の子である大友皇子《おおとものみこ》と天智天皇の弟である大海人皇子《おおあまのみこ》（のちの天武天皇）との皇位継承争いであり、大友側についた中央の大豪族と大海人側についた地方の中小豪族との勢力争いでもあった。ちょうど一カ月におよぶ争いの顛末は『日本書紀』に詳しく記され、内容は主に「大海人皇子一行の逃避行」「近江方面での激戦」「大和における大伴吹負の活躍」の三幕で綴られる。よって、歴史を訪ねるツアーは、駆け足旅行で仕立てても、少なくとも三回が企画できる。だが、ここに一つの問題がある。

『日本書紀』の編集は、「壬申紀」と通称される天武紀上巻の記事に関しては、「やっつけ仕事」の感がある。大海人皇子側について大和国方面で近江朝廷軍と激しく戦った大伴吹負《おおとものふけい》の奮戦記を国政の歴史のなかに適当に分割して挿入しているのである。『日本書紀』にはこういうことがよくあり、中国の紀伝体史書では、国史の「帝紀」と個人史の「列伝」をしっかりと分けて編集するところ、日本の歴史書では、しばしば人物列伝が

図９-４　『日本書紀』天武紀上巻に組み込まれた大伴氏家記（網掛け部分）

帝紀に組み込まれる。

飛鳥時代には、国家の歴史書以外に、豪族ごとにも「家記《かき》」と呼ばれる氏族の歴史書を作っていた。そのような氏族史のうち、使える記述を『日本書紀』の編者が適当に引用しているのである。壬申紀では、大伴氏の家記もしくは吹負の個人記録が大和戦線の状況を語るために使われた。図９-４は天武紀上巻の全文であり、大伴氏の家記部分に網を掛けた。こうすると、後半に家伝を割って入れている様子がよくわかる。

編集がしきれていないため、話が前後して読みにくい。前節で紹介した神武天皇東征伝説は磐余彦を主人公とした単一の筋書きであったため、原文を抜粋して読みながらのガイドも可能であった。ところが、原文がこのように乱れていては、そのままは使えない。時系列に編集し直す必要がある。そこで、記事を分解して作成した年表（表９-１）と図９-５の地図とをあわせてご覧いただければ、あらすじがすっきりとする。

ざっと戦いのあらましを把握していただければわかるが、この節の冒頭で記した三幕のうち、近江での戦いは、大海人皇子の逃避行が無事に終わり、不破関附近に本陣を構えたときから始まった。よって、ツアーは吉野から美濃国までの逃避行を先に行ない、近江戦線をあとに回すのがよかろう。問題は『日本書紀』の編者が割って入れた大伴氏家記の部分である。大海人皇子側についた大伴吹負の活躍を感じるツアーをどこにもってくるか。その挟み方を考えると、順序は次の三通りとなる。

図9-5　「壬申の乱」行軍経路と合戦場

表 9-1　壬申の乱年表

西暦	月	口	記　事
671	10	17	天智《てんじ》天皇、病床に弟の大海人皇子《おおあまのみこ》(天武天皇)を呼び、譲位《じょうい》の意思を伝えるが、大海人皇子は固辞。剃髪して出家する。
		19	大海人皇子、大津宮《おおつのみや》を出て吉野へ向かい、夕刻、飛鳥嶋宮《あすかしまのみや》に到着。
		20	大海人皇子、嶋宮を出て、吉野宮《よしののみや》へ到着。
	12	3	天智天皇が崩御(47 歳)。
672	3	18	近江朝、阿曇連稲敷《あづみのむらじいなしき》を筑紫《つくし》に遣わし、唐使郭務悰《かくむそう》に崩御を伝える。
	5	30	郭務悰が帰国。この月、大海人皇子が近江朝の動向を聞き、開戦決意。
	6	22	大海人皇子、不破《ふわ》を先取するため、村国連男依《むらくにのむらじおより》らを美濃《みの》に派遣。
		24	高 坂 王《たかさかのおおきみ》に駅鈴《えきれい》を求め拒絶される。大海人皇子一行が吉野宮を出発。 大伴馬来田《おおとものまぐた》(兄)は大海人一行を追い、大伴吹負《おおとものふけい》(弟)は飛鳥で待機。 菟田《うだ》の吾城《あき》、甘羅村《かんらむら》、大野《おおの》(日没)、隠 駅《なばりのうまや》(夜半駅家襲撃)を経由。
		25	横河《よこかわ》、伊賀駅《いがのうまや》(駅家襲撃)、中山《なかやま》を経由し、会明《あけぼの》、莿萩野《たらの》に到着。 積殖《つむえ》の山口《やまぐち》で高市皇子《たけちのみこ》と合流。大山《おおやま》(亀山市加太《かぶと》)を越え、鈴鹿郡《すずかのこおり》に入る。川曲《かわわ》の坂下《さかもと》で休憩(日没)。三 重 郡 家《みえのこおりのみやけ》で家屋を焼いて暖を取る。
		26	日の出、朝明郡《あさけのこおり》の迹太川《とおがわ》で天照大神を遥拝。大津皇子《おおつのみこ》が近江から合流。男依《おより》が駆けつけ、不破道《ふわのみち》の獲得を報告。桑 名 郡 家《くわなのこおりのみやけ》に宿泊。 この日、近江朝に大海人皇子の東国入りが伝わり騒然となる。 大友皇子《おおとものみこ》、東国へ募兵使の韋那公磐鍬《いなのきみいわすき》を遣わすが、成功せず。 吉備や大宰府へも募兵使を派遣したが、いずれも目的は果たせず。
		27	大海人皇子、高市皇子の要請に応じ桑名より不破郡《ふわのこおり》の和蹔《わざみ》に向かう。 途中、尾張国 司　守《みこともちのかみ》の小子部連鉏鉤《ちいさこべのむらじさひち》が 2 万の兵を率いて加勢。 野上行宮《のがみのかりみや》で高市皇子が出迎え、近江軍の磐鍬《いわすき》逃走の事を告げる。
		29	大海人皇子、高市皇子に命じて和蹔《わざみ》の軍衆に号令し、野上《のがみ》に戻る。 大伴吹負《おおとものふけい》、飛鳥《あすか》で近江側の陣営を制圧。将軍に任じられる。
	7	1	乃楽山《ならやま》に向かう大伴吹負、稗田《ひえだ》で河内方面からの近江軍来襲を知り、龍田《たつた》・大坂《おおさか》・石手道《いわてみち》に守備軍を配置。坂 本 臣 財《さかもとのおみたから》は高安城《たかやすのき》を獲得。

西暦	月	日	記　事
672	7	2	会明《あけぼの》、衛我河《えがのがわ》の西で坂本軍と近江軍が交戦。坂本軍は懼坂《かしこざか》に撤退。
			大海人皇子、不破の軍勢を湖東・倉歴《くらう》・大和の三方に出陣させる。
			湖東の犬上川《いぬかみがわ》で近江軍に内紛が起こり、山部王《やまべのおおきみ》死亡、蘇賀果安《そがのはたす》自害。
		3	大伴吹負、荒田尾直赤麻呂《あらたおのあたいあかまろ》らを飛鳥古京に帰らせ、守りを固めさせる。
			河内方面の近江軍が勢ぞろいし、大和に向けて進軍。
		4	大伴吹負、乃楽山《ならやま》で敗退するも、飛鳥は堅持。敗走した吹負は墨坂《すみさか》で
			伊賀方面からの援軍に出会い、金綱井《かなづなのい》で防衛軍を再編する。
			河内から大和入りした近江軍の壱伎韓国《いきのからくに》を當麻《たいま》の戦いで破る。
		5	近江軍の田辺小隅《たなべのおすみ》、倉歴道《くらうのみち》を守る田中臣足摩侶《たなかのおみたしまろ》を夜襲し、破る。
		6	田辺小隅、莿萩野《たらの》に進軍するも、多臣品治《おおのおみほんじ》の精鋭軍に敗退。
		7	大海人軍の男依が不破関西方の息長《おきなが》の横河《よこかわ》で近江軍を撃破。
		9	男依軍、湖東の鳥籠山《とこのやま》で近江軍の将軍秦友足《はたのともたり》を討つ。
		13	男依軍、湖東の安河《やすかわ》で近江軍を大破。
		17	男依軍、瀬田《せた》東方の栗太郡《くるもとのこおり》で近江軍を撃破。
		22	男依軍、瀬田橋《せたばし》の戦いで近江軍を壊滅させ、粟津岡《あわづのおか》に布陣。
			大海人軍の羽田公矢国《はたのきみやくに》ら湖西の三尾城《みおのき》を落として大津宮へ南下。
			大和三道《やまとさんどう》の戦いを制した吹負軍が難波《なにわ》と山前《やまさき》に進撃。
		23	男依、近江軍の諸将を粟津《あわづ》に斬る。大友皇子《おおとものみこ》、山前《やまさき》で自害。
		24	大海人軍の諸将、大津宮付近の筱浪《ささなみ》で戦後処理をする。
	8	26	諸将、大友皇子の首を携え、不破の野上行宮《のがみかりみや》の大海人皇子に戦果報告。
		25	高市皇子に命じ戦後処理。中臣連金《なかとみのむらじかね》を斬首し大臣等数人を配流。
		27	論功行賞を行なう。
	9	8	大海人皇子ら野上行宮《のがみのかりのみや》を出て、桑名《くわな》に宿泊。9日、鈴鹿《すずか》に宿泊。
			10日、阿閉《あべ》に宿泊。11日、名張《なばり》に宿泊。12日、飛鳥の嶋宮《しまのみや》に帰還。
		15	嶋宮より岡本宮《おかもとのみや》に移り、岡本宮の南に飛鳥浄御原宮《あすかきよみはらのみや》を造営しはじめる。
	冬		飛鳥浄御原宮に移り、翌年の2月27日に即位。

①吹負の活躍　→　皇子の逃避行　→　近江での合戦
②皇子の逃避行　→　吹負の活躍　→　近江での合戦
③皇子の逃避行　→　近江での合戦　→　吹負の活躍

この選択肢に正解や不正解はないのだが、どれかといえば、②の展開がしっくりくる。もし壬申の乱を映画化するならば、主人公は当然のことながら大海人皇子、のちの天武天皇であろう。それならば、物語の冒頭に主人公の苦難をもってくるのがよい。①のように、いきなり脇役の大伴吹負を登場させては、話が混乱する。物語のクライマックスは近江朝廷の滅亡と天武天皇の即位であろう。③のように、近江戦線の決着がついてから吹負を登場させては、間が抜ける。吹負の活躍は漢詩の「起承転結」でいう「転」の役割りに使えばいい。そういうことを考えながら物語を練ると、

〔起〕吉野から美濃への逃避行。大海人皇子の苦難を描く。
〔承〕両陣営の戦略。挙兵から対決に至るまでのかけひきを描く。
〔転〕大伴吹負の活躍。大和戦線に目を向け、形勢の逆転を印象づける。
〔結〕不破関から大津宮までの快進撃。大友皇子の悲運と天武朝の幕開けを描く。

となり、そのうち、ツアーが成立するのは「起」「転」「結」の三場面である。「承」は合戦の緊張感を保つカードとして、すべてのステージに配れればよい。展開が決まれば、それぞれの行程を組んでみよう。

〔起〕大海人皇子の逃避行を主題としたツアーの企画

大海人皇子は兄である天智天皇の駆け引きを見抜き、皇位継承の意思のないことを示すために頭を丸めると、すぐさま大津宮を出て飛鳥へ向かい、間髪《かんぱつ》をおかず山奥の吉野宮に隠棲《いんせい》した。ところが、まもなく天智天皇が崩御すると、近江の朝廷に大海人皇子抹殺の動きが見えた。このままでは吉野で死を賜わる運命が待ち構えている、と見た大海人皇子は、所領のある美濃国へ最も信頼のおける武人の村国連男依《むらくにのむらじおより》を派遣し、いち早く軍勢をまとめて不破関《ふわのせき》を占領するよう命じた。不破関は琵琶湖北方の愛発関《あらちのせき》、伊勢へ通じる鈴鹿関《すずかのせき》とともに「三関《さんげん》」と称される要衝であり、近江朝廷軍が濃尾平野へ進攻する際の最重要基地である。大海人皇子の戦略は賢明であった。

とはいえ、皇子自身が近江側に捕えられては水泡に帰す。よって、妃や幼い子供たちを連れて、吉野から美濃方面への脱出を試みた。ただ、地図を見ればわかるが、宇陀の墨坂や伊賀で官軍に行く手を阻まれる不安や、鈴鹿関を越えても、追手に捕えられる恐れがあり、背中に大きな黒い影を感じながらの逃避行となった。逃避初日は昼ごろに吉野宮を出発して大野で日没を迎え、二日目の日没は川曲《かわわ》の坂下《さかした》である。山道を信じがたい速さで抜けている。三日目の朝にして、はじめて安堵したのか、迹太川《とおがわ》のほとりで伊勢の皇大神宮を遥拝した。この間、少しの

休憩はとったものの、寝ずの移動となり、一行がようやく眠りにつけたのは桑名郡家《くわなのこおりのみやけ》であった。

　その距離をバスで走るだけで、逃避行の辛さが十二分に感じられる。彼らの逞《たくま》しさにも驚く。「昔の人は健脚であった」とは、よく聞く話であるが、そのレベルをはるかに超えているのは、「いつ捕まるかわからない」という恐怖心に押されたからだろう。とはいえ、進むにつれて、味方が少しずつ増えた。積殖《つむえ》の山口では高市皇子《たけちのみこ》、朝明郡家《あさけのこおりのみやけ》では大津皇子《おおつのみこ》が追いつき、村国連男依も不破から迎えにきた。高市皇子は大海人皇子の長子であり、武勇で知られる。大津皇子は三男であり、人望があった。いずれも大津宮を脱出して父を追った。そのような頼りがいのある者たちも合流し、一行の恐怖心は徐々に薄れた。焦りが安心へと変わる心の推移が『日本書紀』の記事でわかる。ツアーの軸にできる話である。

　吉野宮の跡と見てほぼ間違いのない奈良県吉野郡吉野町の宮《みや》滝《たき》遺跡を皮切りとして、極力皇子一行の逃避ルートに沿いながらバスを走らせると、初日の宿泊は伊賀市となる。行程の二日目は東進して鈴鹿で昼食をとり、あとは沿道の史跡や遺跡を見ながら北上して、名古屋で解散できれば上々である。沿道の史跡や遺跡をたっぷりと盛り込みながら、ツアーを二回に分ける手もあるが、スピード感が損なわれるため、一回で済ませるのがよかろう。

〔転〕大伴吹負の活躍を感じるツアーの企画

大伴氏は由緒ある軍事豪族である。継体天皇を擁立した大伴金村は物部氏に圧されて失脚したが、その子孫は飛鳥時代にも力を保持した。金村の子と言われる大伴咋《おおとものくい》には三人の息子がいた。長徳《ながとこ》・馬来田《まぐた》・吹負《ふけい》である。長子の長徳は大化改新の功労者の一人で、右大臣にまで上り詰めたが、白雉二（六五一）年に病死した。その後、政界から遠のいていた馬来田と吹負の兄弟は大海人皇子に運命を託し、馬来田は皇子一行の跡を追った。弟の吹負は飛鳥古京に残り、高市皇子に扮して首尾よく近江側の兵力を手に入れた。

　その後は飛鳥を拠点として大和国の勢力をまとめたが、近江からの大軍を奈良盆地北辺の乃楽山《ならやま》で防ごうとして大敗した。ただ、吹負は諦めず、墨坂で不破関からの援軍と合流したのちに兵力を回復させた。橿原市の今井町付近と推定される金綱井《かなづなのい》に本営を置き、難波京から攻め寄せてきた近江側の壱伎韓国《いきのからくに》を当麻《たいま》で迎撃し、南下する官軍の廬井造鯨《いおいのつくりくじら》を中道《なかつみち》（中ツ道）で撃破した。東方の上ツ道《かみつみち》では、箸墓《はしはか》古墳（桜井市）の近くで激戦となり、そちらでも近江の官軍を撃退した。勢いに乗じた吹負の軍勢は山城国へ進み、石清水《いわしみず》八幡宮の付近に布陣した。大津宮から落ち延びた大友皇子は山前《やまさき》（京都府乙訓郡大山崎町）で行く手を軍勢に阻まれ、進退窮まって自害した。吹負自身は難波京に入り、西国の諸司を大海人皇子側になびかせた。

　彼の活躍を感じるツアーはどう組むか。吹負がいち早く制圧した飛鳥（奈良県高市郡明日香村）は外せない。舞台となったのは飛鳥寺から西方遺跡にかけての一帯である。大敗を喫した乃楽山《ならやま》は奈良市にかつてあったドリームランドの辺りであり、黒髪山《くろかみやま》と呼ばれている。早くに制圧した高安城《たかやすのき》の跡は高安山《たかやすやま》近くの尾根に倉庫の跡が残る。當麻の戦いは日本遺産である横大《よこおお》路《じ》と大坂道《おおさかみち》との交接点に鎮座する長尾《ながお》神社の付近で繰り広げられた。中道の戦いは奈良県田原本町の村屋坐彌富都比賣《むらやにいますみふつひめ》神社の辺りと推定される。周辺には往時の風情を残す旧村が集まり、散策の観光には適している。箸墓古墳は墳丘の後円部が上ツ道を曲げており、南下する近江軍と北上する吹負軍が互いに視界を遮られる。おそらく激戦地はその辺りだろう。

ツアーの出発地を奈良市とすれば、乃楽山の戦い・高安城の戦い・當麻の戦い・飛鳥の戦い・箸墓の戦いと、合戦地を巡る行程となろう。奈良盆地を反時計回りに巡るコースが設定できるが、すべてを訪れるとすれば、一日のバスツアーでは時間が足りない。適当に見学地を省くか、あるいは河内での戦場（藤井寺市）も含めて一泊二日の旅とするか。客層や集客を考えて選択するのがよかろう。

〔結〕大海人皇子軍の快進撃を主題としたツアーの企画

桑名郡家《くわなのこおりのみやけ》で一息をついた大海人皇子は、美濃の野上《のがみ》に移って行宮《かりのみや》を建て、西方の和蹔《わざみ》に駐屯する高市皇子に指揮権を与え、不破関を固めて近江からの来襲に備えた。そうしている間に、飛鳥を大伴吹負が制圧した、との知らせが不破に届いた。ぼやぼやしていては吹負の成功が無駄になる、と考えた大海人皇子は七月二日に万をもって数える兵を三方に分け、主力は不破関から西進させた。琵琶湖の東沿岸を南下して、大津宮を陥落させる作戦である。陣頭指揮は村国連男依が務めた。かたや近江の朝廷も大軍を不破関に向かわせた。

このあと、息長《おきなが》の横河《よこかわ》・玉倉部《たまくらべ》・鳥籠山《とこのやま》・安河《やすかわ》・栗本《くるもと》・倉歴《くらう》などで両者は衝突し、戦うたびごとに大海人皇子軍が勝利を収めた。じりじりと後退する官軍は最後の防衛線である瀬田川の橋を固守したが、勇敢な兵士の突入によって軍陣を乱され、後方の膳所《ぜぜ》で壊滅した。あとは皇子軍が大津宮に攻め込み、大友皇子は中国地方の朝廷側勢力を頼って西へ逃げた。その途中、山前《やまさき》で大伴吹負軍に阻まれて自害したことは、すでに述べた。それが七月二三日のことであるため、ほぼ二〇日間ばかりの戦闘であった。『日本書紀』の戦記を読めば、迅速な命令で動く大海人皇子側の軍勢と、何かにつけて後手に回る近江朝廷側の愚鈍さが鮮明な対比をなしている。古今を通じて、老朽化した政権の判断は遅い。歴史の真理である。その対比をツアーの軸とすればよかろう。

ツアーは大海人皇子が行宮《あんぐう》を構えた野上《のがみ》（岐阜県不破郡関ヶ原町野上）から始めよう。関ヶ原の東端にあり、関ヶ原の戦いで徳川家康が最初に布陣した辺りである。その東方約四キロに不破関《ふわのせき》の跡が残る。和蹔《わざみ》は不破関を含む関ヶ原西部の地名と思われる。中山道に沿って西へ進むと、宿場町である柏原宿《かしわばらしゅく》（滋賀県米原市柏原）があり、不破関との中間に「息長《おきなが》の横河《よこかわ》」らしき今須川《いますがわ》が流れる。柏原宿から中山道《なかせんどう》をたどってゆくなら、醒井宿《さめがいしゅく》は外せない。醒井宿から山間の番場宿《ばんばしゅく》を通り湖東平野に出たところで、街道は芹川《せりかわ》を渡り、そこにある独立した鞍掛山《くらかけやま》が戦いのあった鳥籠山《とこのやま》と思われる。続く「安河」は野洲川《やすがわ》であり、近江富士で名高い三上山《みかみやま》の裾に由緒ある御上《みかみ》神社（野洲市三上）が鎮座する。「栗太」は郡名であり、草津川《くさつがわ》右岸の岡《おか》遺跡（栗東《りっとう》市目川《めがわ》）が郡衙の跡と推定されている。

最終決戦のあった瀬田橋は、琵琶湖の水を排出する瀬田川に架かっていた橋であり、戦いの復元模型が大津市歴史博物館に展示されている。瀬田川の右岸には近江国庁跡もあるため、そこから大津市内に向かい、大津宮の跡である錦織《にしこおり》遺跡で旅を終えるとよい。

総括すると、このように合戦を素材とするツアーは、史料によりながら合戦の顛末を整理し、つづけて映画の脚本を書くつもりでいくつかのステージを設け、それぞれのステージで何を軸にして語るかを決める。軸が定まれば、それに紐《ひも》づく史跡や遺跡を中心として行程を組む。そういう流れで企画すれば、間違いなく客を惹きつけられよう。

（3）東大寺を支えた地域を探る旅の企画

東大寺大仏は「奈良観光のコア」と言っても過言ではなかろう。奈良の商業を指して「大仏商法」などと言うように、大仏は奈良の代名詞としても使われてきた。それだけ市民にも観光客にも親しまれてきたということだろう。私も東大寺を何度案内したか。ふりかえって数えることもできない程である。図9-6の境内図を見てもわかるように、広大な境内に多数の仏殿が並び、すべてを参るには、一日ではとても足りない。情報量も尋常ではないため、案内をするガイドは相当に勉強をしておかねばならない。この書の第Ⅰ部でも述べたが、ガイドは何を聞かれても即答できる知識を持っておくべきである。そうとなれば、東大寺専属の区域観光ガイドが必要であろう。そのガイドに「広域観光の企画ガイドもどうか」と誘うのは無理強いであるが、せめて自分の担当区域に関連する地域の観光企画を練ってはどうだろうか。案内の内容も幅が広がる。私はかつて東大寺を支えた地域に目を及ぼし、広域の観光を企画して実施した。それを提案の例とする。

東大寺は聖武天皇の発願によって建てられた寺院である。大仏殿が完成するのは天皇が世を去ってからである。とはいえ、大仏と通称される巨大な盧舎那仏《るしゃなぶつ》の開眼供養会《かいげんくようえ》には、娘の孝謙天皇と共に参列している。大仏が先に鋳造され、それを覆う大仏殿が六年後に完成したのであるが、聖武天皇が願ったのは大仏の造立であったから、生前に念願が叶ったことになる。

最初に大仏を造立し始めたのが、紫香楽宮《しがらきのみや》であったことは、日本史の教科書にも記載されるような基礎知識であるが、周囲の山々で不審火が相継ぎ、天皇は紫香楽宮を棄てざるを得なかった。平城京に還都したのち、願いを果たすべく、幼くして亡くなった皇子を弔う山寺《やまでら》（丸山西《まるやまにし》遺跡）の近くに再び大仏を造立し始めた。よって、紫香楽宮の跡である滋賀県甲賀《こうか》市信楽町《しがらきちょう》

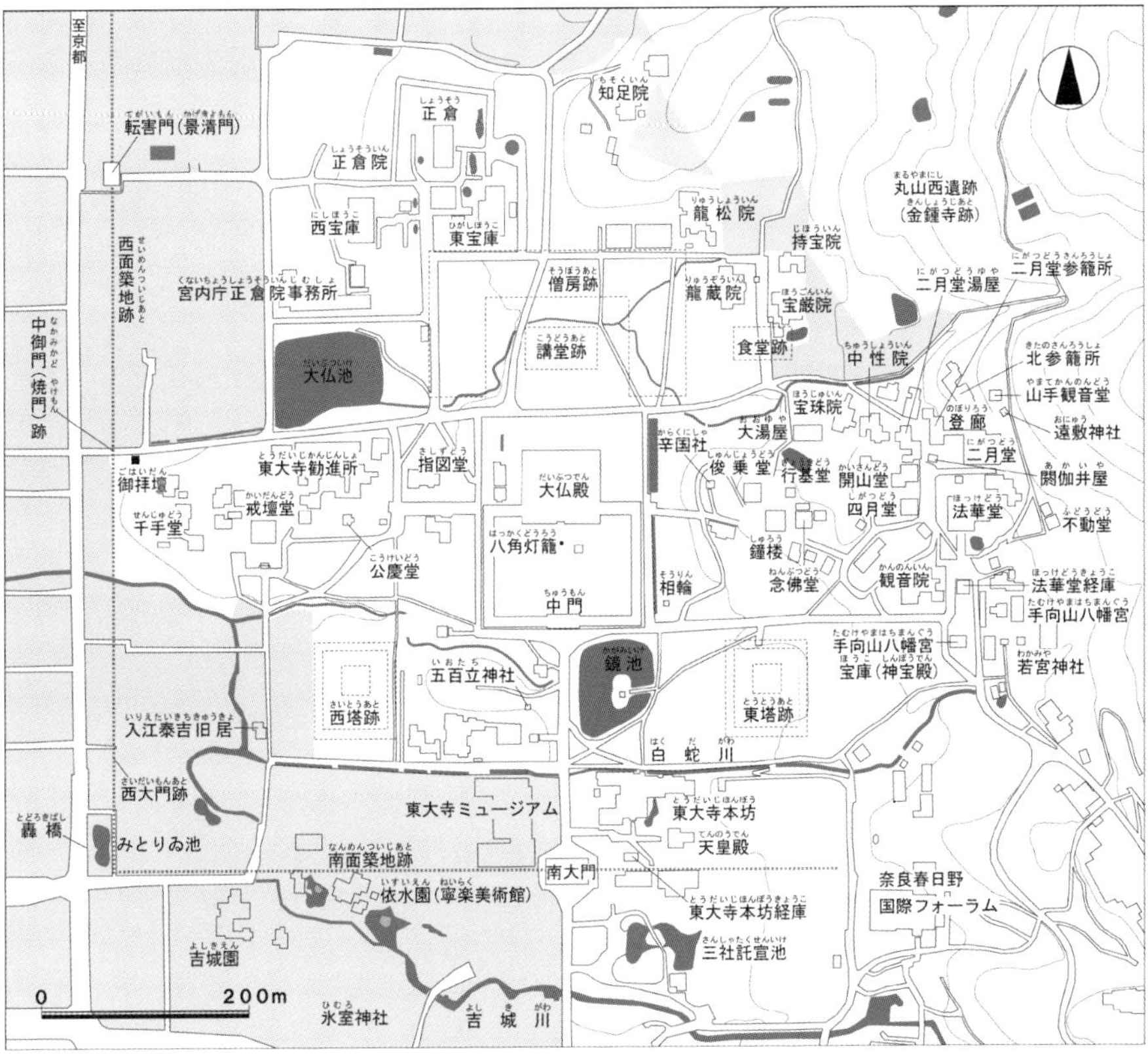

図9-6　東大寺境内図

の宮町《みやまち》遺跡と、南の丘にあって、大仏造立の地とされる甲賀寺跡《こうがでらあと》はシリーズの冒頭に訪れなければならない。

東大寺は奈良・平安時代を通じて伽藍の大半が倒壊や焼失を免れてきたが、治承《じしょう》四（一一八〇）年に平重衡《たいらのしげひら》の南都攻めに際して大仏殿は焼け落ち、大仏は熔けて野晒《のざら》しとなった。

それを復興したのが東大寺勧進職《かんじんしき》についた重源《ちょうげん》である。勧進職とは寄付集めの総責任者である。大仏殿の再建に際しては巨樹が必要であり、それが入手できたのは周防国《すおうのくに》、現在の山口県東部であった。防府《ほうふ》市を流れる佐波川《さばがわ》の上流に何本かの巨樹があり、それを大和国へ運ぶには、佐波川の水を各所で堰き止めながら筏《いかだ》で下さなければならない。重源はあらゆる手段を講じて住民の協力をとりつけ、その難事業をやり終えた。その地は「重源の郷《さと》」として観光整備されている。山口県には秋吉台の近くに長登《ながのぼり》銅山があり、奈良時代に大仏を鋳造する際、その地の銅を都に運んでいる。周防国は東大寺の創建や再建に力を貸した最大の支援地域である。

そのような一時的な支援を受ける一方で、日々の運営を支える経済基盤が各地にあり、

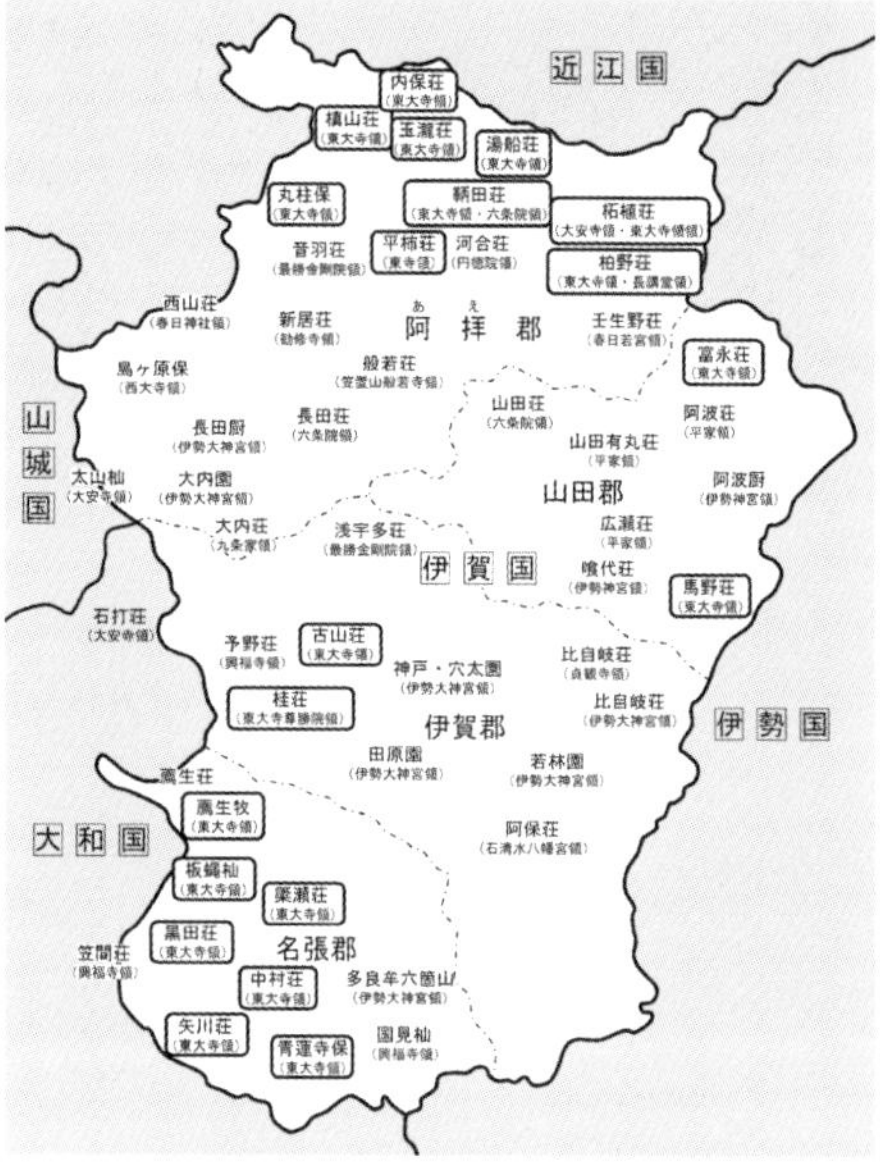

図9-7　旧伊賀国の東大寺領

とりわけ、三重県の名張市から伊賀市にかけての一帯に東大寺領が密集していた（図9-7）。伊賀国北部の阿拝《あえ》郡・山田郡・伊賀郡の三郡には一三カ所の東大寺領があり、そのうち山田郡の富永荘《とみながのしょう》には、重源を開山として建てられた新大佛寺《しんだいぶつじ》（三重県伊賀市富永）がある。伊賀国南部の名張郡はほとんどの地域が東大寺領で占められ、用材の産地である板蠅杣《いたばえのそま》には毛原《けはら》廃寺（奈良県山辺郡山添村毛原）という大規模な古代寺院の跡がある。それは杣場《そまば》として東大寺に関連し、この地域の布教拠点として建立された寺院と言われている。名張盆地の南西部には赤目《あかめ》四十八滝《しじゅうはちたき》の最寄り駅である近鉄赤目口《あかめぐち》駅があり、その近くには東大寺の有力荘園であった黒田荘や矢川《やがわ》荘が田畑を広げていた。旧一ノ井村にある極楽寺（名張市赤目町）は東大寺の修二会《しゅにえ》（お水取り）に使う松明《たいまつ》の薪《たきぎ》を運び出す寺として知られる。寺の南方にある松明山で伐採した檜《ひのき》材を楔形に割り、三月半ばに東大寺二月堂に奉納する。一年後、板は練行衆《れんぎょうしゅう》が手にする達陀《だったん》松明の火となる。極楽寺から大和高原を縫って東大寺に至る山道は三四キロもあるが、往時は杣人《そまびと》が一日で運んでいたという。近々この「松明ロード」をたどるツアーを実施する予定である。

伊賀国からもさらに離れた三河国《みかわのくに》にも東大寺関連の遺跡がある（図9-8）。渥美《あつみ》半島の先端近く、伊良湖岬《いらごみさき》の東方四キロ地点で発見された東大寺の瓦窯《がよう》跡である。初立《はったち》ダムという貯水ダムの脇に三基の窖窯《あながま》が地下保存されている。重源が東大寺を再興した際に、仏殿に葺く瓦を焼いた窯であり、古くからこの地が窯業地として認められていたことを物語る。

同じく東大寺復興の際に瓦を提供した窯が岡山県岡山市東区の万富《まんとみ》にあり、昭和二（一九二七）年に早くも国の史跡に指定された。ここではロストル（分焔牀《ぶんえんしょう》）をもつ一四基の平窯《ひらがま》や工房跡が検出され、大規模な製瓦工場であったことが確かめられている。「東大寺大仏殿」の銘文をもつ軒丸瓦や軒平瓦が焼かれ、大量に生産された瓦はすぐ東を流れる吉井川《よしいがわ》を下し、瀬戸《せと》内《うち》航路で大和国まで運び出されたようである。吉井川の東方は備前焼きの中心地であり、吉井川西岸の万富にも良質な粘土の層があった。重源がその情報を聞いて依頼したのかも知れない。大仏の造立に必要な用材は主に銅であるが、仏がもつ三十二《さんじゅうに》

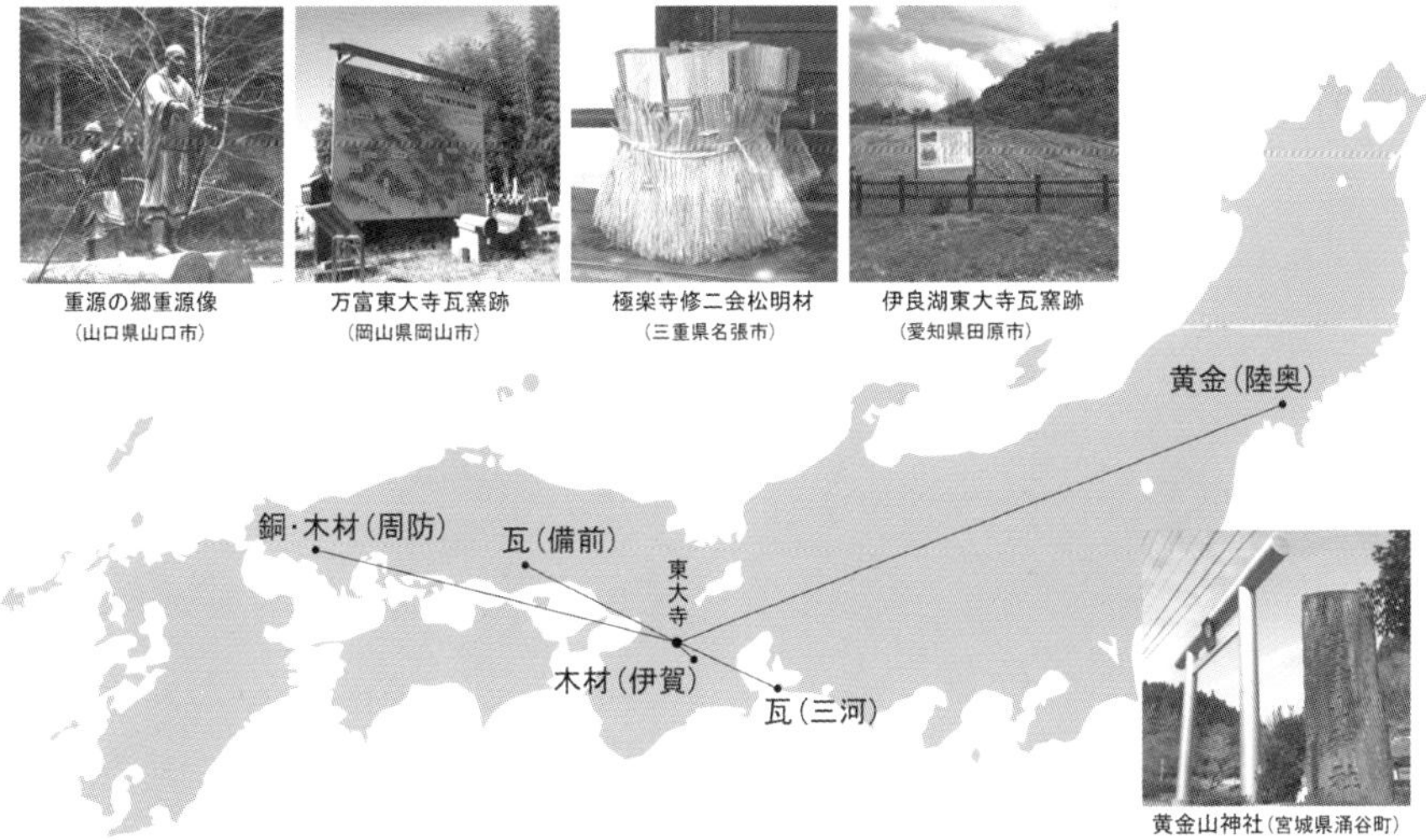

図9-8　東大寺を支援した地域

相《そう》のなかに、身体のすべてが黄金色に輝いているという「金色《こんじき》相《そう》」があり、それに基づいて行なわれる金メッキに大量の金と水銀が使われる。奈良時代には、そのような貴金属は大陸から取り寄せるしかなかったが、聖武天皇にとって朗報であったのは、天平二一（七四九）年に陸奥国の国司であった百済王敬福《くだらのこにきしきょうふく》が現在の宮城県遠田《とおだ》郡涌谷町《わくやちょう》で産出された黄金約一三キロを献上してきたことである。大仏の金メッキには約六〇キロの金が必要であり、最初の献上だけでは足りなかったが、その後、当地では大々的に砂金の採集が行なわれた。その地には石巻《いしのまき》市の金華山《きんかさん》とは別に黄金山《こがねやま》神社が創建され、黄金色の大鳥居が建てられている。

瓦や木材、銅や金といった建材は東大寺の創建や再建に不可欠であり、それらが全国から集められたことは、右の五例によって実感できる。それらはあまりにも遠く離れているので、すぐさまツアーを組んで案内する、というわけにはいかないが、東大寺境内を案内する区域ガイドがその情報を伝えるだけで、「それでは、何かのついでに行ってみよう」と思い立つ客が必ず現われるはずである（図9-9）。というのも、私が企画する旅に参加される方から「教えていただいたところに行ってきましたよ」と声をかけて下さることがよくあるからである。区域観光を区域にとどめず、地域や広域に広げる心がけが観光の発展に寄与することになる。

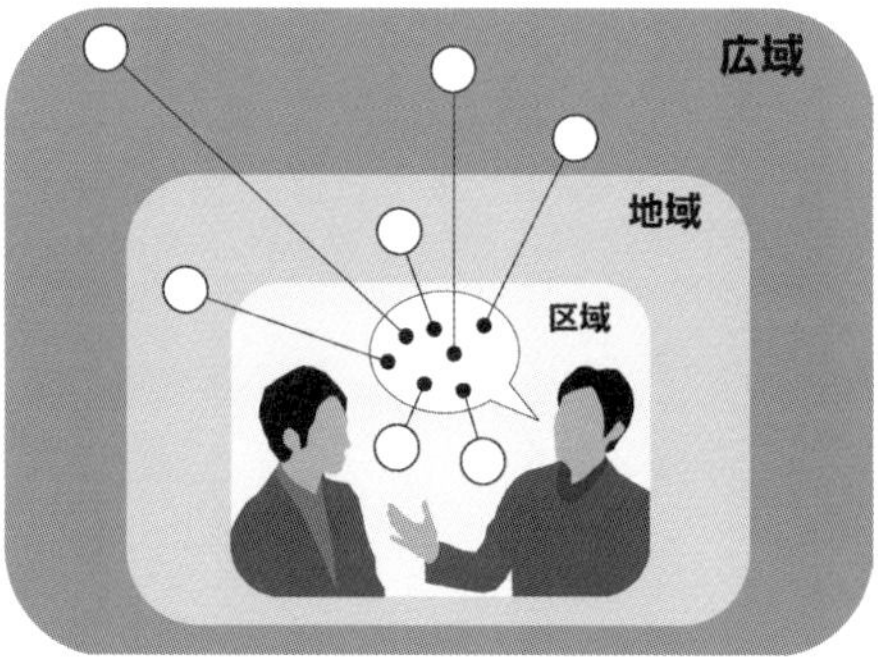

図9-9　区域ガイドが広げる観光のイメージ

（4）黒田官兵衛の生涯を追う旅の企画

平成二六（二〇一四）年のＮＨＫ大河ドラマ「軍師官兵衛《かんべえ》」は、岡田准一《おかだじゅんいち》さん主演の見応えがある歴史ドラマであったが、この放送に関連して、私も黒田官兵衛の生涯を追う旅のシリーズを企画し、実施した。ひとりの歴史人物を追う旅の例として紹介したい。

黒田官兵衛は本名を「孝高《よしたか》」と言い、晩年は「如水《じょすい》」と号した。官兵衛は通称である。戦国時代の天文《てんぶん》一五（一五四六）年に生まれ、江戸時代初めの慶長《けいちょう》九（一六〇四）年に五九歳で亡くなっている。長らく仕えた豊臣秀吉よりも九歳年下である。ドラマ「軍師官兵衛」の脚本は前川洋一《まえかわよういち》氏の書き下ろしであったが、官兵衛を主人公とした歴史小説に司馬遼太郎《しばりょうたろう》の『播磨灘《はりまなだ》物語』三冊本（講談社、一九七五年）がある。文中には司馬遼太郎の取材記事も挟まれているため、下見に大いに役立った。

その冒頭に紹介されているのが、奥琵琶湖の滋賀県長浜市木《き》之本町《のもとちょう》である。柴田勝家《しばたかついえ》が敗れた賤ヶ岳《しずがたけ》の東麓に黒田村があり、そこが官兵衛を輩出した黒田氏発祥の地とのことで、司馬氏は取材に訪れている。集落の中央には黒田氏居館跡と伝えられる空き地があり、集会所改築時に「源宗清《みなもとのむねきよ》」の刻字をもつ一基の宝篋印塔《ほうきょういんとう》が見つかった。司馬氏が訪れたときには、昭和二（一九二七）年所建の「黒田氏旧縁之地碑」の裏に置かれていたとのことであるが、今は祠堂の中にまつられている。源宗清は佐々木源氏の末裔であり、支配した当地の名から黒田の姓を名乗ったという。福岡藩の儒学者、貝原益軒《かいばらえきけん》の『黒田家譜《くろだかふ》』には黒田氏の始祖とされる。

宗清から数えて六代目の黒田高政《たかまさ》は室町将軍家の家督争いで軍令をやぶり、遠く離れた備前に移住した。名刀「備前長船《おさふね》」を生み出した岡山県瀬戸内町長船の南、「福岡」と呼ばれる吉井川左岸の地である。吉井川を七キロばかり遡れば、前節で紹介した万富東大寺瓦窯跡がある。福岡が九州の福岡市と同名であるのは偶然ではなく、黒田長政が父の官兵衛とともに福岡城を築いた際、先祖の故地に因んで命名したと言われる。

福岡村の中心にある日蓮宗妙興寺《みょうこうじ》の墓地には黒田高政と子

の重隆《しげたか》の墓塔が並ぶ。備前福岡城の跡は吉井川の川床となり、河川敷のゴルフコースの中に本丸と伝えられる小さな丘がある。河岸の堤防下には『一遍上人絵伝《いっぺんしょうにんえでん》』にも描かれた「福岡の市《いち》」跡があり、そのような市で財をなした黒田重隆は子の職《もと》隆《たか》を連れて姫路へ移住し、姫路市東部の御着《ごちゃく》に城を構える小寺《こでら》氏に仕え富を蓄積した。その職隆の子が孝高《よしたか》、黒田官兵衛である。『黒田家譜』によれば、生誕地は現在の姫路市内とされるが、姫路城の北東三七キロにある兵庫県西脇《にしわき》市の黒田城で生まれたことを記す系図が城跡近くの荘厳寺《しょうごんじ》に伝わり、西脇市では黒田官兵衛生誕の地として観光客を誘致している。

　若くして才覚を現した官兵衛は一九歳で小寺氏の支城である姫路城の城代となり、三二歳の年に西国の雄である毛利氏の軍勢が姫路市西部の英賀《あが》城を拠点として小寺氏を潰しにかかったが、官兵衛は奇襲によって毛利勢を撤退させた。そのあと、長男の長政を人質として差し出して織田信長に仕え、秀吉の中国攻めに際しては、居城の姫路城を秀吉に譲り、官兵衛自身は市川左岸の妻鹿《めが》城（国府山城）に入った。それからのち、官兵衛は秀吉が亡くなるまで身辺に仕え、竹中半兵衛と共に秀吉の歴戦を支えた。

　秀吉の躍進とともに軍師官兵衛の名声は天下に知れ渡った。半兵衛との名参謀ぶりは、別所長治《べっしょながはる》が立て籠もる三木《みき》城の攻略戦で発揮されたが、突如として信長に反旗を翻した荒木村重《あらきむらしげ》を説得するため、有岡《ありおか》城（伊丹《いたみ》城）に出向いたところ、土牢《つちろう》に幽閉されてしまった。一年後に救出されたものの、官兵衛の頭皮や足腰には重度の疾患が残ったという。

　官兵衛の軍略は主として城攻めに生かされ、一方、城の防衛にも才能を発揮した。本能寺で信長が倒されたあと、明智光秀との山崎の戦いや柴田勝家との賤ヶ岳の戦いで奮闘し、秀吉の大坂城築城に際しては、官兵衛が縄張り（平面設計）を指し図したとされる。秀吉の天下平定戦では、四国地方や中国地方で攻略戦を続け、播磨国宍粟《しそう》郡の山崎《やまざき》城を与えられて五万石の大名にまで昇格した。その後、九州平定の最前線を引き受け、一二万石の大名として現在の大分県中津市に中津《なかつ》城を築き、地元の強敵、城井《きい》氏を滅ぼした。中津の合元寺《ごうがんじ》で息子の黒田長政が勇将の城井鎮房《しげふさ》を謀殺し、官兵衛が後に悔いたことは、夙《つと》に知られる事件である。

　官兵衛・長政父子は秀吉の朝鮮出兵にも従軍し、秀吉が本陣とした名護屋《なごや》城の縄張りも官兵衛が担ったと言われる。秀吉の死後、長政は石田三成《いしだみつなり》と対立し、関ヶ原の戦いでは、徳川方について善戦した。一方、官兵衛は中津城にいて、九州勢の懐柔に努め、攻め上る大友義統《よしむね》の軍勢を現別府市の石垣原《いしがきばる》で迎撃した。徳川家康は黒田父子の活躍を認め、筑紫国を与えた。ここに黒田氏は五二万石の大大名となり、博多湾東岸の名島《なじま》城に入城し、その後、博多湾南岸の丘陵に本格的な城を築き、備前の故地に因んで福岡城と命名した。

　引退して如水《じょすい》と名を変えていた官兵衛は慶長九（一六〇四）年に京都伏見で客死《かくし》し、遺骸は入信していたキリスト教の流儀をもって博多の郊外に葬られた。享年五九歳であった。墓所

図9-10　黒田官兵衛に関わる史跡

は福岡市博多区の臨済宗崇福寺《そうふくじ》にあり、霊廟は大徳寺《だいとくじ》（京都市北区）の塔頭《たっちゅう》である龍光院《りゅうこういん》にある。

さて、このように黒田官兵衛の生涯を追うだけで、図9-10に示したような史跡や合戦地が浮かび上がる。このうち、兵庫県・大分県・福岡県の史跡を綴りながら、三回に分けてツアーを企画・実施した。ただ、見ての通り、官兵衛の関連史跡だけでは観光資源が希薄である。官兵衛の熱烈なファンならいざ知らず、一般客を集められるほどのツアーは組みにくい。よって、付加的な観光資源が必要である。つまり、歴史人物の生涯を「骨」、その人物の生きた時代の有名な史跡を「肉」として、集客力のあるツアーに仕上げた。

「姫路編」と題して実施した初回ツアーでは、官兵衛が頭角を現した小寺氏の御着城、潔く姫路を秀吉に譲った後で居城とした妻鹿《めが》城（国府《こう》山《やま》城）に加え、姫路城・書写山圓教寺《えんぎょうじ》・廣峯《ひろみね》神社など、姫路市の代表的な観光地を盛り込んだ。それらは官兵衛の生涯と何らかのつながりがある。第二回の「兵庫編」では、官兵衛生誕の地とされる西脇市の黒田城跡に幽閉の地である伊丹市の有岡《ありおか》城跡、大河ドラマ「軍師官兵衛」のロケ地である朝来《あさご》市の竹田城などを加えた。第三回の「九州編」では、別府市と福岡市に宿泊する二泊三日のツアーとした。大分県では中津市から石垣原合戦場のある別府市へ向かい、福岡市の名島城・福岡城・崇福寺黒田家墓所へと折り返し、シリーズを締めた。一般客を誘うため、福岡城の工事期間に官兵衛が隠棲したことをもって太宰府《だざいふ》天満宮を加えた。

シリーズを拡大して、黒田氏発祥の地である滋賀県長浜市木之本町を訪ねるとすれば、近くにある浅井長政の小谷《おだに》城や柴田勝家が秀吉軍を相手に奮戦した賤ヶ岳を盛り込む手がある。両城とも山城であるが、小谷城跡はマイクロバス、賤ヶ岳はリフトでの登頂ができるため、団体のツアーもかろうじて組める。両城は信長や秀吉が躍進した合戦場でもあるため、官兵衛とも深く関係し、付け足しに違和感はない。

官兵衛の曽祖父である黒田高政が移り住んだ岡山県瀬戸内市長船町を訪ねるとすれば、名刀備前長船《びぜんおさふね》の博物館を加え、隣町の伊部《いんべ》に足をのばし、備前焼の古窯址や窯元を訪ねるツアーも付け足せる。黒田氏が備前福岡で市場を開拓したことを思えば、刀鍛冶や窯業の歴史を追うこともテーマから離れず、違和感がない。

このように、近在する観光資源を工夫して付加してゆけば、広域観光が「単なる広域をつなぐ観光」から「地域観光の総体としての観光」へと発展する。図9-11は歴史人物の生涯を追いながら、それぞれの地域でまとまったツアーを組むことを示したイメージ図である。ひとつのテーマを媒介として広域観光を企画する際、それぞれの地域でテーマに沿った観光資源を探し、地域観光をひとつひとつ成立させてゆく例を、黒田官兵衛の生涯を追うツアーで示した次第である。

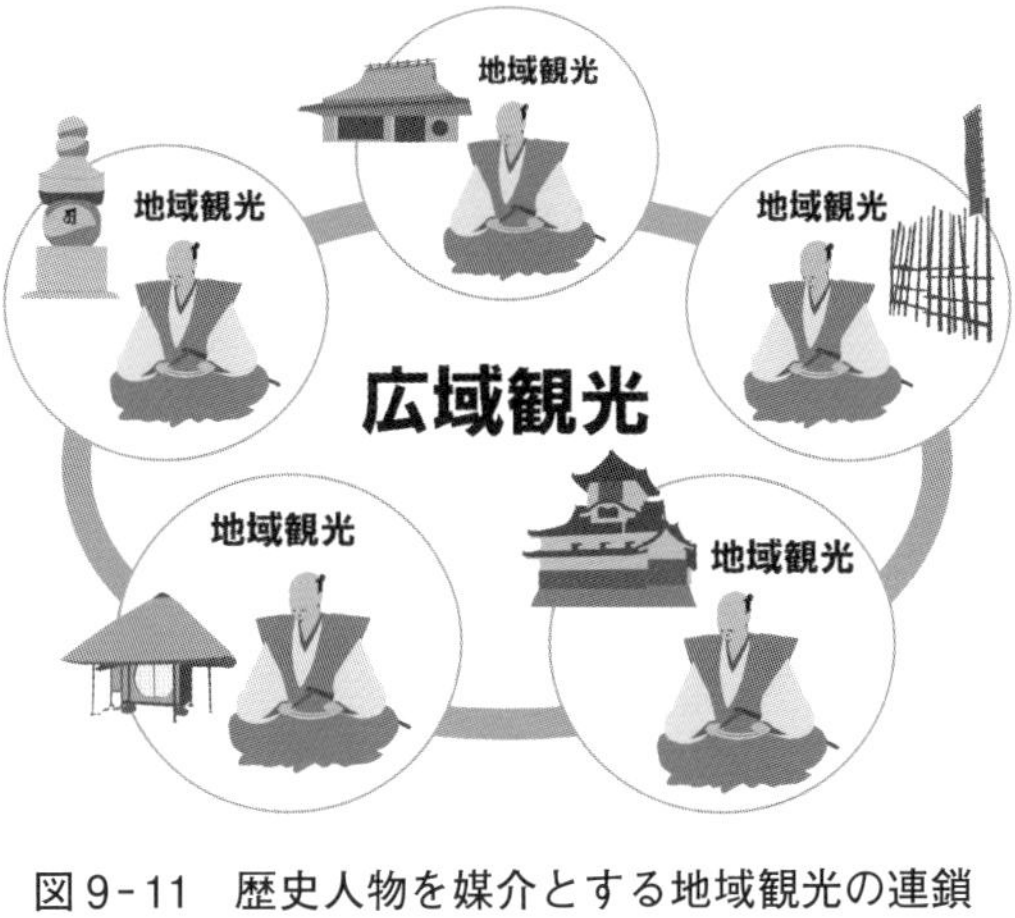

図9-11　歴史人物を媒介とする地域観光の連鎖

（5）幕末の大阪湾防衛を解き明かす旅の企画

前節では地域観光の総体として広域観光を組み立てる例を示したが、この節では区域観光と広域観光の合成を語ろう。まずは図9-12に模式図を示す。これは基盤上に張り巡らされた集積回路に着想し、広域観光を中央処理装置、区域観光を電子部品に見立てたイメージである。区域とは寺院・博物館・工場など、限られた範囲の中で行なう観光のことを指すが、ただ単に外界から限られているだけでなく、範囲の中にある建物や部屋が全体としてひとつの目的を果たす。たとえば、寺院は宗教、博物館は教育、工場は生産を目的として全体が成り立っている。また同時に、複数の寺院が連携して、ひとつの宗派を広め、複数の博物館が連携して、ひとつの教育領域を形成し、複数の工場が連携して、大型の機械を生み出すことも多い。つまり、話を区域で完結させることもでき、一方で話を広域に展開することもできる。ここでは幕末の大阪湾防衛をとりあげ、後者の観光事例を紹介する。

一五世紀半ばからの大航海時代にヨーロッパ諸国は大型帆船をもって世界への進出を図り、アフリカ大陸やアメリカ大陸、そしてオセアニアで植民地化を進めた。日本は江戸幕府の鎖国政策が軌道に乗り、オランダ以外の列国との貿易を遮断したが、北方のロシアが女帝エカチェリーナ二世の統治下に対外進出を強め、それを察した仙台藩士で経世論者《けいせいろんじゃ》の工藤平助《くどうへいすけ》や林子平《はやししへい》はそれぞれ『赤蝦夷《あかえぞ》風説考《ふうせつこう》』（一七八一年頃刊行）と『海国兵談《かいこくへいだん》』（一七九一年刊行）を世に出し海防の必要性を訴えた。おりしも、寛政四（一七九二）年九月にロシア使節のラクスマンが漂民の大黒屋光太夫《だいこくやこうだゆう》を伴って根室《ねむろ》に来航し通商を求めてきたため、老中松平定信《まつだいらさだのぶ》は諸大名に海防の強化を命じ、江戸湾と蝦夷地の警備充足を図った。

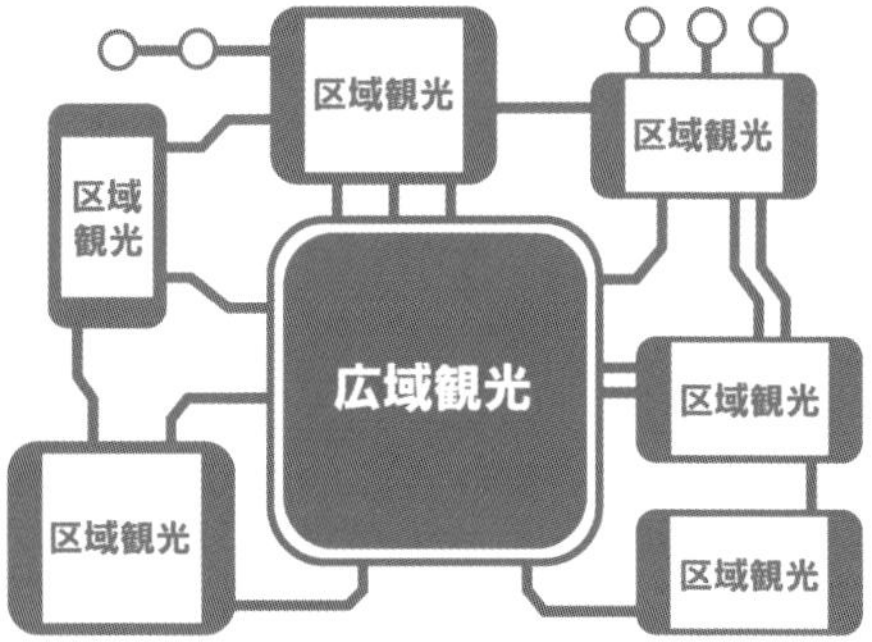

図9-12　区域観光群からなる広域観光のイメージ

一九世紀に入ると、幕府の懸念は現実となり、文化三（一八〇六）年にはロシア船が松前《まつまえ》藩領の樺太《からふと》方面を侵し、文化五年にはイギリス船軍艦のフェートン号が長崎を襲撃、文政七（一八二四）年にはイギリスの捕鯨船が薩摩国《さつまのくに》の宝島《たからじま》に上陸して略奪を働くなど、列強の侵略は具体性を帯びはじめた。文政八年二月、幕府はこれら一連の侵犯に対してて異国船打払令《いこくせんうちはらいれい》（無二念《むにねん》打払令）を発し、諸大名に警戒を促した。

大陸ではイギリスの商人が清朝からの輸入過多によって生じた赤字を埋めるため、インドで栽培したアヘンを中国国内で密売し、暴利をむさぼり始めた。アヘン患者の弊害と銀の流出を防ぐために清朝の林則徐《りんそくじょ》が断行した強硬策は、惨憺たる敗北と不平等な締結という最悪の結果を招いた。いわゆる南京条約である。

天保一一（一八四〇）年一一月に唐船が長崎にもたらした風《ふう》説書《せつがき》によって清朝の大敗を知った幕府はイギリスの脅威を痛感して対策を練った。そうしたなか、幕府に衝撃を与えたのは、弘化《こうか》三（一八四六）年に起こったアメリカ東インド艦隊司令長官ジェームス・ビッドルの来航であった。ビッドルが乗船するコロンバス号は艦長が六〇メートルに迫る帆船軍艦（二四八〇トン）であり、大砲九二門を装備していた。副艦のヴィンセンヌ号（七〇〇トン）も艦長四〇メートルに迫り、大砲一八門を装備する大艦である。それまで日本人が目にしたことのない巨大な船であった。

数年後の嘉永《かえい》六（一八五三）年、アメリカ東インド艦隊司令長官のマシュー・ペリーが四艘の軍艦を率いて江戸湾に迫った。サスケハナ号（艦長七八メートル）・ミシシッピ号（七〇メートル）・プリマス号（四五メートル）・サラトガ号（四四・五メートル）の四艘はいずれも三二ポンド砲（六貫目砲）や八インチ砲（一一貫目砲）を備え、江戸湾守備の戦力を圧倒するものであった。四艘は船体をタールで黒く塗り、蒸気機関を併用していたサスケハナ号とミシシッピ号は煙突から黒い煙を立ちのぼらせていた。黒船《くろふね》と呼ばれたゆえんである。

黒船の来航により江戸が騒然となる一方、嘉永《かえい》七（一八五四）年にディアナ号を旗艦とするロシア遣日全権大使のエフィム・プチャーチンが紀淡《きたん》海峡から大阪湾に侵入し、天保山沖に停泊するという事件が起こった。江戸のみならず、帝都のある上方《かみがた》を守ることが幕府の務めとの声が高まり、幕府もまた大阪湾防衛の必要性を感じ、諸大名に命じて湾岸に台場《だいば》を築かせ始めた。台場とは大砲を備えた城塞である。

図9-13に示したように、台場の配置は明石海峡・紀淡海峡・摂津《せっつ》和泉《いずみ》海岸・淀川河岸の四カ所に分かれる。前二者は海峡を航行する異国船を挟撃するもので、明石海峡の北岸は明石藩、南岸の北淡側は徳島藩が担当し、紀淡海峡は東岸の加太から友ヶ島にかけての範囲を和歌山藩（紀州藩）、西岸の高崎を徳島藩が担当した。摂津和泉海岸の台場は、堺港や兵庫津に入港する異国船、淀川河岸の台場は、川を遡上して京都に向かう異国船を想定したものであった。

当初は海岸に土塁を設け、付近の陣屋に守備兵を詰めるだけの簡単な対応に終わったが、文久三（一八六三）年四月に将軍家茂《いえもち》が大阪湾の巡航視察を行ない、同行した勝海舟《かつかいしゅう》は神戸に海《かい》軍操練所《ぐんそうれんじょ》を開き、大阪湾岸に西洋式の堅固な砲台を並べることを提案し、認められた。海舟は西洋式堡塁《ほうるい》の採用を考え、和田《わだ》岬《みさき》・川崎・西宮・今津の四カ所に築かせた。それらは円筒形の石堡塔《せきほうとう》を核とする円形もしくは多角形の堡塁であり、そのうち和田岬と西宮の二基が現存する。今津の台場は消滅したが、砲台の積石《つみいし》である扇形の御影石《みかげいし》が記念碑となって残されている。

西洋式堡塁は砲撃に死角が生じないよう、函館市の五稜郭《ごりょうかく》

舞子台場石垣
和田岬台場砲塔
西宮砲台場砲塔
今津台場跡碑
松帆台場火薬庫
高崎台場石垣
京都御所
二条城
淀城
梶原台場
高槻城
楠葉台場
淀川
西宮台場
今津台場
尼崎城
大坂城
天保山台場
大坂城大砲
明石城
舞子台場
明石海峡
松帆台場
和田岬台場
堺北台場
堺南台場
大阪湾
岸和田城
梶原台場濠跡
楠葉台場濠跡
洲本城
紀淡海峡
友ヶ島台場群
高崎台場
和歌山城
雑賀崎台場群
天保山台場跡
堺北台場跡
堺南台場石垣
池ノ尻台場跡
(友ヶ島)
元番所台場跡
(雑賀崎)
カゴバ台場砲塁
(雑賀崎)

図9-13　大阪湾岸と淀川沿岸の幕末台場

のように、平面形状を鈍角にする特徴があり、そのようなものを稜堡式《りょうほしき》という。舞子《まいこ》台場・松帆《まつほ》台場・楠葉《くずは》台場・堺南《さかいみなみ》台場・高崎《たかさき》台場などに稜堡式の砲座が残され、天保山台場はコンクリート造《づくり》の防波堤、梶原《かじわら》台場は水路に鈍角の平面形状がうかがえる。紀州藩が築いた友ヶ島《ともがしま》や雑賀崎《さいかざき》などの台場は砲座を直線的に築いた未成熟のものであり、勝海舟に「子供の戯事《ざれごと》」と酷評されたが、いずれも遺跡はよく保存されている。とはいえ、大阪湾岸に築かれた台場の大半は消え去り、**図9-13**はかろうじて観光資源になるものだけを示した分布図である。

台場には複数の大砲が備えられ、それらが連携して異国船を打ち払うものであるが、一カ所の台場群では心もとない。沿岸に連なる複数の台場群が連携して、はじめて有効に侵入者を撃退できるものである。その意味で、台場を巡る観光は区域ごとにツアーを企画しながらも、広域観光としてシリーズ化できる。そのようにして幕末の大阪湾防衛をテーマにシリーズの旅を企画したのだが、ただ単に台場を巡りながら回を重ねても魅力がない。ハイライトとなる区域観光を要所にはさんだ。そのひとつが友ヶ島《ともがしま》の散策である。

大阪湾の南口となる紀淡海峡に浮かぶ友ヶ島は、沖ノ島《おきのしま》や地《じ》ノ島《のしま》など、複数の島の総称であり、太平洋から大阪湾に直接侵入できる海峡であるだけに、そこには幕末の台場だけでなく、日露戦争に関連して設置された明治時代の砲台が良好に残る。**図9-14**はその配置図である。本島である沖ノ島の面積は一・三平方キロメートルばかりで、東大寺旧境内の二倍に満たない。よって、島全体で区域観光が成立する。最高所のタカノス山展望台でも標高一三〇メートルばかりで、しかも砲台を結ぶ幅の広い軍用道路が保存されているため、散策にはうってつけの条件である。和歌山市の加太《かだ》港から定員一〇〇名の汽船が出ているため、団体のツアーも可能である。とはいえ、時間や客の体力を考えると、沖ノ島の西半分を巡る程度で終えるのがよかろう。明治砲台はいずれも同様の施設であるため、すべてを巡る必要もない。

友ヶ島灯台や関空電波塔は緑の森、青い海に映えて、みごとな景色を作っているが、そこにガイドが口を挟む余地はない。絶好の撮影スポットへ案内する程度に留め、案内は台場や砲台の構造や働きに徹するのがよかろう。煉瓦造りの掩蔽部《えんぺいぶ》には、天井に重い砲弾を吊るし運ぶためのレールが埋め込まれている。砲座の両翼には敵艦までの距離を測るための装甲《そうこう》観測所が設けられ、壁や床に埋め込まれた伝声管《でんせいかん》で一体となっている。機能を第一に設計された施設は、すべての部位に合理性があり、作業が復元できる。漠然と戦いの歴史をふりかえるのではなく、その施設に詰めて戦いの時を待った武士や兵士たちの不安や緊張感を客が共有できるほどまでディテールにこだわった案内が求められる。大きく構想を練り、子細に案内する。広域観光を企画するガイドが求められる姿勢である。

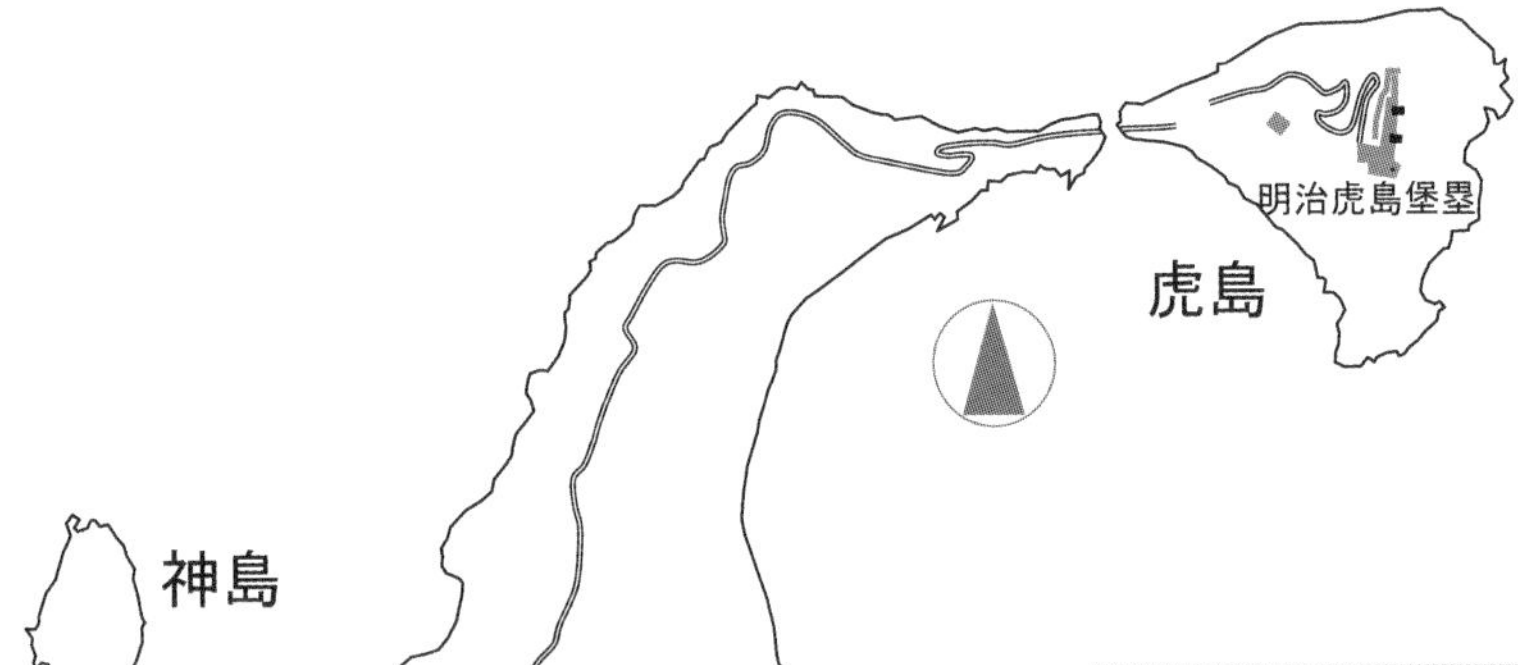

友ヶ島関空電波塔

幕末池ノ前台場石垣

幕末池ノ尻台場砲塁

明治第３砲台砲座

明治第３砲台棲息掩蔽部

幕末台場と明治砲台

友ヶ島汽船ともがしま号

友ヶ島野奈浦風景

崩壊した明治第２砲台

友ヶ島灯台

明治第１砲台装甲観測所

明治第１砲台伝声管

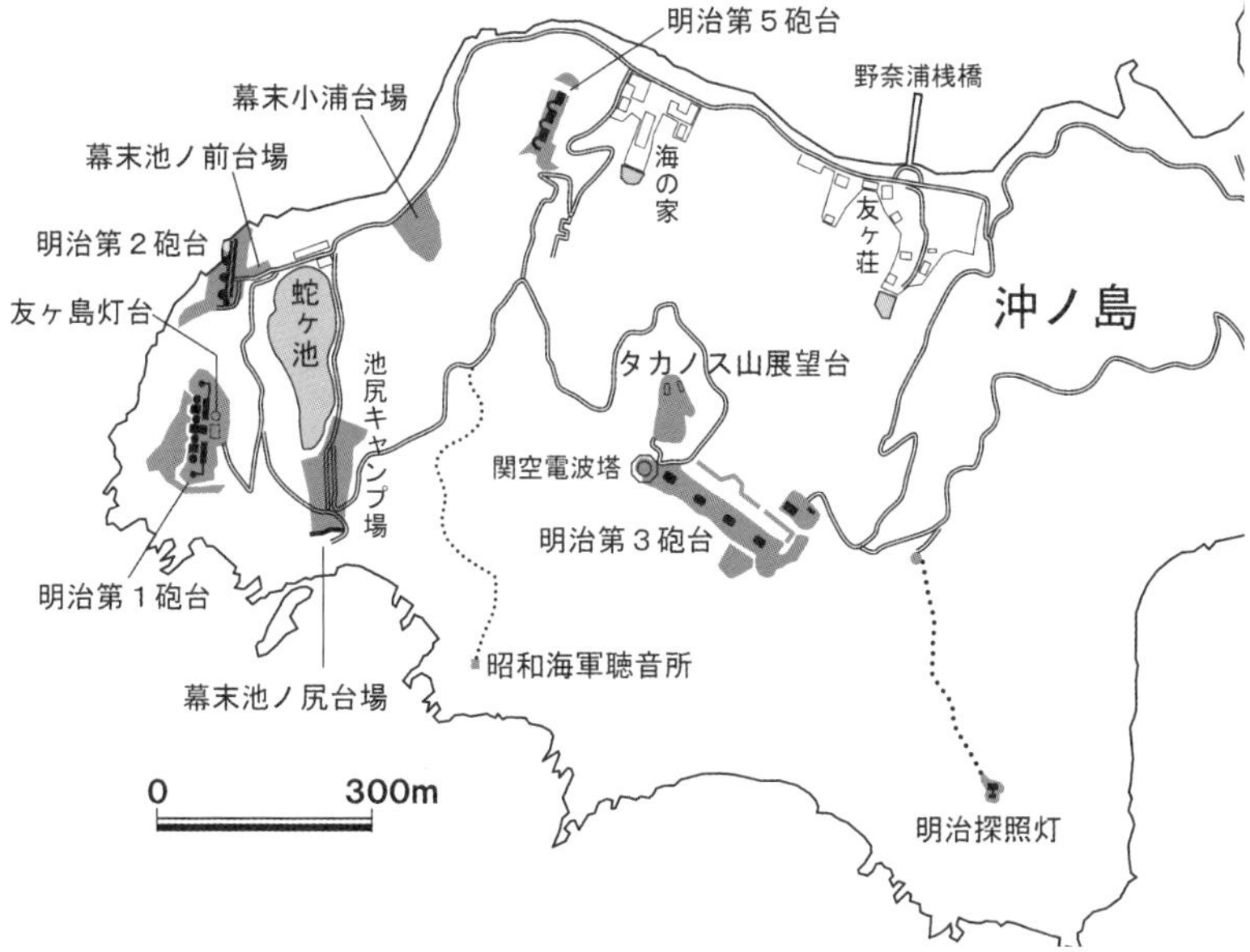

図9-14　友ヶ島の

第10章 魏志倭人伝ツアーで示す構想から案内までの手順

第7章では四天王寺、第8章では河内平野、第9章では神武東征伝説・壬申の乱・東大寺・黒田官兵衛・幕末台場をとりあげ、区域・地域・広域の観光案内に参考となる実践例を示した。ただ、それらを芝居にたとえるなら、演技をお見せしただけであって、稽古における意気込みや苦労を生々しく語るものではなかった。いわば、舞台裏を見せていない。よって、この章では苦労話などを交えながらガイドをめざす読者にツアー企画のノウハウをお伝えする。好評をいただいている「魏志倭人伝《ぎしわじんでん》ツアー」を例として、その構想から当日の案内に至るまでの手順を綴ってゆく。

(1) 邪馬台国論争による動機づけ

魏志倭人伝ツアーは依頼を受けて始めた企画ではない。専門分野が中国と日本の考古学であるため、日中交渉史を話題にした講演を引き受けることが多い。そのなかでも、とりわけ注目を集めるのが、魏志倭人伝であり、邪馬台国《やまたいこく》であり、女王卑弥《ひみ》呼《こ》である。やはり関心の高さは群を抜いている。講演でのリップサービスで「また一度、邪馬台国の候補地へ皆様をお連れしますよ」などと軽はずみなことを言っているうちに実現した。そういう自然な流れで始めたツアーである。よって、制約が少なく、自ら企画を楽しめる。

魏志倭人伝に記された倭国（日本）は弥生時代から古墳時代への過渡期にあった。西暦で言えば、三世紀である。この時期の遺跡を巡ることがツアーの軸になることは間違いない。つまり、倭人伝に記された国々の候補地を下見し、弥生時代後期の集落遺跡や古墳時代初期の古墳をピックアップしてゆけば、ツアーの企画は成立する。ただそれは、春の公園で「花をご覧ください」と言うに等しい手抜きである。参加費をいただくには、ひと味もふた味も違う調理が必要である。

歴史をテーマとする旅には、当然のことながら歴史好きの客が集まる。彼らの大半は読書を好み、歴史学者や歴史小説家が出版した論著を愛読している。よって、歴史についての持論をもつ客も多い。とりわけ邪馬台国論争に至っては、この傾向が強く、かなり持論に固執する客もいる。代表的な学説は邪馬台国「九州説」と「畿内説」である。とりわけ九州に邪馬台国があったと考える人は、強い思い入れがある。そのため、はなから邪馬台国畿内説を前提としてしまっては、半数の客の心は離れる。どうすればよいか。

　私にはひとつの解決策がある。一七頁で解説した「共感」を使う手である。つまり、ガイドがひとつの学説をもって「教える」のではなく、「共に考えましょう」と誘うことで、客を論争に参加させるのである。最初からガイドの持論をもって邪馬台国の所在地を決めつけるのではなく、「基礎資料となる魏志倭人伝を検証するため、共に旅をしましょう」というスタンスが必要である。そして、より広く検証するには、九州地方の旅だけに限定せず、中国地方や近畿地方も訪れ、ひいては関東地方にも足をのばさねばならないと誘う。正直なところ、観光事業者としては、広範囲に目を及ぼしていただくほうが、さまざまなツアーが組めてありがたい。そういう本音を冗談にかえて漏らすことも、客の心を解きほぐす策である。

（2）味付けとしての原文解説

　前節で「ひと味もふた味も違う」企画の必要性を説いたが、魏志倭人伝ツアーで私が行なった味付けを語ろう。考古学の遺跡を巡ることは変わらない。肝心なのは「遺跡をどう見学すれば、疑問が解けてゆくのか」という着眼点である。疑問点をあぶりだすには、まず魏志倭人伝を読まねばならない。前章の神武東征伝説ツアーや壬申の乱ツアーで示した「原文を読む」手法をここでも用いた。原文を読んで、疑問点を浮かび上がらせ、確かめるべきことを現地で確かめる。それは下見での確認事項であり、案内当日の演出ともなる。

　さて、魏志倭人伝の原文であるが、正式には『三国志《さんごくし》・魏《ぎ》志《し》』「烏丸鮮卑東夷伝《うがんせんびとういでん》」の一部と表現したほうがよい。漢文で二〇〇八文字の記述であるが、三世紀の倭国事情を詳細に伝えた貴重な史料である。倭国の部分に見出しはついておらず、それは寂しいとのことで、日本人学者が勝手に「魏志倭人伝」とのタイトルをつけたものが市民権を得ている。「造語なので使ってはいけない」と、厳しいことを言うつもりはないが、本体が『三国志』であり、卑弥呼が呉《ご》の孫権《そんけん》と同時代に活躍した女王であることは、頭の隅に入れておこう。

　二〇〇八文字は図10-1のように、およそ三段落に分かれ、第一段落（①）は魏の出先機関である帯方《たいほう》郡から邪馬台国に至る道程、第二段落（②）は倭人たちの暮らし、第三段落（③）は卑弥呼と邪馬台国の歴史が綴られている。諸外国の情報を地理・風俗・歴史の順で記述するのは、中国の歴史書の定型であるが、倭人伝のように道程を詳述しているのは珍しい。古代の中国人にとって倭国が未知の魅力的な国であったため、行き方を強調して記したのだろう。おかげで、対馬《つしま》国・一支《いき》（壱岐）国・末盧《まつろ》国・伊都《いと》国・奴《な》国・不弥《ふみ》国・投馬《つま》国など、帯方郡の使者が邪馬台国に至るまでに通過した国々の位置関係がよくわかる。

　ツアーでは、この第一段落があらすじとして使える。漢字は一文字一文字に深くさまざまな意味がある。よって、丁寧に読

① 倭人在帶方東南大海之中依山島爲國邑舊百餘國漢時有朝見者今使譯所通三十國從郡至倭循海岸水行歷韓國乍南乍東到其北岸狗邪韓國七千餘里始度一海千餘里至對馬國其大官曰卑狗副曰卑奴母離所居絶島方可四百餘里土地山險多深林道路如禽鹿徑有千餘戸無良田食海物自活乗船南北市糴又南渡一海千餘里名曰瀚海至一大國官亦曰卑狗副曰卑奴母離方可三百里多竹木叢林有三千許家差有田地耕田猶不足食亦南北市糴又渡一海千餘里至末盧國有四千餘戸濱山海居草木茂盛行不見前人好捕魚鰒水無深淺皆沈没取之東南陸行五百里到伊都國官曰爾支副曰泄謨觚柄渠觚有千餘戸世有王皆統屬女王國郡使往來常所駐東南至奴國百里官曰兕馬觚副曰卑奴母離有二萬餘戸東行至不彌國百里官曰多模副曰卑奴母離有千餘家南至投馬國水行二十日官曰彌彌副曰彌彌那利可五萬餘戸

② 南至邪馬壹國女王之所都水行十日陸行一月官有伊支馬次曰彌馬升次曰彌馬獲支次曰奴佳鞮可七萬餘戸自女王國以北其戸數道里可得略載其餘旁國遠絶不可得詳次有斯馬國次有已百支國次有伊邪國次有都支國次有彌奴國次有好古都國次有不呼國次有姐奴國次有對蘇國次有蘇奴國次有呼邑國次有華奴蘇奴國次有鬼國次有爲吾國次有鬼奴國次有邪馬國次有躬臣國次有巴利國次有支惟國次有烏奴國次有奴國此女王境界所盡其南有狗奴國男子爲王其官有狗古智卑狗不屬女王自郡至女王國萬二千餘里男子無大小皆黥面文身自古以來其使詣中國皆自稱大夫夏后少康之子封於會稽斷髪文身以避蛟龍之害今倭水人好沈没捕魚蛤文身亦以厭大魚水禽後稍以爲飾諸國文身各異或左或右或大或小尊卑有差計其道里當在會稽東治之東其風俗不淫男子皆露紒以木緜招頭其衣橫幅但結束相連略無縫婦人被髪屈紒作衣如單被穿其中央貫頭衣之種禾稻紵麻蠶桑緝績出細紵縑緜其地無牛馬虎豹羊鵲兵用矛楯木弓木弓短下長上竹箭或鐵鏃或骨鏃所有無與儋耳朱崖同倭地温暖冬夏食生菜皆徒跣有屋室父母兄弟臥息異處以朱丹塗其身體如中國用粉也食飲用籩豆手食其死有棺無槨封土作冢始死停喪十餘日當時不食肉喪主哭泣他人就歌舞飲酒已葬舉家詣水中澡浴以如練沐其行來渡海詣中國恒使一人不梳頭不去蟣蝨衣服垢汚不食肉不近婦人如喪人名之爲持衰若行者吉善共顧其生口財物若有疾病遭暴害便欲殺之謂其持衰不謹

③ 出眞珠青玉其山有丹其木有枏杼豫樟楺櫪投橿烏號楓香其竹篠簳桃支有薑橘椒蘘荷不知以爲滋味有獼猴黑雉其俗舉事行來有所云爲輒灼骨而卜以占吉凶先告所卜其辭如令龜法視火坼占兆其會同坐起父子男女無別人性嗜酒見大人所敬但搏手以當跪拜其人壽考或百年或八九十年其俗國大人皆四五婦下戸或二三婦婦人不淫不妒忌不盜竊少諍訟其犯法輕者没其妻子重者滅其門戸及宗族尊卑各有差序足相臣服收租賦有邸閣國國有市交易有無使大倭監之自女王國以北特置一大率檢察諸國畏憚之常治伊都國於國中有如刺史王遣使詣京都帶方郡諸韓國及郡使倭國皆臨津搜露傳送文書賜遺之物詣女王不得差錯下戸與大人相逢道路逡巡入草傳辭説事或蹲或跪兩手據地爲之恭敬對應聲曰噫比如然諾其國本亦以男子爲王住七八十年倭國亂相攻伐歷年乃共立一女子爲王名曰卑彌呼事鬼道能惑衆年已長大無夫壻有男弟佐治國自爲王以來少有見者以婢千人自侍唯有男子一人給飲食傳辭出入居處宮室樓觀城柵嚴設常有人持兵守衛女王國東渡海千餘里復有國皆倭種又有侏儒國在其南人長三四尺去女王四千餘里又有裸國黑齒國復在其東南船行一年可至參問倭地絶在海中洲島之上或絶或連周旋可五千餘里景初二年六月倭女王遣大夫難升米等詣郡求詣天子朝獻太守劉夏遣吏將送詣京都其年十二月詔書報倭女王曰制詔親魏倭王卑彌呼帶方太守劉夏遣使送汝大夫難升米次使都市牛利奉汝所獻男生口四人女生口六人班布二匹二丈以到汝所在踰遠乃遣使貢獻是汝之忠孝我甚哀汝今以汝爲親魏倭王假金印紫綬裝封付帶方太守假授汝其綏撫種人勉爲孝順汝來使難升米牛利渉遠道路勤勞今以難升米爲率善中郎將牛利爲率善校尉假銀印青綬引見勞賜遣還今以絳地交龍錦五匹絳地縐粟罽十張蒨絳五十匹紺青五十匹答汝所獻貢直又特賜汝紺地句文錦三匹細班華罽五張白絹五十匹金八兩五尺刀二口銅鏡百枚眞珠鉛丹各五十斤皆裝封付難升米牛利還到録受悉可以示汝國中人使知國家哀汝故鄭重賜汝好物也正始元年太守弓遵遣建中校尉梯儁等奉詔書印綬詣倭國拜假倭王并齎詔賜金帛錦罽刀鏡采物倭王因使上表答謝恩詔其四年倭王復遣使大夫伊聲耆掖邪狗等八人上獻生口倭錦絳青縑緜衣帛布丹木弣短弓矢掖邪狗等壹拜率善中郎將印綬其六年詔賜難升米黃幢付郡假授其八年太守王頎到官倭女王卑彌呼與狗奴國男王卑彌弓呼素不和遣倭載斯烏越等詣郡説相攻擊狀遣塞曹掾史張政等因齎詔書黃幢拜假難升米爲檄告喻之卑彌呼以死大作冢徑百餘步徇葬者奴婢百餘人更立男王國中不服更相誅殺當時殺千餘人復立卑彌呼宗女壹與年十三爲王國中遂定政等以檄告喻壹與壹與遣倭大夫率善中郎將掖邪狗等二十人送政等還因詣臺獻上男女生口三十人貢白珠五千孔青大句珠二枚異文雑錦二十匹

図10-1　3段落に分かれる魏志倭人伝

めば読むほど面白い。さすがに原文のままでは、お経のようにしか読めないため、それを書き下し、日本の古文にして読むのだが、意味のとらえ方によって書き下しも変わる。私は隅々まで思考をめぐらせた書き下し文と注釈をツアーの資料に掲載し、バスでの移動時間などを利用して解説することにしている。それが味付けの部分である。

魏志倭人伝は後世の歴史家が前人の情報をもとに想像した話ではなく、倭国を訪れた使者たちの見聞録であるため、読めば倭国の風景や倭人の暮らしぶりが目に浮かぶ。よって、記述された情景をはっきりと思い描き、その絵を客に見せるようなつもりで語れば、おのずと内容が伝わる。ガイドに限らず、人に解説をする場合は、言葉だけで伝えようとせず、話し手と聞き手の間に一枚の絵を描いてゆくような話し方が大事である。さて、魏志倭人伝を読みこなし、想像できる情景がはっきりしてくれば、それに該当する風景を探す作業に入ろう。

（３）魏志倭人伝を読む

魏志倭人伝の第一段落には、帯方郡から邪馬台国をめざした人々の行程が詳しく記される。第三段落を読めばわかるが、邪馬台国へは中国の文官や軍官が何度も訪れている。そのうちの一人が書き記した見聞録をもとに倭人伝が綴られている。最も可能性の高いのは、景初三(二三九)年に卑弥呼が大夫の難升米たちを魏に派遣した際の返礼として訪れた帯方郡の使者である。

使者の一行は帯方郡から海に出て、朝鮮半島の西海岸に沿って南下し、ある港で上陸した。その後、現在の韓国の山間部をおおむね南東方向へ歩き、朝鮮半島南端の狗邪韓国《くやかんこく》から再び船に乗って対馬に到着したという。対馬に近い港には馬山浦《マサンポ》があり、その辺りから出航し、巨済島《コジェド》の南端から海峡に出ると、対馬海流によって東へ押されながらも対馬にたどりつけよう（図10-2）。古墳時代には倭国とのつながりも深くなった伽耶《かや》（加《か》羅《ら》）地域である。途中で陸路をとり、船を乗り換えているのは当然のことで、朝鮮半島の西海岸を航海している船頭に対馬海峡の潮は読めない。餅は餅屋で、普段から対馬海峡を行き来している船頭に頼るのが安全である。

倭人伝に「対馬国」と記される地が対馬島であることは、疑いようがない。対馬国にはヒコという王がいて、ヒナモリという補佐がついている。対馬は海中の絶島で、土地は四百里ほど。険しい山ばかりで、深い森に包まれ、道はケモノ道同然。家は千戸あまりだが、よい田はなく、海産物を採って暮らしている。船で南北に行き来し、商品の穀物を買ってしのいでいるという。記載された風景は対馬の状況に適合する。ただ一点、対馬の南に最寄りの島はなく、次にわたる壱岐《いき》が南東方向であるのはひっかかる。

対馬から南へ向い、「瀚海《がんかい》」という海峡を渡ると、「一大国」に至る。大は支の写し間違いだろうとのことで、「一支国」とし、壱岐島のこととする。これも異論のないところである。ただ、

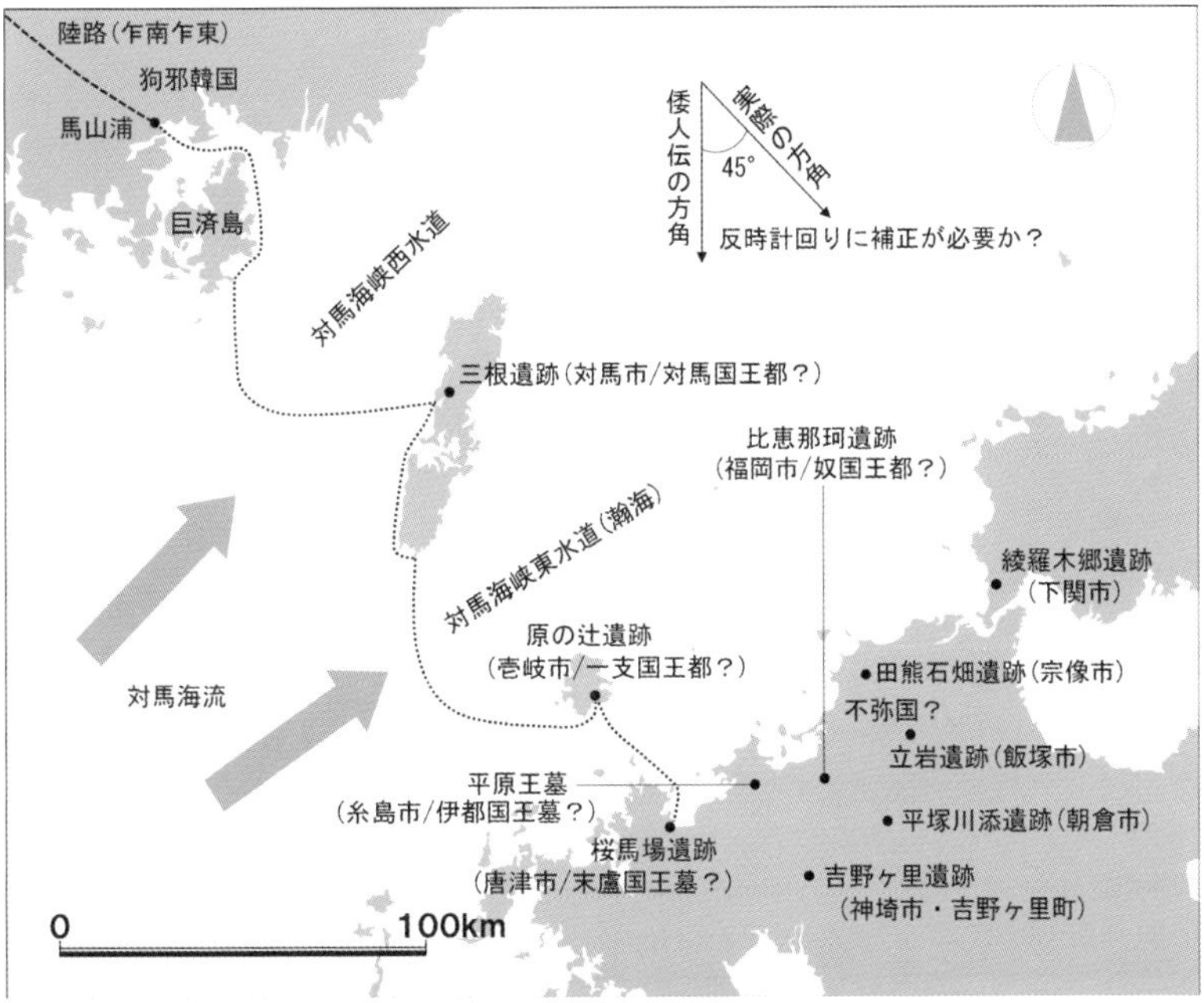

図10-2　想定される狗邪韓国から末盧国までの航海ルート

壱岐は対馬の「南」ではなく、「南東」にあるのが、やはり気になる。一支国も王をヒコ、補佐をヒナモリという。面積は三百里ばかりで、竹や木の林が多いという。家は三千戸あり、対馬の三倍である。それぞれの家族が田地をもっているが、収穫高はまだ十分でないため、南北に行き来して余剰穀物を海産物で物々交換しているという。

次に至る末盧《まつろ》国が佐賀県唐津市あたりとすれば、壱岐からは南でなく、南東にあたる。どうも朝鮮半島の狗邪韓国を出航してから、記録者の方向感覚が時計回りに四五度ずれている。対馬海流に流されることを計算して、船頭は南に舵を取るのだが、結果的に南東の島へ着く。帯方郡の使者は海が流れることを知らず、海流によるずれを把握できなかったのではないか。内陸で育った者なら、無理もなかろう。

一支国から海を渡れば、いよいよ九州に上陸する。そこには末盧国があり、四千戸ばかりの家がある。ただ、住んでいるところは海と山の間である。つまり、海浜の集落が多い。人々は「もぐり漁《ぎょう》」が得意で、深い海もおかまいなく潜り、魚や貝を採っている。日本では今も続く伝統的な漁法であるが、大陸で育った者には衝撃的である。末盧は松浦《まつうら》に通じる。かつての松浦郡は唐津市から五島列島に至る広範囲の行政区であったが、弥生時代の遺跡は唐津市に集中している。末盧国

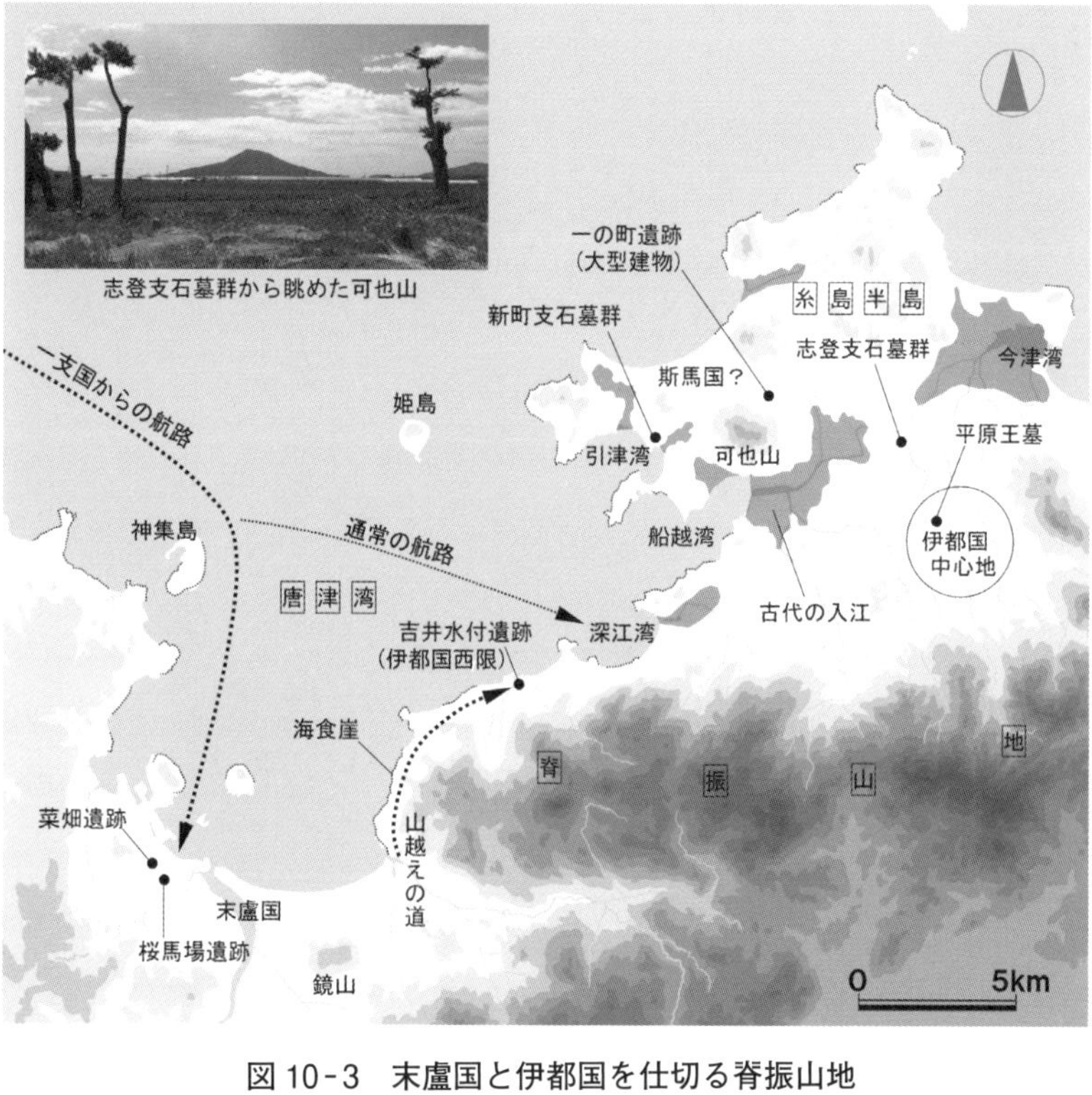

図 10-3　末盧国と伊都国を仕切る脊振山地

は唐津市にあったとする説が支持されているのはわかる。ただ、末盧について気になる記述がある。「草木茂盛《そうもくおいしげ》り、行《すす》むに前人《ぜんじん》みえず」というくだりである。我々も夏の野山を歩いて、こういう経験をしたことがあるだろう。とはいえ、使者たちの船が着いた浜辺から集落までの出来事としては、違和感のある表現である。唐津市の弥生遺跡や墓を見ると、ほぼ海岸近くの砂丘の上にある。そういう所に前を行く人が見えなくなるほどの草が生い茂るとは考えにくい。おそらくこれは末盧国から次の伊都国へ向かう際のできごとだろう。

伊都国は末盧国の東南にあり、やや怪しい国である。王の名はニキ、補佐は二人いて、シモコ・ヒチコという。ヒコ・ヒナモリの呼称とは異なる。家は千戸ばかりしかないが、邪馬台国の女王に服属して、帯方郡の使者が倭国を訪れた場合は、必ず伊都国に滞在するという。「怪しい」とは「九州の諸国と異なる」という意味である。奈良・平安時代には、九州に「遠《とお》の朝廷《みかど》」と呼ばれた大宰府が置かれ、大和朝廷の出先機関となった。それとよく似た構図がこの時代にあったことを匂わせる。伊都国が現在の糸島《いとしま》市にあることも、ほぼ定説となり、王墓を含む平《ひら》原《ばる》遺跡の近くには糸島市立の伊都国歴史博物館もある。

糸島市は怡土《いと》郡と志摩《しま》郡を合わせた名称であり、伊都国の王都があった怡土《いと》郡の北に接する大きな陸繋島《りくけいとう》（現在は糸島半島）が志摩郡と呼ばれた。地図で見ると（図10-3）、志摩郡の輪郭はタツノオトシゴの横顔に似ているが、その口に当たる引津《ひきつ》湾は遣唐使船も出帆した古代の港である。引津湾の南方にも良港である深江《ふかえ》港がある。私は下見でこのあたりを歩き回ったが、そのときふと思ったことがある。「もしかすると、倭人伝の記録係を乗せた船は壱岐を出て、深江湾か引津湾をめざしながら、不測の事態で末盧国に着いてしまったのかも知れない」との憶測である。

帯方の使者が安心して常駐できる国が伊都国であるのならば、壱岐から直接そちらに向かうのが道理であろう。唐津市と糸島市の間には高い脊振《せふり》山地が横たわり、西端が唐津湾に突き出て海食崖《かいしょくがい》となっているから、海岸線は歩けない。おそらくは図10-3で示したように、海岸線近くの山を越えていったものと思われる。草が茂って、離れると前の人が見えなくなると倭人伝に記されたのは、そのときの経験談であるのかも知れない。

倭人伝では末盧国から伊都国へは東南へ陸行したと記す。唐津市の南東方向には、山を越えて吉野ヶ里遺跡があるが、そこを伊都国と説く者はごく一部に留まっている。定説の糸島市とすれば、やはりここでも記録係の方向感覚が時計回りに四五度ずれていることになる。倭人伝に南とあれば南東、東南とあれば東、東とあれば北東を指すのではと、かつて大和説論者の笠《かさ》井《い》新也《しんや》（一八八四〜一九五六年）が説いたが、牽強付会の説ではない。

それが証拠に、倭人伝には伊都国の「東南」に奴国があるという。奴国は江戸時代の天明四（一七八四）年に博多湾に浮かぶ志賀島から「漢倭奴国王」の金印が発見されたことから、福岡平野にあったものと思われる。博多湾を望める春日市の須玖《すぐ》岡本《おかもと》遺跡に奴国の丘歴史資料館も建てられ、糸島市の伊都国説と同様、すでに定説となって久しい。

奴国の王はシマコ、補佐をヒナモリと呼ばれ、家は二万戸もあった。それまでの国々とは桁《けた》が違う。下見で福岡市埋蔵文化財センターの収蔵庫を案内していただいたが、膨大な遺物の量にただただ驚くばかりであった。旅の行程にこのセンターのバックヤードツアーを盛り込めば、福岡平野が弥生時代から九州の中心的な地域であったことを実感していただけるだろう。

三世紀の福岡平野では那珂川《なかがわ》と御笠川《みかさがわ》にはさまれた微高地に拠点集落である比恵那珂《ひえなか》遺跡がある。伊都国の中心地と考えられる平原《ひらばる》遺跡あるいは三雲井原《みくもいわら》遺跡から見ると、東北東であって、南東ではない。おおむね東と考えても、時計回りに四五度のずれがある。

そのような方向感覚のずれはあるものの、考古学における遺跡の密度や出土遺物のボリュームを考えると、倭人伝の対馬国・一支国・末盧国・伊都国・奴国を巡るツアーを長崎県の対馬市と壱岐市、佐賀県の唐津市、福岡県の糸島市・福岡市・春日市で企画しても、批判はされまい。畿内説をとる者も九州説をとる者も、ここまでは異論のないところであろう。

所在地が怪しくなるのは、次の不弥《ふみ》国からである。倭人伝には奴国の東に不弥国があるという。伊都国から奴国までが百里、奴国から不弥国までが百里であるから、奴国の拠点遺跡と推定される比恵那珂遺跡（福岡市博多区）を中心点として半径二〇キロ圏内にある弥生遺跡の集中地域が候補地としてあげられる。

不弥国の王はタモ、補佐はヒナモリと呼ばれ、家は千戸あまりである。不弥国の推定地については、福岡市の東にある宇美《うみ》町やさらに東の飯塚《いいづか》市、福岡市の南東にある太宰府市などがよく話題にされる場所である。宇美町はウミとフミの音の近さ、飯塚市は有名な立岩《たていわ》遺跡の存在感、太宰府市は飛鳥時代以降の中心地であったことが強みである。ただ、さきほどからの方向感覚のずれから言えば、倭人伝が東と書けば、北東となる。また、不弥国の次に訪れる投馬国へ再び船に乗って移動していることが、内陸の候補地の弱みとなっている。

先述した笠井新也は奴国の北東と考えて、津屋崎《つやざき》説を提唱した。現在の福津《ふくつ》市である。福津市の東には宗像《むなかた》市が接し、宗像市には弥生時代中期にピークをもつ拠点集落の田熊石畑《たぐまいしはたけ》遺跡もある。宗像大社とともに世界遺産に登録された新原《しんばる》・奴山《ぬやま》古墳群は福津市側にあって、古墳時代からは海洋豪族の宗像氏が一括支配した地域である。フミ国に音の近い地名がないことが弱みであるが、倭人伝の記述や文化のボリュームからして、不弥国論争に加わっても不思議でない。ツアー的には、他の見学地も多い福津・宗像両市を不弥国の候補地に入れたいところである。

不弥国から南に向かい、航行して二〇日間で到達する投馬国については、不弥国の位置が定まらないことには推測のしようがないが、九州からかなり離れた地域であることは想像できる。また、倭人伝に南と記されるのを南東のこととすれば、関門海峡を通過して瀬戸内海に入ったのではないかとも想像できる。投馬国の国王はミミ、補佐はミミナリと呼ばれ、家はなんと五万戸ばかりであった。奴国の二・五倍の戸数である。それほどの大国を瀬戸内地域で求めると、吉備しかない。

ただし、投馬を「ツマ」と読めば、「イヅモ」の音に近い、ということで、出雲国が候補にあがることもある。出雲神話は記紀神話でも大きなウエイトを占め、考古学的には四隅突出《しすみとっしゅつ》型《がた》墳丘墓やおびただしい青銅製武器が出土した荒神谷《こうじんたに》遺跡など、弥生時代後期の遺跡は豊富である。いわば、出雲と吉備はいい勝負であり、それならば両方を訪れて検証するしかない。とのことで、ツアーが倍になる。

肝心の邪馬台国については、倭人伝に「水行十日《すいこうとおか》、陸行一月《りっこうひとつき》」と記される。投馬国からもかなり遠い。方向は不弥国を出て「南へ」としか書かれていないため、これでは、読み手は投馬国も邪馬台国も南にあると勘違いしてしまう。邪馬台国は女王が都を置いたところで、王をイシマと呼び、補佐にミマシ・ミマカキ・ナカチがいるという。イシマは実際に政治を行なう代表であろう。さすがに政治の構造も複雑で、家は七万戸ばかりという。奴《な》国の三・五倍である。

そこで私は「博多の三・五倍の町が九州にありますか?」と、博多の人に聞いたらどうでしょう」「おそらく断固として否定されるでしょう。プライドが許しませんから」「畿内説を九州で広めるには、まずは博多の人を抱き込《こ》みましょう」と客に話す。笑い話として切り出すのであるが、客は笑ってうなずいてくれる。冗談のようで、意外に説得力がある。魏志倭人伝をしっかり読み聞かせてからの話ではあるが。

倭人伝の記録係は「自分たちの訪れた国々の方向や距離はおおむねわかるのだが、ルートから外れた国はよくわからない」として、国名だけを順番に列挙している。それを倭人伝では「旁国《ぼうこく》」と表現する。「旁」は「路傍」に通じる。枝についた葉っぱのようなイメージである。

斯馬《しま》国・已百支《よもき》・伊邪《いや》国・都支《つき》国・弥奴《みな》国・好古都《はくつ》国・不呼国・姐奴《さな》国・対蘇《つそ》国・蘇奴《そな》国・呼邑《こゆ》国・華奴蘇奴《かなそな》国・鬼《き》国・為吾《いご》国・鬼奴《きな》国・邪馬《やま》国・躬臣《くじ》国・巴利《はり》国・支惟《きい》国・烏奴《うな》国・奴《な》国

右のような二一カ国があり、最後の奴国について、「女王の境界の尽《つ》くるところなり」としていることから、奴国が倭国の最南端であるという誤解も生まれた。博多の奴国とは同名の異国である。音で探れば、最初の斯馬国は伊都国近くの志摩国、後半の巴利国は播磨国、支惟国は紀伊国かも知れない。邪馬台国論争はそろそろ、これらの旁国を探す段階に進んだ方がよいのではと思う。探索の材料は三世紀の遺跡群である。出現期の古墳である纒向型《まきむくがた》前方後円墳が探索の指標となるのだが、その位置については桜井市纒向学研究センター長の寺沢薫《てらさわかおる》氏が図10-4のような分布図を作成しておられる。

ここに挙げられた古墳もしくは環境を確認しに行くだけで、どれほど多くのツアーが企画できることか。広域観光にとって

寺沢薫『王権誕生』（講談社 2000）所載の
分布図より観光企画に必要な要素のみを
抽出してトレース。円点はおよその位置
を示す。所在地の市名は来村が加筆した。

図10-4　纒向型前方後円墳の分布

も、実にありがたい分布図である。倭人伝第一段落の末尾には、旁国に続けて狗奴《くな》国を記す。狗奴国の王は男性で、クコチヒコと呼ばれた。女王に服属せず、第三段落を読むと、邪馬台国と激しく交戦している。クナがケノに通じ、「毛野《けの》」つまり関東のこととする説がある。濃尾平野かそれ以東の地域である。狗奴国はかなりの強国であるため、関東のイメージに合う。邪馬台国畿内説を採って、旁国を含めた二九カ国を関西連合とするならば、それらよりも軍事力でまさる狗奴国は関東連合の代表国となろう。そうなれば、魏志倭人伝ツアーを関東にまで広げなければならない。旅行企画もどんどん膨らむ。

（4）企画できるツアー

魏志倭人伝ツアーは私が実際に企画して、旅行商品となっている。二〇二〇年一月からの新型コロナウイルス感染拡大によって観光事業全体が停滞した余波を受け、すべてを実施できているわけではないが、コロナ禍が落ち着いた頃から完遂へ向けて再開している。ツアーの順序は時々の売れ筋などによって調整するが、ここでは、倭人伝に記された順に紹介する。一〇編に分けるが、実際に商品化するときは、数編を組み合わせることもある。話は仕上げの段階に入る。

① 対馬国編

もともと対馬は一続きの長い島であったが、中央やや南寄りに切れ込む浅茅《あそう》湾の奥が江戸前期の寛文《かんぶん》一二（一六七二）年と明治三三（一九〇〇）年に開鑿され、それぞれにできた大船越《おおふなこし》瀬戸と万関《まんぜき》瀬戸によって南北に切り離されている。北側を上島《かみじま》（上県《かみあがた》）、南側を下島《しもじま》（下県《しもあがた》）という。上島の比田勝《ひたかつ》港や下島の厳《いづ》原《はら》港へは、博多港から高速船が出ているが、いずれも二時間あまりを要するため、時間を短縮する場合は対馬空港への国内便を利用するのが現実的である。

倭人伝にも記されたように、深い森に包まれた険しい山が多く、平野部は港から切れ込む狭い谷に限られている。そのため、弥生時代の遺跡も大規模なものはないが、上島の西海岸に口を開ける三根《みね》湾の懐に三根遺跡という縄文晩期から古墳時代にかけての複合遺跡がある。そのうちの山辺地区では、多人数が居住したと思える遺構が検出されている。

上島の比田勝港近くには「塔《とう》の首《くび》遺跡」と呼ばれる弥生後期の箱式石棺墓群があり、大型の銅矛《どうほこ》も出土している。今のところ、対馬国の王都を物語る遺跡が乏しいため、三根遺跡と塔の首遺跡は外せない。魏志倭人伝関連としては、その二カ所があげられるが、そう頻繁に足をのばせるところでもないため、他の時代の遺跡や史跡も盛り込みたいところである。浅茅湾を見下ろす下島の城山には、白村江《はくそんこう》の敗戦後に築かれた金田城《かなたのき》の跡が残り、厳原には対馬藩主を務めた宗《そう》氏の城跡や菩提寺がある。

上島北端の韓国展望所に立てば、白く光る釜山《プサン》のビル街が見え、対馬空港の近くにある明治要塞の姫神山《ひめがみやま》砲台に立てば、長く横たわる壱岐島《いきのしま》だけでなく、正三角形の島影を浮かべる沖ノ島《おきのしま》も遠望できる。対馬が朝鮮半島と九州を結ぶ中継地であることを実感するには、そのような海原の眺望を楽しめるスポットにお連れすべきであろう。とはいえ、島内の道路は大半が整備されているものの、たとえば、金田城跡や姫神山砲台へのアプローチは、ワゴン車しか通れないほどの道が長く続き、何らかの工夫をしなければ、団体旅行は難しい。

写真 10-1　金田城跡東南隅の石垣

② 一支国編

先述したように、長崎県の壱岐島として、ほぼ間違いない。対馬と同様、博多湾からの高速船が出ており、こちらは所要時間が一時間ほどであるため、東京・大阪からも新幹線を使ってのツアーが可能である。壱岐島は最高所の岳ノ辻《たけのつじ》でも標高二〇〇メートルばかりと、平たい島であり、対馬とはずいぶん風景が違う。水田の広がる平野もあり、壱岐国の王都とされる原《はる》の辻《つじ》遺跡は長崎県で二番目に広い平野の中にある。対馬と壱岐の違いを倭人伝がみごとに表現していることを、行けば実感する。

　壱岐には古墳も多く、長崎県最大の前方後円墳である双六《そうろく》古墳、奥の深い石室をもつ掛木《かけぎ》古墳・笹塚《ささづか》古墳・鬼の窟《いわや》古墳・兵瀬《ひょうぜ》古墳など、古墳ファンには垂涎《すいぜん》の古墳が散らばっている。壱岐国分寺跡もそれとなく残り、特徴のある神社も多い。秀吉の朝鮮出兵関連では、対馬を望める島の北端に勝本城《かつもとじょう》跡がある。誰が見てもサルの横顔に見える猿岩《さるいわ》の近くには太平洋戦争時に建設された黒崎《くろさき》砲台があり、巨大な砲塔の竪穴に驚かされる。

写真 10-2　壱岐原の辻遺跡の復元建物

　王都とされる原の辻遺跡は広範囲が発掘され、弥生時代前期から古墳時代初期に至る環濠集落の全容が復元住居や復元倉庫によって示されている。近くの丘にある壱岐市一支国博物館も充実した展示品をもつ立派な博物館であり、一泊二日のツアーでは回りきれないほどの観光資源がある。今も続けられるもぐり漁によって採れるウニも観光客を集めている。島内の道は整備され、大型バスで移動してもストレスがかからない。

③ 末盧国編

佐賀県唐津市を中心とするツアーとなる。唐津市は江戸時代初頭に領主の寺沢広高《てらざわひろたか》が松浦川《まつうらがわ》の河口に築いた唐津城《からつじょう》を核とする城下町である。松浦川の左岸に広がる町の中には桜馬場《さくらのばば》遺跡という、太平洋戦争中に防空壕の掘削で発見された甕棺墓《かめかんぼ》がある。中国製の銅鏡や青銅の装身具が多数出土しているため、末盧国の王墓と推定されている。町はずれの山裾にある菜畑《なばたけ》遺跡は弥生時代初頭の水田跡が検出されたことで知られ、対馬国や一支国が船を出して穀物を買っているという倭人伝の記載をここで話題にできる。

　松浦川を遡ると、河口の平野を一望できる丘の上に久里双水《くりそうずい》古墳がある。竪穴式石室が完壁に保存された古墳時代前期の前方後円墳であり、中国製の盤龍鏡《ばんりゅうきょう》も副葬されていた。双水古墳群の中にある柴山《しばやま》二号墳は纒向学研究センター長の寺沢薫氏が纒向型前方後円墳としている出現期の古墳であり、末盧国の動きを物語る古墳群である。唐津市まで出向いて、名護屋城《なごやじょう》跡《あと》を訪れない手はない。城跡近くに佐賀県立の名護屋城博物館があり、展示が充実している。

　天守台から眺めると、壱岐島がはっきりと見える。晴れて空

図10-5　名護屋城天守台跡から見える壱岐と対馬の島影

気が澄んだ日には、さらに遠くの対馬まで見える（図10-5）。名護屋城跡をツアーに組み込む真の理由はそこにある。対馬からは韓国が見え、壱岐からは対馬が見え、名護屋城からは壱岐ばかりか対馬まで見通せる。対馬海峡の航海はけっして大海原への旅立ちではなかったことを実感していただけよう。古代の航海術では、海上から山影や島影を眺め、その重なりによって現在地を見定める方法が使われた。少なくとも、対馬海峡は目標となる島影を見て出航できる。遣唐使船が薩摩半島の坊津《ぼうのつ》から風に任せて東シナ海へ出帆したのとは大きな違いである。名護屋城から図10-5のように対馬（背景の輪郭）が見える日はそうないが、手前の壱岐（右が壱岐本島、左は大島）は見える日が多い。

④ 伊都国編

糸島市のツアーは平原《ひらばる》遺跡がメインとなる。脊振《せふり》山地の北麓から北へ長くのびた丘陵の末端付近にあり、東西と北方に広がる糸島平野をほぼ全周のパノラマで見晴らせる立地である。丘陵の脊梁には周溝《しゅうこう》をもつ長方形墳の平原遺跡一号墓があり、そこから出土した銅鏡が信じられないほど大きく、被葬者の超越した地位を物語る。被葬者は女性とも言われ、伊都国の女王墓との意味から平原王墓と呼ばれている（写真10-3）。平原遺跡の東方に広がる三雲井原遺跡でも王墓と思える甕棺墓が確認されている。その近くにある伊都国歴史博物館は当地域の文化水準の高さを伝える遺物が多数展示され、必見である。

糸島平野のどの場所からも見える可也山《かやさん》は台形の山容がひときわ美しく、「糸島富士」の美称をもつ。山の西麓に先述した引津湾が切れ込む。その辺りから博多湾にかけて連綿と続く山地がかつての志摩郡である。弥生時代には、志摩郡と糸島平野との間に西から船越《ふなこし》湾（加布里湾）、東から今津湾が迫り、切り離されそうになっていたが、かろうじて陸地でつながり、そこに志登《しと》支石墓群がある。この支石墓群から見る可也山が一際《ひときわ》美しい（図10-3）。

船越湾の南に並ぶ深江湾は伊都国の門戸と言うにふさわしい位置にあり、湾の最奥部には三角縁神獣鏡が出土した前方後円墳の一貴山銚子塚《いきさんちょうしづか》古墳がある。築造時期は四世紀後半で、邪馬台国の時代とはやや離れるが、地域における文化や政権の

写真 10-3　糸島市の平原遺跡１号墓

連続性は強いため、こうした後続の古墳をツアーに入れることにも意義がある。

⑤ 奴国編

福岡市が奴国の地であることを印象付けるために、まずは博多湾に浮かぶ志賀島《しかのしま》を訪れ、江戸時代の天明四（一七八四）年に「漢倭奴国王」金印が発見された地点を確かめる。その地点は志賀島の南端にあり、「金印公園」と名づけられた公園の展望所から眺めると、真正面に能古島《のこのしま》が浮かび、やや左に博多のビル街が見える。奴国の中心地と推定される比恵那珂《ひえなか》遺跡の方面である。もしこの印が後漢光武帝から贈られた金印であるとするならば、奴国王はどういう理由で王都から離れたこの島に宝とも言える印綬を埋納したのか。その謎解きは客の銘々に委ねよう。ガイドはすべてを説明する必要はない。むしろ、客が想像を楽しむ時間をところどころに挟むのがよい。

志賀島は陸繋島《りくけいとう》であり、「海の中道」と呼ばれる細長い砂丘で九州本島とつながっている。中道から博多の市街地に向かう途中に香椎宮《かしいぐう》がある。熊襲《くまそ》征伐で傷ついた仲哀《ちゅうあい》天皇が当地で亡くなり、その霊廟を建てたことに始まるという。妻である神功《じんぐう》皇后も一対で祀られ、皇后の航海を支えた住吉三神も配祀される。三韓遠征をテーマとしたツアーでは、軸となる神社である。福岡平野を流れる御笠川《みかさがわ》と那珂川に挟まれた地帯には比恵那珂遺跡のほか、纒向型前方後円墳の那珂八幡《なかはちまん》古墳や弥生時代前期の環濠集落である板付《いたづけ》遺跡など、訪れるべき遺跡が並ぶ。先述した福岡市埋蔵文化財センターでは、バックヤードツアーを強くお勧めする（写真10-4）。平野部の集落遺跡を挟むように連なる丘陵地帯には甕棺墓が多く、春日市立奴国の丘歴史資料館が併設された須玖岡本遺跡や御笠川右岸の丘陵にある金隈《かねのくま》遺跡で

写真 10-4　福岡市埋蔵文化財センターの収蔵庫

は多数の甕棺が検出されている。福岡市早良《さわら》区の福岡市博物館は志賀島金印の実物を展示している。時間が許せば、福岡城跡の舞鶴《まいづる》公園にある鴻臚館《こうろかん》跡展示館も訪れたいところである。古代における博多港の役割りがよくわかる。

⑥ 不弥国編

図10-6は弥生時代における北部九州の諸勢力を遺跡の分布や遺物の特徴などから推測した図である。奴国に該当する福岡・糟屋《かすや》地域の周りには宗像《むなかた》・遠賀川《おんががわ》・筑紫《つくし》・早良《さわら》などの地域が取り巻くが、福岡市の早良区と西区にまたがる早良地域は倭人伝が記す「伊都→奴→不弥」の順序に合わない。ルートから外れていたのか、あるいは奴国の一部とみなされたのかも知れない。筑紫地域は筑紫平野を形成する筑後川水系に入るため、どちらかと言えば、吉野ヶ里遺跡を含む佐賀地域と合せてツアーを組みたいところである。よって、不弥国編で訪れる地域は宗像と遠賀川の二カ所になる。候補地のひとつである宇美町《うみまち》は福岡・糟屋地域の一部であるが、神功皇后が応神天皇を出産した謂れの地にある宇美八幡宮や美しく整備された光正寺《こうしょうじ》古墳もあって、外せない。

　遠賀川流域の遺跡では、飯塚市の立岩《たていわ》遺跡はコースに組み込みたい。丘の上に営まれた甕棺墓群であり、検出された大型の甕棺は飯塚市歴史資料館に展示されている。ずらりと並ぶ大きな甕棺の存在感に圧倒される。時代はやや異なるが、この地域の代表的な観光資源となっているのが、飯塚市の南に隣接する桂川町《けいせんまち》の王塚《おうづか》古墳である。色鮮やかな幾何学紋様で埋め尽くされた横穴式石室をもつ装飾古墳であり、時間があれば、こちらもコースに入れたいところである。

　宗像地域は福津市と宗像市の遺跡巡りとなる。福津市内で

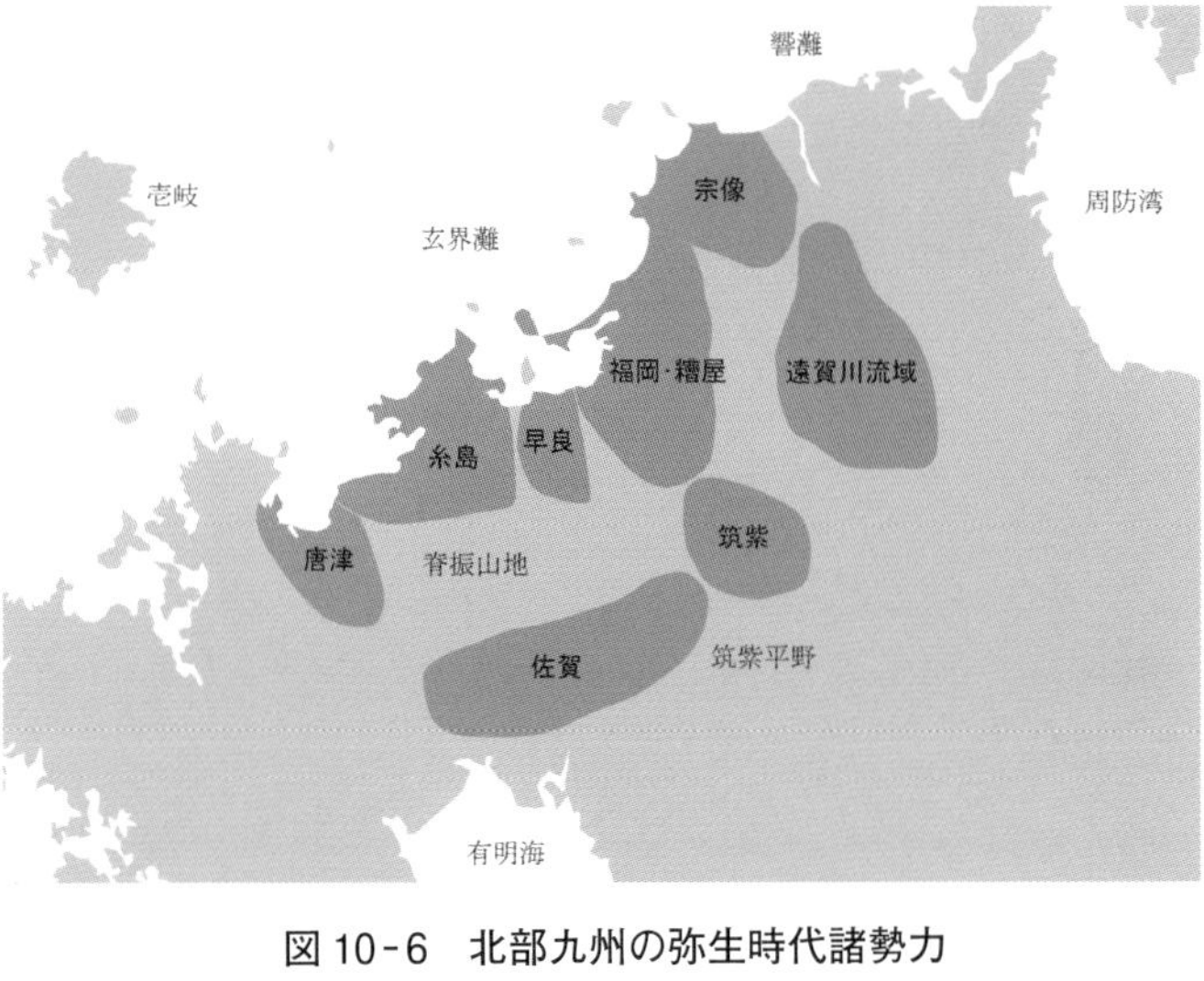

図10-6　北部九州の弥生時代諸勢力

は大きな弥生集落は発見されていないが、宗像市には大規模環濠集落の田熊石畑《たぐまいしはたけ》遺跡がある。古墳を入れるのならば、世界遺産の構成資産である福津市の新原《しんばる》・奴山《ぬやま》古墳群、宗像市の久原澤田《くばらさわだ》古墳群がよく整備されて見学しやすい。神社では「光の道」で知られる福津市の宮地嶽《みやじだけ》神社、世界遺産である宗像市の宗像大社辺津宮《へつみや》は外せない。不弥国編も一泊二日で回りきれないほどの見学地を並べられる。

⑦ 吉野ヶ里編

今仮に畿内説を採るならば、帯方郡からの使者は玄界灘に沿った唐津・糸島・早良・福岡・糟屋・宗像地域の諸国を陸行したあと（図10-6）、船に乗って瀬戸内海もしくは日本海を通り、邪馬台国に向かったことになろう。そうすれば、佐賀・筑紫・遠賀川流域の国々は使者行程の近くにあっても通らなかった「旁国《ぼうこく》」ということになる。倭人伝に国名だけが記された二一カ国のいずれかに該当するのだろうが、地名のつながりで連想できるものは少なく、比定が難しい。とりあえず旁国として一括しておき、国名ではなく、代表的な遺跡の名称をツアーのタイトルにするのが妥当である。

吉野ヶ里遺跡はまさしく佐賀地域の弥生遺跡を代表する遺跡であり、なおかつ全国的にも知名度が高い。一時は邪馬台国論争と言えば吉野ヶ里遺跡の名があげられたほどである。とはいえ、奈良県田原本町の唐古《からこ》・鍵《かぎ》遺跡と同様、大型環濠集落は弥生時代中期から後期に最盛期を迎え、弥生時代終末から古墳時代初期にあたる三世紀には吉野ヶ里の集落も終焉に向かっている。

そのため、現地のガイドにお聞きしても「吉野ヶ里＝邪馬台国」説の可否は「お客様の判断にゆだねる」とのことで、積極的に唱えることは避けている。とはいうものの、高度な防衛機能をもつ巨大集落であることは間違いなく、復元された建物も群を抜いて多い。公園として整備された範囲は広く、しっかりと見学すれば、一日がかりである。よって、吉野ヶ里遺跡を含めたツアーを組む場合は、遺跡内を要領よく巡る必要がある。図10-7は私がツアーで準備をした図面であり、この一ページで遺跡の全容・変遷・見処を語ることができる。移動中のバスのなかでざっと説明を済ませ、現地では復元建物が織りなす景観をご覧いただくような案内がよかろう。配布資料に手間をかけておけば、現場での長ったらしい説明は省け、気持ちよく遺跡の観光を楽しんでいただける。

吉野ヶ里遺跡を含む佐賀平野は筑紫《つくし》平野の西部にあたり、筑紫平野には見学すべき遺跡や古墳は数多くある。吉野ヶ里遺跡の東北東二六キロにある平塚川添《ひらつかかわぞえ》遺跡（福岡県朝倉市）は何重にも水濠を巡らせた大型環濠集落であり、筑紫地域のクニを語る際には外せない。遺跡の北西に隆起する花立山《はなたてやま》（城山）には焼《や》ノ峠《のとうげ》古墳という三世紀後半の前方後方墳があり、墳頂からは遠く博多湾が望める。福岡・糟屋地域と筑紫地域の景観的なつながりを視覚できる絶好のビュースポットである。筑後川左岸（南岸）の一帯では、後の時代になるが、広川《ひろかわ》町と八女《やめ》市にまた

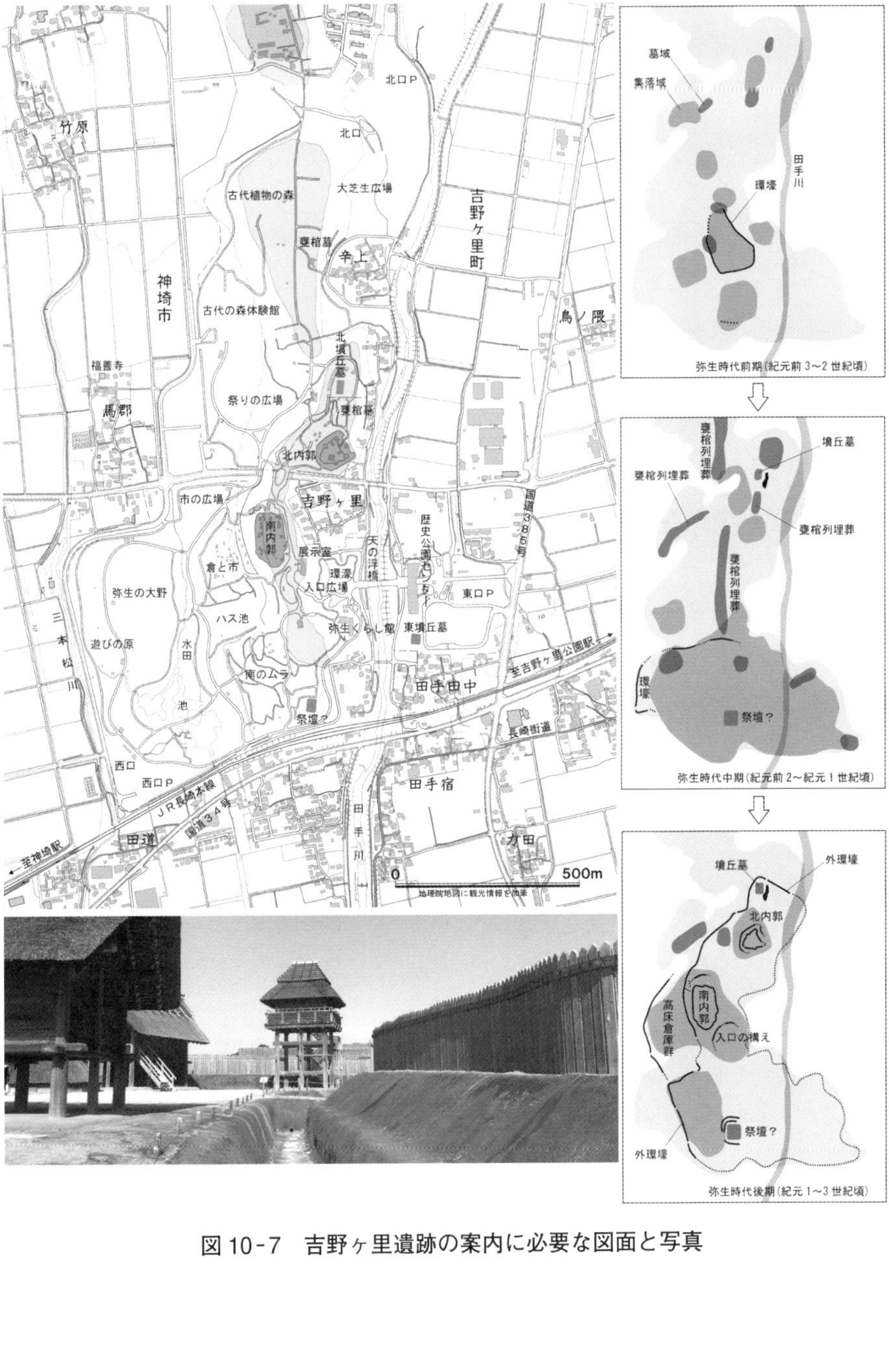

図 10-7　吉野ヶ里遺跡の案内に必要な図面と写真

がる八女古墳群がある。筑紫平野の実力を感じていただくため、石造物で知られる石人山《せきじんさん》古墳や岩戸山《いわとやま》古墳に立ち寄る手もある。

⑧ 吉備国編

倭人伝には不弥国から南に向かい二〇日間航行して投馬国に至ると記す。南を南東とすれば、関門海峡から周防湾に入り、そのまま瀬戸内海を東進するルートが想定される。瀬戸内海は潮の流れが速く、複雑であるため、距離以上に時間がかかる。関門海峡から航海ルートで三〇〇キロばかりの位置にある岡山市を投馬国の候補地としても、さほど無理はない。古代の吉備国であり、五万戸もあったとする倭人伝の記載も、吉備地方を一括しての話ならばありうる。

吉備は律令体制下に三分され、都に近い東から備前、備中、備後と名づけられた。備前と備中の境界となる中山《なかやま》は平野に囲まれた独立山であり、その名にふさわしい。その頂上に築かれた中山茶臼山《ちゃうすやま》古墳は寺沢薫氏が纒向型前方後円墳としたもので、宮内庁が第七代孝霊《こうれい》天皇の皇子である大吉備津彦命《おおきびつひこのみこと》の墓として管理している。桃太郎伝説のモデルとなる皇子であり、北麓の吉備津神社が祭神として祀る。ここでは古墳と神社を一組にして見学すべきである。古墳の近くには岡山県古代吉備文化センターもあり、吉備の墓葬文化を特徴づける特殊器台《きだい》や特殊壷《つぼ》が展示されている。土管のような器台に施された弧紋《こもん》を目に焼き付けていただくことが肝心である。なぜなら、吉備の特殊器台は畿内における円筒埴輪の出現と密接に関連し、施された弧紋は円筒埴輪に残るからである。

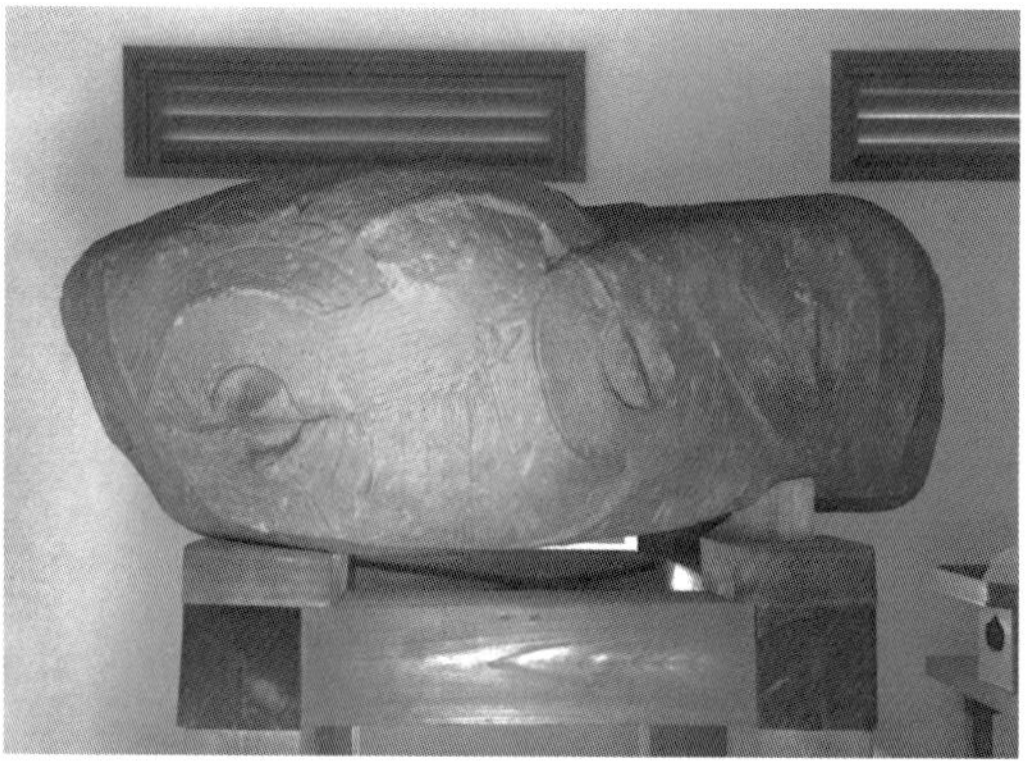

写真10-5　楯築墳丘墓に祀られた施帯文石

中山西方の丘陵には纒向型前方後円墳の原型とも言われる楯築《たてつき》墳丘墓（倉敷市矢部）がある。両側に突出部をもつ墳丘の上には大きな板石が立ててめぐらされ、かつて中央の祠《ほこら》に祀られていた「施帯文石《せたいもんせき》」は墳丘の近くに新設されたコンクリート造の祠に遷し祀られている（写真10-5）。特殊器台に施された弧紋を自然石の全面に刻んだもので、吉備を象徴する石造物である。

楯築墳丘墓の北方にある鯉喰《こいくい》神社は桃太郎伝説の地であり、神社を戴く小丘は墳丘墓である。そこから西へ六・六キロ、高《たか》梁川《はしがわ》左岸の丘に宮山《みやま》墳丘墓（総社市三輪）があり、それも纒向型前方後円墳のひとつに数えられる。楯築と宮山の間には、大型前方後円墳の造山《つくりやま》古墳（岡山市北区）や作山《つくりやま》古墳（総社市三須）があり、関連する見学地としてツアーに盛り込める。全体として吉備国の勢力を感じる旅とすればよい。

⑨ 出雲国編

不弥国から航行して瀬戸内海に入らず、日本海沿岸を進めば、自ずと島根半島に突き当る。日本海には西から東へ対馬海流が安定して流れ、一日約四〇キロの流速で船を押し流す。宗像を起点とすれば、島根半島までは約二六〇キロの航路であるから、順調に進めば一週間ばかりで流れ着く。言うまでもなく、島根半島には出雲国があった。出雲の文化も吉備に比肩するボリュームがある。吉備の文化は埴輪の製作において畿内に大きな影響を与えたが、出雲は神話の分野で畿内と深く結びつく。いずれも甲乙つけがたい。魏志倭人伝シリーズに出雲国編を組み込める道理である。

出雲神話は素戔嗚尊《すさのおのみこと》による「八岐大蛇《やまたのおろち》退治」と大国主大神《おおくにぬしのおおかみ》による「国譲《くにゆず》り」からなり、かつては素戔嗚尊、今は大国主大神を祀る出雲大社は背の高い本殿で知られる。大社西方の稲佐《いなさ》の浜では、対馬海峡に向けて果てしなく続く海原に夕陽が沈み、弁天島《べんてんじま》の奇岩が夕焼け空に黒い影となって浮かぶ景色が楽しめる。

弥生時代中期から邪馬台国時代の三世紀にかけて、出雲では特殊な形をした墳墓が発達した。墳丘は方形の台状に築かれ、四隅を墓道として長く突出させたもので、四隅突出型《しすみとっしゅつがた》墳丘墓と呼ばれている（写真10-6）。出雲市の西谷《にしたに》墳墓群がよく知られ、東方の安来《やすぎ》市にもいくつかある。

写真10-6　四隅突出型墳丘墓の西谷２号墓

同様の墳墓は山陰から北陸にかけて広く分布し、日本海勢力の連帯を示す象徴的な構造物である。山陰地方は石見《いわみ》銀山に代表されるように、鉱物資源が豊富であり、弥生時代には青銅器が盛んに生産された。銅剣三五八本、銅矛一六本、銅鐸六口が埋納された出雲市東部の荒神谷《こうじんだに》遺跡や三九口の銅鐸が発見された雲南市山間部の加茂岩倉《かもいわくら》遺跡はいずれも弥生時代中期における在地の青銅器生産を物語る。雲南市の平野部に築かれた神原神社《かんばらじんじゃ》古墳の竪穴式石室からは「景初三年」の銘文をもつ三角縁神獣鏡が出土しており、まさしく卑弥呼が魏に遣使した年を記念するものである。

松江市の中部、宍《しん》道《じ》湖《こ》を展望できる丘を利用した田和《たわ》山《やま》遺跡は多重の環壕を巡らせた防衛施設の跡であり、弥生時代の戦乱を物語る。出雲はストーリー性の高いツアーが企画できる地域である。

⑩ 畿内編

邪馬台国畿内説論者が想定する「都」の所在地は奈良県桜井市の纒向《まきむく》遺跡である。神の山として崇められる三輪山《みわやま》の北西麓、纒向川が形成した扇状地に広がる大規模集落の遺跡であり、遺跡内の低位置に纒向石塚《まきむくいしづか》・勝山《かつやま》・矢塚《やづか》・東田大塚《ひがいだおおつか》古墳などの前方後円墳が並び、やや高い位置に「石囲《いしがこ》い木《もく》槨《かく》」と呼ばれる特殊な主体部をもつホケノ山古墳や宮内庁が倭迹迹日百襲姫命《やまとととひももそひめのみこと》の大市墓《おおいちのはか》に治定する箸《はし》墓《はか》古墳が築かれている。箸墓古墳は墳丘長が二八〇メートルもあり、一〇〇メートル前後の他の古墳から規模において隔絶している。以前から「卑弥呼の墓ではないか」と言われ続けてきたゆえんである。

写真 10-7　池上曽根遺跡に復元された大型建物

JR巻向《まきむく》駅の北端付近で検出された掘立柱《ほったてばしら》建築群は「対称性」「深奥《しんのう》性」「高層性」など、中国の宮殿建築に見られる特徴をもっている。遺跡から出土した大量の土器にかなりの割合で他地域の土器が含まれ、各地から人や物が集まっていたことがわかる。纒向遺跡が邪馬台国の都であるとする説には、それなりの理由がある。

奈良県の弥生遺跡と言えば、奈良盆地の中央にある唐古《からこ》・鍵《かぎ》遺跡の名がまっさきにあがる。何重にも濠を巡らせた大型の環濠集落であり、出土した土器に線刻された絵画から高層の楼閣が唐古池の隅に復元されている。史跡整備も進み、ずいぶんと見やすくなった。纒向遺跡とは五キロばかりの距離であるため、かためてツアーに組み込める。弥生時代の奈良県を概観するならば、奈良県立橿原考古学研究所附属博物館を見学するのもよい。

ツアーのテーマを「大和編」とするならば、奈良県内だけのコースでもよいが、「畿内編」と銘打つならば、摂津・河内・和泉・山城国の遺跡も入れなければならない。和泉国には池上曽根《いけがみそね》遺跡（大阪府和泉市・泉大津市）という大規模な弥生集落の遺跡があり、大型建物が復元されている（写真10-7）。遺跡近くに大阪府立弥生文化博物館があり、銅鏡をかかげる卑弥呼の復元像が入館者の関心を高めている。摂津国では伊丹空港の近くに木棺墓群の田能《たの》遺跡（兵庫県尼崎市）があり、山城国では三角縁神獣鏡が大量に副葬された椿井《つばい》大塚山古墳（京都府木津川市）がある。大阪府高槻市の安満《あま》宮山古墳からは「青龍三年（二三五年）」銘をもつ方格規矩神獣鏡が出土しており、それが真に卑弥呼が魏から贈られた鏡ではないかとする説がある。畿内編のツアーは見処が豊富で、時間との闘いとなる。

(5) ツアー企画の手順

以上、魏志倭人伝の記述を検証する旅として一〇回分のツアーを紹介した。ただ、示したものは「およそこういう所に行けばどうか」という大雑把な提案にすぎず、本来は行程表や配布資料を提示すべきところである。それは何も手の内を隠しているわけではない。本章の目的は史料をもとにした旅の企画がどのような過程を経て仕上がってゆくのかを見せることにあった。よって、まずは魏志倭人伝から起ち上げられる企画を列挙した次第である。

それでは次に、ツアーを仕上げてゆく段取りを解説しよう。**図10-8**は一般的な手順を示した模式図である。「一般的」とは「業界における通例」という意味ではない。数百回におよぶ企画と案内の経験をもって、私が「普遍的」と考える企画の手順である。「受注」とは旅行代理店や文化事業団体などから話をもちかけられることを言う。私の場合は副業であるから、声がかかるのを待てばよいが、企画ガイドを本業にするならば、「売り込み」が必要となるだろう。その場合は、下見を終え、企画の完成度を高めてからのほうがよかろう。

「素案」の作業内容は受注で依頼者の指示がどれほどまで詰められているかによって異なるが、企画ガイドのめざすところは、依頼者の大雑把な指示である。つまり、依頼者がガイドをどれほど信頼しているかによって注文の程度も異なり、案内しかできないガイドについては、ツアープランナーの指示がおのずと細かくなる。図で言えば、「完成」までプランナーが行なってからガイドに依頼する形である。逆に、素案から任せてもらえるようなガイドをめざすべきである。

たとえば、「卑弥呼を話題にしたツアーを組めませんか」というような注文を受けるとする。それに対し、こちらは「魏志倭人伝を検証するツアーをシリーズ化しましょう」と答える。シリーズ化できるかどうかは、客の評価次第なのだが、はなから場当たり的な企画にせず、大きな構想を立てて細部を固めてゆくのがよい。そして、次に行なうのが、魏志倭人伝を軸にして、どれほどのツアーが組めるかを考える。その結果が前節で紹介した一〇回のツアー企画となる。倭人伝の記述に従うのならば、対馬編から始めるのが

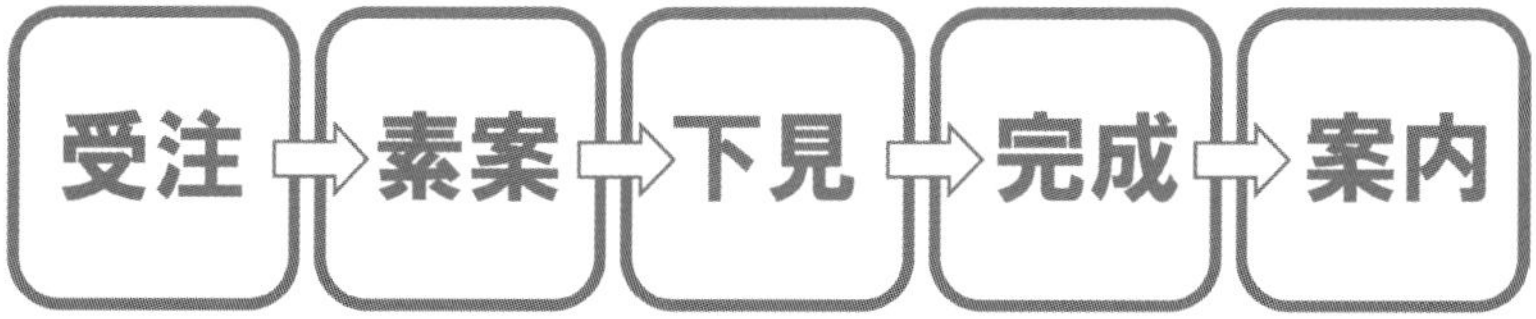

図10-8　企画ガイドの案内までの手順

よかろう。知名度と集客力を考えるのならば、吉野ヶ里編から始めるのがよかろう。それは依頼者と相談して決めればよい。

そのようにして初回の見学先が決まったら、次は「下見」である。といっても、下見で行程を決めるのではない。あらかじめ図書やネットで観光資源を調べつくし、ツアーの流れまで考えて企画を立てておく。下見はその可否を確かめる作業である。ただ、経験から言えば、下見で未知の観光資源が見つかる場合も多々ある。現地に立って感動した風景を組み込むことも多い。客が何に感動するかを見極め、それをクライマックスにもっていけるように行程を組み直す必要もある。企画の正否は下見にかかっている。

私が「下見のできないツアーは引き受けない」方針にしているのは、そういう理由である。依頼者が下見の費用を出せないのならば、自腹を切ってでも行く。それがプロガイドのこだわりであると、私は思っている。魏志倭人伝シリーズの場合、伊都国編はみずから単独で行なった。炎天下を数十キロ、丸一日かけて歩き、熱中症で倒れそうになったが、それでも「調べるべきものは調べて帰る」との決意を貫き、完遂した。そのくらいの気構えなくして客から金は取れない、とも思っている。

下見で調べるべきことは第5章で解説したが、魏志倭人伝シリーズで言えば、核心となる三世紀代の遺跡や墳墓は当然のこととして、少なくとも弥生時代前期から古墳時代後期頃までの遺跡は確認しておくのがよかろう。各回、それぞれの「地域」を案内することになるから、地域性や地域の実力を体感しておく必要がある。行程を組む段階になり、物足りなさや時間の空きが出る場合が多い。そういうときの補充として、多めに下見をしておくことが大事である。

下見が終われば、素案を修正して行程を完成させる。この作業については、移動手段や宿泊施設などがからんでくるため、ツアープランナーにこちらの案を示し、検証してもらう必要がある。行程表の作成は旅行業法によって旅行業務取扱管理者が行なわねばならないと定められている。そうしてできあがった行程表をもとに、ガイドは資料作りに入る。独自の資料（レジュメ）も作らずして案内するのは不親切に他ならず、プロガイドとしては失格である。掲載する文章や図版は著作権に気を遣い、必ず出典を明記する。写真はできる限り下見で撮影したものを使用する。神社や寺院などは、社殿や仏殿の写真掲載に許可を求められる場合が多い。配布資料を販売するわけではないが、知的財産に最大限配慮することは、ガイドに限らず、当然のことであろう。

図10-9は魏志倭人伝シリーズの一環として実施した「吉野ヶ里編」の配布資料である。私は毎回、一泊二日の旅でこの程度の資料を作成し、客に提供している。それで特別な料金を取っているのでなく、あくまでもプレゼントとして渡している。資料の配布は案内人の義務ではないため、言葉だけで案内するガイドも依然として多い。だが、資料は現場で口数を減らすための補助であるから、資料を使わない場合は、これだけの情報を口頭で伝えることになる。それでは、客が飽き飽き

図 10-9　魏志倭人伝シリーズ吉野ヶ里編で配布した案内資料

し、時間が致命的に不足する。私は図10-8で示した「完成」の段階で、このような資料を依頼者に送り、配布資料の中に入れてもらうようにしている。そこまで準備して、当日の案内に臨むのだが、万一添乗員が資料を持参し忘れた場合に備え、自ら原本を携えてゆく。現場でコピーをとって急場をしのぐためである。失敗は許されない業務であるだけに、念には念を入れなければならない。

（6）案内の心がけ

すでに述べたが、魏志倭人伝シリーズの場合は、原文を読みながら現地で検証する仕立てである。バスツアーを想定しているため、原文の講読と解説はバスでの移動時間に済ませる。また、次に案内する見学地の概要や見処《みどころ》もあらかじめ資料を使いながら解説を済ませておく。入念に予習をして参加する客もたまにいるが、白紙の状態でツアーに臨む客も多い。よって、見学の前提となる知識はあらかじめ頭に入れていただくのがよい。現地での説明も省ける。雨の日はなおさらこの事前解説が必要である。野外で客が傘をさしながら資料を広げ、長々とした案内を聞くなどという状況は、あってはならない。ガイディングレシーバーと貴重品は別として、雨天では傘一本でバスを降りていただくことにしている。

　案内は「何のためにそれを見るのか」をはっきり伝えておくことが大事である。たとえば、吉野ヶ里編では、いくつかの古墳を行程に入れている。それらの古墳は五世紀や六世紀のもので、邪馬台国が勢力をもった三世紀から時代が離れている。ただ、在地の有力者はそう変わるものではなく、地域の中心地が数百年も変わらず中心であり続けることはよくある。したがって、大きな古墳の近くに弥生時代から続く有力者が住み続けていることもよくある。古墳を目印として実力のある地域を訪ね、なぜそこに勢力が育ったのかを考えていただくことには大きな意義がある。そういう理屈を一言語っておけば、客はガイドと共に地域の優越性を考えてくれる。繰り返すが、「何のために足を運ぶのか」という解説は、案内のなかで最も重要な項目である。ひとつひとつに意義をもたせ、ひとつひとつの説明を腑に落していただく。入念な準備をして、当日にそのことを実行すれば、客の満足度は自ずと高くなろう。

　以上、さまざまな具体例をあげて「区域」「地域」「広域」の観光企画を語ってきた。私はいずれのガイドも職業として磨いてきたため、このように他人の意見を参考にもせず、経験談だけで話を綴れる。ただ、私の寿命もそう長く続くものではない。せっかく苦労して培った経験を後世にどう伝えてゆけばいいのか。近ごろはそのことばかりを考え、プロガイドを養成する道を歩み始めている。自分の考えを整理するためにも、どのような訓練をすればガイド術が磨けるのかを最終章でまとめておこう。

第11章　観光ガイドの養成に向けての取り組み

この原稿を書き終えようとしていた令和四（二〇二二）年の夏に、奈良県高市郡明日香村で実施された「プロガイド養成研修」の講師を務めた。明日香村は近隣の橿原市や桜井市などと共に、奈良県の協力を背景として「飛鳥・藤原の宮都とその関連資産群」の名で世界遺産への登録をめざしている。とはいえ、構成資産の大半は埋蔵文化財であり、訪問者が元来の建造物を想像し、歴史的な意義を感じるには、第三者の解説が必要である。現地に立てられた説明版だけでは心もとない。専門的な知識をもち、客を満足させられるガイドを育てることが、登録を推進するに自治体にとっての喫緊の課題であった。

私が明日香村の森川裕一村長にプロガイド研修の話を持ち出したのは、タイムリーなお声がけとなった。さっそく明日香村が開催要項を作成して研修生を募集したところ、定員をはるかに超える申込数があった。関東方面からの応募もあり、この種の試みを待ち望んでいる方々が全国に潜在することを実感した。

月一度や二度のばらけた研修では、遠方からの参加者が困るだろうとのことで、集中的に行なうことにした。わずか一週間ばかりの短期研修となったが、効果があがるよう、抜けのないプログラムを組み立てて多方面の指導をさせていただいた。その日程は図11-1のとおりである。夏の暑い時期であったが、毎日のように野外研修を行ったのは、ガイドへの向き不向きを研修生に自ら確かめていただくためであった。彼らの内心はわからないが、少なくとも七日間の研修を通じて、欠席する者は誰一人いなかった。

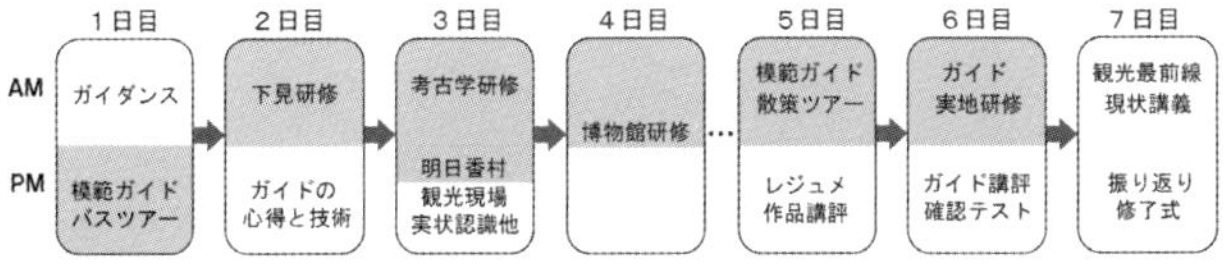

図11-1　飛鳥プロガイド養成研修の日程

（注）網掛けは野外での研修．

重んじたのは、職人の世界では当たり前の「技を盗む心がけ」である。教える・教えられる研修では、どうしても受講者の能動性を引き出せない。そのため、初日から彼らを客としたバスツアーを実施し、私がガイドの模範を示した（写真11-1）。注視したのは、彼らが盗む目をしているかどうかであったが、感触はよかった。短期研修の半年後には一般の客を相手とするツアーを実施し、彼らを同行させた。私の話術や動作、心がけを、教えることなく学ばせるためであった。

短期研修の一年後となるこの秋からは、いよいよ研修生自身が企画し、案内する「プロガイドのたまごとめぐる　とっておきの飛鳥旅」が始まる（図11-2）。橿原市・高取町・明日香村からなる「飛鳥地域（日本語）プロガイド養成研修事務局」が企画したモニターツアーである。全二六コースの豊富な企画が研修生によって作られた。この書が刊行される頃には、その結果が伝えられるだろう。楽しみである。そして、モニターツアーを経験した研修生たちは、最終チェックを経て、飛鳥地域のプロガイドとして認定されることだろう。ただ、この試みは第一歩に過ぎない。今後も事務局は養成プログラムを継続させてゆく予定であると聞く。

写真11-1　明日香村でのプロガイド研修風景

プロガイドの養成に特別な施設は不要である。研修の主な現場は野外であって教室ではない。全国の自治体がこのような研修を始めようとするなら、どこにでもある既存の研修施設で事足りる。要は箱物ではなく、教える内容と人材である。そこで、この書の総括として、目下考えている養成研修の計画を示しておこう。

図11-2　「プロガイドのたまごとめぐる　とっておきの飛鳥旅」リーフレット

（1）養成研修の三本柱

企画ガイドの役割りと留意点を第3章で細かく解説した。ガイドは「安全」「安心」「快適」を基盤層、「共感」「納得」「発見」「体験」「臨場」「発展」を演出層として、その上に旅が「愉快」に進むことを心がければ、高い満足度が得られることを説いた（一四頁の図3-1）。それぞれの要素を意識して技を磨いてゆけば、人気のあるガイドになることは問違いない。

基盤層の「安全」「安心」「快適」はあらゆる分野のガイドに共通する重要項目であり、すでにガイドの業務についている者は、意識さえしておけば、おのずと身につくだろう。観光ガイドの養成機関などを設立することがあれば、ガイドの基礎訓練として修養させればよい。

問題は、演出層である「共感」「納得」「発展」「発見」「体験」「臨場」の六分野でいかにそれぞれの技能を高めてゆくかにある。最上段の「愉快」も含めて、修養には手間と時間がかかる。おさらいすると、「共感」は客がガイドに覚える共感、「納得」は腑に落ちる理屈や知識、「発展」は旅を終えてからの余韻と話題の継承、「発見」は予期せぬものを見つける感動、「体験」は手軽にできて印象に残る体験、「臨場」は現地に来たことの実感、「愉快」は旅を楽しくさせる笑いである。

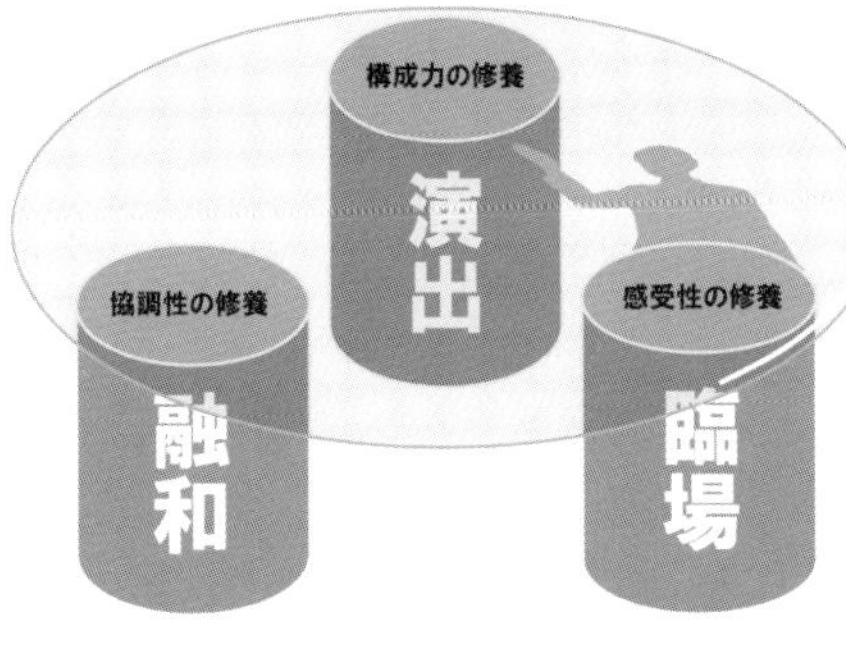

図11-3　ガイドに求められる資質

これらを引き出す能力を考えると、「共感」は協調性、「納得」は論理性、「発展」は構成力、「発見」は観察力、「体験」は創作力、「臨場」は感受性、「愉快」は会話術が求められよう。これらをさらに整理すると、共感と愉快は融和を図る心がけでまとまり、納得と発展は構成力に基づく演出でまとまり、発見や体験は臨場に含める形でまとまる。「融和」は協調性の修養、「演出」は構成力の修養、「臨場」は感受性の修養によって培われる分野である。それらをガイド養成の三本柱と考えて、図11-3のような模式図を描いた。三本柱の修養から派生するカリキュラムによって、優秀なプロガイドが生み出せるかどうかは、今のところ未知数であるが、思いつく科目を列挙しておこう。

(2) 専門的知識の修養

国内で活躍するガイドの大半は、歴史学・考古学・民俗学・建築学・美術史学などの人文系学問をベースとする知識で客を案内している。観光を文化観光と自然観光に分けるのならば、文化観光に従事するガイドが圧倒的に多い。一方、自然を案内するガイドもいる。工場見学や土木遺産のガイドなどがどちらの分野に入るのかは微妙なところであるが、すべてにおいて専門的な知識が求められることは確かである。

知識には「表層の知識」と「深層の知識」があり、前者は短期の勉強で身につけられるが、後者は長年の修行によって培われるものである。プロガイドに深層の知識が必要なことは、何年か従事していると痛感する。それらは短期間で修得させられるものではなく、やはり大学での専門教育が必要であろう。養成研修ではそれらのおさらいと不足分の補充を図ればよかろう。講師には各分野の専門家を招いてもよいが、わかりやすく伝える技術を身に着けた者でなければ務まらない。

（3）グループワーク

融和を図ることができる人材の育成には、グループワークが必要である。ただ、一般的なグループワークは数名で討論をしながら課題を解いてゆく作業を指すが、ここではそうではない。めざすところは、赤の他人どうしを短時間で打ち解けさせる技術である。議論をさせるのではなく、互いの心を探りながら共感を引き出す話術を修養させる。見知らぬ者が短時間で笑い合えるような話術はそう簡単ではない。

ガイドをしていると、あらゆるタイプの客と会話をする。気さくな客がいる一方で、気むずかしい客もいる。年齢や性別によっても話の内容が異なる。理想は、どのような相手であっても、数秒もしくは数分で笑顔を引き出す会話ができることである。おそらくどの町にもいるに違いない接客の熟達者を招き、空気を読んで対応する訓練をしてはいかがか。

（4）プレゼンテーション

演出を支える構成力はツアーを企画し発表させることで養われる。個人もしくはグループにパワーポイントを使ってのプレゼンテーションを行なわせ、優劣を競わせるような授業を行なえばよい。審査のポイントは「ツアーの狙いに焦点が合っているかどうか」「下見の成果を活用できているかどうか」「腑に落ちる説明であるかどうか」「心に残る魅力があるかどうか」「愉快に聴けたかどうか」等々である。

発表は、画面を映しながら行なわせる一方、聴者に配布する資料を作成させる。パワーポイントの画面をそのまま配布資料にするような手抜きは禁じ、インパクトのある画面作りと内容のある資料作りを求める。画像と紙媒体の特質を最大限に引き出す努力をさせることにより、ガイドに直結する技術を養う。講師には現場経験も豊富なツアープランナーなどを想定している。

（5）フィールドワーク

ガイドには体力が必要である。丸一日、野外を歩きながら説明をつづけても集中力が落ちない体力である。大きな声を張り上げても声を涸らさないボイストレーニングも必要である。野外で行なうことは野外で鍛えるのが一番である。何度も指摘しているが、優秀なガイドになるには、歩きながら感動の種を見つける訓練をしなければならない。感動する風景を探して切り取る訓練も必要である。感受性を身に着けるためには、写真撮影の練習が効果的である。風景写真のカメラマンが講師としては適任であろう。彼らは足腰も強く忍耐力もある。

　ガイドは実践を積むことが大事であるから、下見をして案内をするまでの一連の訓練を野外で繰り返してはどうか。フィールドワークは養成研修の肝であるから、最も多く時間を割かねばならない。その講師は経験豊かな企画ガイドをおいて他ないが、今のところ、全国を探しても、そう多くはない。研修の成否は指導ができる講師を求められるかどうかで決まる。実は、私が育てようとしているのは、講師となるべき人材である。

（6）救命トレーニング

　ガイドは客の命を預かる業務であるだけに、万一事故が発生した場合、客が突然不調を訴えた場合の救急措置を学んでおくに越したことはない。正直に申し上げて、これは私もおぼつかない。長年のガイド業務において、何度か客が転倒して怪我や骨折をすることがあった。客には高齢者が多いため、疲労で歩けなくなったり、めまいで倒れそうになったり、動悸がして息苦しくなったりすることは頻繁にある。その場合は、添乗員やスタッフが対応してくれるのだが、ガイドも対処法を学んでおくべきだと痛感している。

　日本赤十字社の講習では、救命措置や応急手当を学べるようである。自然観光のガイドについては、山中における身の守り方なども追加で学ぶべきであろう。講師には救急救命士や山岳ガイドに来ていただかなくてはならない。

　以上のような五分野のカリキュラムを組み、それぞれに合った講師を雇えば、おそらく実りのあるプロガイド養成研修を行なえるであろう。それはガイドを目ざす者だけでなく、旅行代理店の社員、観光事業に携わる行政の職員、そして観光学系の学部や学科で教鞭をとる教員などの研修機関としても役立てることができるものと信じる。観光業も観光学も、現場での経験無くして深化させることはできまい。政府が唱える「観光立国」を真に実現させるには、人材の育成が不可欠であることを、巻末に指摘しておく。

おわりに

吉田兼好の『徒然草』第五二段に次のような逸話がある。

仁和寺にある法師、年寄るまで石清水を拝まざりければ、心うく覚えて、ある時、思ひ立ちて、たゞひとり、徒歩《かち》より詣《もう》でけり。極楽寺《ごくらくじ》・高良《こうら》などを拝みて、かばかりと心得て帰りにけり。さて、かたへの人にあひて、「年比《としごろ》思ひつること、果し侍《はべ》りぬ。聞きしにも過ぎて尊くこそおはしけれ。そも、参りたる人ごとに山へ登りしは、何事《なにごと》かありけん、ゆかしかりしかど、神へ参るこそ本意《ほい》なれと思ひて、山までは見ず」とぞ言ひける。少しのことにも、先達《せんだつ》はあらまほしき事なり。

石清水は、言うまでもなく洛南《らくなん》の男山《おとこやま》に鎮座する石清水八幡宮であり、極楽寺は山裾にあった神宮寺、高良はそれに隣接する高良神社である。仁和寺の老僧は先達もつけずに石清水を訪れ、麓の寺社を参拝して満足したが、お参りの人々がすべて山に登ってゆくのを不思議に思った、という笑い話である。先達はガイドに他ならず、兼好は「ちょっとしたことでも、ガイドがいてほしいものだ」とまとめている。先達とは「先に歩いて、旅人を導く者」が原義、「先に道に通じて、後学を教える者」が派生した意味である。兼好は二つの意味を重ねて、笑い話を人生論にまで高めている。

人生論はそれでよしとして、ここにはガイドの心得を総括する真髄が示されている。石清水で最も大事なものは、頂に鎮座する八幡宮の本殿である。もしガイドが同行したならば、仁和寺の老僧は最も大切な目的を果たせた。つまり、ガイドが「旅人に最も大事なものを見せるよう導くこと」を兼好は前提としているのである。仁和寺に帰った老僧の感想は「聞きしにも過ぎて尊くこそおはしけれ」であった。おそらく山に登り、八幡宮の絢爛な社殿を見ていたならば、さらに大きな感動を覚えたことだろう。

話のポイントはそこにある。我々も感動を求めて旅に出る。ただ、老僧のように、ひとりやみくもに出かけも、味わえるべき感動をとりこぼしてしまうことがあるだろう。それを余さずに味わわせてくれるのが先達、ガイドである。と、この段の逸話から読み取れる。

客を感動させ、満足してもらえるガイドを目ざす人々にヒントを与えるのが本書の目的であった。また、企画ガイドが観光業や観光学に貢献する道筋を示そうともした。その目的を果たせたかどうか、意気込みを共感していただけたかどうか。観光学はまだ萌芽の段階にある。よって、私に先達はいない。仁和寺の老僧と同様の自己満足にとどまってはいないか。不安ではあるが、是正や補足は後学に委ねるしかない。

末筆になるが、本書は令和五年度『阪南大学叢書』刊行助成を受けて出版できる運びとなった。阪南大学ならびに労を取って下さった阪南大学学術情報課の皆様に感謝の意を表する次第である。また、多岐にわたる話題をみごとな編集で引き締めていただいた株式会社晃洋書房編集部の丸井清泰氏と福地成文氏には、一方ならぬご尽力をいただいた。併せて感謝申し上げたい。

来村　多加史

令和五年八月一二日

挿 図 一 覧

《著者紹介》

来村 多加史（きたむら　たかし）

1958年兵庫県明石市生まれ．関西大学大学院文学研究科博士後期課程修了．博士(文学)．阪南大学国際観光学部教授．専門は日中考古学・観光学．主な著書に『唐代皇帝陵の研究』（学生社 2002年），『春秋戦国激闘史』（学習研究社〔学研M文庫〕2002年），『万里の長城 攻防三千年史』（講談社〔講談社現代新書〕2003年），『風水と天皇陵』（講談社〔講談社現代新書〕2004年），『キトラ古墳は語る』（NHK出版〔生活人新書〕2005年），『高松塚とキトラ 古墳壁画の謎』（講談社 2008年），『中国名将列伝』（学習研究社〔学研新書〕2008年），『奈良時代一周 まほろばを歩く』（NHK出版 2010年），『上下する天文 キトラ高松塚古墳の謎』（教育評論社 2019年），『河内平野中部観光資源調査報告』（晃洋書房 2021年）がある．

観光ガイド論

阪南大学叢書 126

2024年3月20日 初版第1刷発行

＊定価はカバーに
表示してあります

著　者　来村　多加史©
発行者　萩原　淳平
印刷者　出口　隆弘

発行所　株式会社　晃洋書房

〒615-0026　京都市右京区西院北矢掛町7番地
電　話　075(312)0788番(代)
振替口座　01040-6-32280

装丁　㈱クオリアデザイン事務所　印刷・製本　㈱エクシート

ISBN978-4-7710-3829-5